古玉簡史

◆盛漢至元

邱福海◎著

淑馨出版社◎出版

國立中央圖書館出版品預行編目資料

古玉簡史／邱福海著. --初版. --臺北市：淑馨，
民 82－83
　　冊；　公分
　　ISBN 957－531－340－2（第一冊：平裝）. --
ISBN 957－531－340－2（第二冊：平裝）.
--ISBN 957－531－389－5（第三冊：平裝）

1. 玉

794.4　　　　　　　　　　　　　　82004194

古玉簡史《盛漢至元》

作　　　者◇邱福海
發 行 人◇陸又雄
編輯設計◇徐于捷
出 版 者◇淑馨出版社
地　　　址◇台北市安和路二段 65 號 2 樓（日光大廈）
電　　　話◇7039867・7006285・7080290
郵政劃撥◇0534577～5 淑馨出版社
製　　　版◇六景彩印實業有限公司
印　　　刷◇欣佑彩色印刷股份有限公司
電腦排版◇健弘電腦排版股份有限公司
法律顧問◇蕭雄淋律師
登 記 證◇新聞局登記證台業字第 2613 號
版　　　次◇1994 年（民國 83 年）11月初版
定　　　價◇380 元

❖ 目　錄 ❖

凡 ✥ 例

一、本書爲「古玉簡史」一套四册中，第三册「盛漢至元」。

二、本書以各册獨立的編、章、節作劃分，以便讀者查閱。

三、我國史料，浩瀚如海，限於主題，筆者僅摭其要者，或與玉器文化有關者。

四、我國歷代玉器型制，何只千萬種，但各朝各代，傳承發展，仍有脈絡可尋，故筆者僅介紹有代表性者。

緒⊹論

　　我國玉器文化、自盛漢起，產生了一些變化，繼而大盛；在背後，推動他的力量，就是漢武帝的罷黜百家，獨尊儒術。因為，我國「比德于玉」的理論基礎，原是儒家所建立的，但是，董仲舒所提出來「天人三策」的論點，與孔、孟哲理，已有差別，因為，他摻和了很多很多的符應、五行、陰陽……等理論；所以，孕育出來的玉器新形制，不論剛卯、司南佩、翁仲、鳩杖首……等，都有這方面的特色。（如圖一A）

（圖一A）「罷黜百家，獨尊儒術」，為漢代玉雕，興盛、發達的主因；但董仲舒之儒，已經摻和了太多陰陽、五行、符應……等理論，此所以，孕育出來的玉器新形制，都有這方面的特色，圖示剛卯，其上文字，清楚的表現出了，漢代玉雕的風格。

　　這也就是筆者一再強調，我國玉雕藝術，隨著文化脈動，逐漸變化、發展的道理；本書本冊所敍，自盛漢以至元，這種現象，如明鏡之鑒人，清晰而明顯，像：

　　承續戰國時代的神仙思想，在兩漢時，仍主導了國家的思潮，此所以漢代的儒家、道家、法家……，都涵蓄了神仙之術的影子，而玉

雕形制中的唅蟬，握豬，玉匣……等的出現，也都是受到這種思潮影響的具型。因此，象徵神仙世界的「雲虁紋」，在兩漢時期，仍然是玉雕藝術的主要紋飾。這種孕含有動態意味的曲線，上承戰國，在漢時，發展的極成熟，爲我國最特殊的一種本土紋飾，完全不同於世界其他古文明；可是，在藝術表現技巧上，一些出廓、高浮雕……的造型方式，顯然是吸收自中亞，與西方的石雕藝術；但二者合一後，卻不見斧鑿痕跡，只見其美，毫不突兀，此亦爲兩漢玉雕藝術，極爲發達的主因。

此外，起源於我國本土，尊宗老子的道教，在融合巫卜、祠禱、書符、修行、煉丹……等，民間迷信後，在東漢時大盛；使這一階段玉器文化，納入了這些成份，致使道教紋飾及造型，像雞心佩、琢有「益壽」、「長樂」等文字的玉璧……，都大量出現，甚至符拔，天祿……等境外輸入的動物，都在道家名詞「辟邪」的統一下，進入了玉雕世界。也爲我國玉器文化中，極不理性的「食玉者，壽如玉」理論，建立了基礎。

另，自漢初，即已陸續進入我國的「浮屠」之道，在「黃巾之亂」後，取代道教，急速興起，成爲全國性的信仰，其中，雖偶有頓挫，但「南朝四百八十寺，多少樓台煙雨中」，與北朝的龍門、雲崗佛窟，都顯示，這種外來的宗教，對我國藝術與文化的影響；雖然，佛教教義在進入中土後，與我國文化結合，促使佛學，逐漸中國化，但都未把玉器文化，涵納其中；而佛教對肉身的不重視，也與我國長遠以來，流傳玉器斂屍、古玉保身的說法，有扞格，再加上，隨著佛教所風行的火葬葬俗，對我國大多出土於墓葬的玉器，造成了影響。

西晉以後，「永嘉之亂」，繼而「五胡亂華」，江北百譜，盡皆南遷，這雖然促進了我國，南、北地區的均衡發展，但在國人「安土重遷」、「落葉歸根」的觀念下，代表中土文化的南朝，開始實施二次葬，這種檢金（骸骨）入甕，俾便回歸故土的葬俗，使我國這一階段的玉器，出土極少，再加上南朝的仄居江南，玉料來源缺乏，使魏、晉以來，以至隋初，成爲我國玉雕藝術的消沈期，出土玉器甚少，對鑑玉、斷代工作，確是困難重重。

可是，也自這一階段，逐漸興起的書寫藝術、繪畫風格，與玉雕藝術結合，對我國長遠以來，以裝飾紋爲主體的玉雕方式，產生了重大的影響，尤其陶淵明的歸隱，比談玄避世、煉丹、書符的「竹林七賢」，在人生態度上，健康了許多；所以，在玉雕造型上，開始出現

寫實，而具有田園、自然風格的造型，像荷、瓜、桃、杏……等。這類玉雕，沒有靈異等文化意義，偶有，也只是一些與民俗結合，如「合和如意」、「松鶴延年」、「瓜瓞綿綿」……等，諧音喜慶意義；其後，則走向有意的「營造吉兆」，所謂「圖必有意，意必吉祥。」，這種紋飾觀念的形成，對我國玉器文化的延續，貢獻極大，直至近代，這些紋飾，仍在繼續雕作、流傳。

此外，自隋、唐起，我國建立了一個多民族的大帝國，當時，長安是東方的文化中心，西方人士，慕名中土文明，絡繹而來，李白詩中：「風吹柳花滿店香，胡姬壓酒勸客嘗……」，就是長安酒肆的綺妮風光；另在各朝各代出土的唐三彩，有大量的胡人俑、胡人樂隊俑，都可佐證。而我國玉雕藝術，也很快的吸納、模仿，所以，以外籍人士造型為主題的玉作，成了這一階段的另一種紋飾特色。此外，這一階段，與西方的往來，也不只是人員的交流來往；文化上，中亞、西方的宗教，不論是祆教、景教、摩尼教，都在中原傳播，但是，對我國玉器文化影響最大的，當數回教中，波斯帝國、薩珊王朝的藝術造型方式，這種強調對稱之美的造型，使我國玉雕的風格，有了新的造型方向。（圖一B）（即圖90）

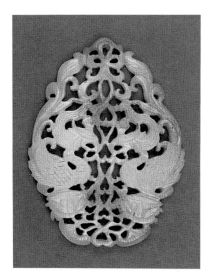

（圖一B）回教信徒曾建立了一個，橫跨歐亞的波斯帝國，在薩珊王朝階段，所發展出來，強調「對稱」之美的造型方式，在唐時，為我國玉雕工藝所吸收，使我國玉雕藝術風格，有了新的造型方向。

　　隨著唐末的藩鎮割據，五代十國的延續，繼而遼、金在北方建國，使東北鬱蔥山林的鹿羣，狩獵雁鵝的北地風光，都陸續的進入了，我國的玉雕紋飾與造型中，而相對於北方的強盛，北宋開國，就重文輕武，使宋代玉雕，沾染了當代極發達的藝文色彩，尤其宮廷所設置「畫院」，帶動的「院體畫」風格，融入玉器造型，使兩宋玉雕，除民間一般器用外，稍具水準的玉器，都明顯有這種藝術特徵。

　　繼而蒙古開國，他們多次西征、北征，採用「遇城不降，即屠」的剽悍攻戰手法，幾乎征服半個地球，但卻不殺匠人，使元朝的手工藝，都能均衡發展，且成就頗有可觀；玉雕雖起源於中土，但在這個階段，卻能得到各類藝術造型的滋潤，為我國玉器文化史上，一次重要的轉折。元代立國甚短，後隨明的興起，退回大漠，留存在中原的玉器，數量雖少，但皆多精品，常為其他朝代所不及。此外，元朝因祖先世居大漠的傳統，所信奉的佛教，是與中土佛敎「顯宗」，不甚相同的「密宗」，這種強調「應身佛」供奉的佛敎分支，與流傳中土的禪宗，華嚴宗……等，義理均有差異，甚至法器、紋飾、藝術造型，都有不同的風格，為我國玉雕造型所吸收，不但豐富了我國連綿不斷的玉器文化，更為爾後明、清兩代，玉雕藝術的興盛與普及，提供了有利的條件。

　　此外，筆者曾言：長遠以來，先賢先儒對我國玉雕藝術，與玉器文化的研究，不論對玉器材質上認知的不足，甚或迷信傳信、誤信謬論，所作出的一些不正確結論，雖不足取，但對我國玉器文化的延續，還是有一些正面意義；可是，在這一個階段，所出現的兩種作為，卻對我國的玉器文化，戕害極深。

　　第一，就是東晉、南北朝時期，大盛的食玉之風，這種迷信，伴隨當時社會的動亂，使許許多多，流民盜掘出土的上古、三代，甚或春秋、戰國、兩漢的玉雕精品，都遭浩劫。玉器雖入土不朽，但卻經不住這種人為的破壞，而最可悲的，卻是：這種人為、有計劃的破壞古文物，卻源自於極非理性的迷信。

　　第二，則是起始於兩宋之交，偽仿古玉的大量出現，這其中，或許有「新器作舊」，以求其「古樸」的藝術要求。但筆者研究，其主要的目的，仍是以偽古器，欺騙收藏家，詐取錢財，這些歷代的偽古器，與真品混雜，或魚目混珠，或入土又再出土，造成我們辨識上，

極多的困擾，這種撲朔迷離的混淆，對我國玉器文化的傷害，更有甚於前述的「食玉」，因為「食玉」，雖然直接破壞出土玉器，但卻只是我國歷史上，一個小階段，後則因為理性思想的抬頭而戢止，但偽假古玉器的出現，卻是因為利的驅使，把我國博大、精美、源遠流長的玉器文化，攪弄得模糊、矇矓。像本書本冊所引用圖一三一，筆者就認為，是偽古玉再出土。

其實，古玉器的眞、偽之間，仍有其分野，偽仿玉器，絕不可能由於少數人的認識不足，就變成眞的，因為，這是眞理的問題——眞者自為眞，偽者自為偽——，此亦為筆者寫作此書，所引用的玉器，要求必需有明確出土資料的原因，如若是沒有出土記錄的傳世品，或<u>清宮舊藏</u>，則必反覆研究，斟酌再三，直至毫無疑問，才敢編入書中；否則，寧願捨去不用。亦因如此愼重態度，頗獲各界贊同，大陸<u>北京</u>、<u>文物出版社</u>同意筆者，翻印<u>中國美術全集</u>、<u>玉器篇</u>中，所選用的玉器圖片，即為一例；筆者在此，特致謝忱。

本書前一、二冊出版，蒙讀者來函鼓勵，指正；且蒙部份朋友，引用為研究教材；亦一併在此，謹致謝意。

一九九四年春，於**紐西蘭**、**北島**、**奧克蘭**

【第一編】 玉雕藝術發達的西漢

　　西漢初期，因為歷經秦時，長期的斲喪民力，及楚、漢相爭等戰亂，使社會狀況，極為凋疲、殘破，多數地區，郊野千里，卻空無一人。劉邦即位之初，所乘馬車，居然連「純駟」都找不齊（拉車之馬數匹，毛色純白，即為純駟，為天子所專用），高官、將相們，也只能坐牛車上朝，社會經濟的貧瘠，由此可見。

　　也因為如此，漢初數帝，在蕭何、曹參等名相的輔佐下，實施與民休息的政策，措施雖多，但總以「重農抑商」、「輕徭薄賦」為宗旨；也就是說，在這一段，恢復國力的過程中，首在建立穩固的農業基礎，使社會的農業生產，得以恢復，這是西漢國力，能迅速發展，並達到歷史顛峯的主因；但在這一階段，也抑制了商業行為，因為，這是實施「農本」制度的必然措施。

　　在漢初，商人不得穿絲綢，不得乘車；商人及其子弟，均不得入仕，尤有甚者，在全國的「口賦」制度中，商人的賦稅要加倍……，這些貶低商人，社會地位、政治地位的一連串措施，其目的：在有形上，可防止勞動力流散，使農業生產，得以發展；無形上，更可戢止，由商人帶動的，一些社會浮誇、奢靡之風；所以，自春秋時代，長期以來，逐漸抬頭的商人階層，在漢初，受到了相當貶抑，這對國力的儲備與復興，有相當助力，但對社會的繁榮與進步，卻有相當影響；所以，自文、景之時，開始對於抑制的商業行為，作了相當的放寬，例如：「開關梁，弛山澤之禁。」

　　這種隨著時代、環境變遷，在政策制度上，隨時作調整的作為，顯示，漢初不但帝皇為英主，羣臣亦都敬業、賢良；以往，論者言「文、景之治」，多以該時採用「無為而治」，而致盛世，此實僅為皮相之談；「文、景盛世」的出現，絕不只「無為而治」之一端，「開關梁」即為一例，這個政策實施後，史記、貨殖列傳敍述：「富商大賈周游天下，交易之物莫不通，得其所欲。」

　　如此，商業的繁榮，帶動了手工業的發展，而製玉手工藝，也在這個階段，迅速的走向復甦。

第一章 ✣ 西漢政治制度的「漢承秦制」

　　劉邦建立西漢王朝後，定都長安，在蕭何的輔佐下，建立了一套完整的政治制度，這個制度的架構，基本上，是承襲了秦朝的政府體制，像中央政府設置的三公、九卿……等，但是，也有少許的變革，例如：雖然地方以郡縣爲行政單位，但卻又有封國，這本是楚、漢相爭時，劉邦爲爭取，項羽所封立的十八位諸侯支持，所作的權宜措施，後則分封子弟，並號稱「非劉氏爲王，天下共擊之」。到了文、景之時，雖因削奪諸侯國權限，激起了「七國之亂」，但是，自救平動亂後，景帝仍有形無形的，繼續削減諸侯國的權限，因爲，非如此，天下必將不時動亂；他採取的措施是：

　　一、降低諸侯國官職的等級。像侯國中宰相的地位、等級，僅與郡守相同。

　　二、諸侯王國的各層級官吏，由中央政府任命。

　　並且，最重要的是：取消了諸侯王治民的權限，僅以「衣食租稅」爲主；如此，在制度上，西漢所建立的，似乎有別於秦的「郡縣制度」，而爲「郡縣、封國並行制」，但實質上，諸侯王國，卻空有其名，除了多一個無權干預王國政事的諸侯王外，其他各方面，幾乎與「郡縣制」，完全相同。

　　可是，不容否認，諸侯王國的存在，仍然是中央極權的一個障礙，尤其這些無所事事的王子皇孫，依仗身份、地位的特殊，不但常干預地方政事，而且因爲富有，常有一些越禮的行爲，尤有甚者，一些趨炎附勢的謀士，爲王侯籌劃、謀算，增添了整個國家的不穩定性。於是，漢武帝時期，一位有名的謀士－主父偃，提出了一個極具權謀的建議：請求實施「推恩令」；這個謀略的高明，在於表面上，是照顧劉氏一系的皇家子弟，澤及後代子孫，內容是：諸侯王可對諸子，再予分封，也就是說，除嫡長子繼承王位外，其他的兒子，也可以分割王國的少部份土地，列爲諸侯，此即漢書所云：「令諸侯以私恩，自裂地，分其子弟。」；如此一來，列侯劉氏子弟，無不大悅，全力支持中央皇室，史記、主父偃列傳敍述：「人人喜得所願。」，但是，就在這種制度下，諸侯國越分越小，越分越弱，而皇室中央所統轄的郡縣，則日益擴大，中央極權的政治形態，於焉形成。而諸侯王，雖名義上：「諸侯惟得衣食租稅，不與政事。」，但到了後期，則連

「衣食租稅」，都不足敷支出，而日益沒落。例如：漢初之時，漢景帝之子中山靖王劉勝，與其妻竇綰的墓葬，於一九六八年，在河北省滿城郊野出土，隨葬有大量的金器、玉器、鐵器、絲織品，及兩件玉衣（玉匣），隨葬品總數，達數千件，明顯可看出，當時諸侯王，豪侈富貴的狀況（如圖一）。可是，到了東漢後期，蜀漢劉備（字玄德），雖也為中山靖王之後，但卻家貧到販賣草鞋、織蓆維生，這就是主父偃建議，實施「推恩令」，所造成漢代諸侯國衰微的效果。

（圖一）本器為「銅朱雀銜環杯」，出土於中山靖王劉勝與其妻竇綰之墓，全器銅質鎏金，作成一展翅的朱雀，腳下並踏一獸，雀喙銜一玉環，其身，以美石裝飾，翅側，則各複合一杯，造型奇巧，作工精細，並搭配玉環，使整器展現極高藝術性；由此器的出土，我們可以想見，漢初諸侯王，豪侈富貴的生活形態。

　　而西漢政治中心的皇室，卻在中央集權制度下，權力日大，也益形集中，如此，方成為爾後宦官、外戚等，相繼為禍，造成漢祚傾覆的主因。西漢的帝系傳承如下：

1. 高祖 劉邦（西元前二〇六年）
2. 惠帝 盈
3. 高后呂雉（劉邦之妻）
4. 文帝
5. 景帝
6. 武帝徹
7. 昭帝 弗陵
8. 宣帝 詢
9. 元帝 奭
10. 成帝 驁
11. 哀帝 欣
12. 元帝 衎
13. 孺子 嬰
14. 王莽篡漢（西元九年至二十三年）

　　所以，自漢初，玉雕工藝，在某個程度上，隨著「衣食租稅」，無所事事的諸侯國所移轉，從漢初的南越王墓出土玉器，到滿城 中山靖王 劉勝，再到朝鮮樂浪郡的漢代大墓，這種現象，是相當清晰的；而相對於這些統治階層的平民，墓葬既小，隨葬物品亦少，玉器也出土極少，偶有，亦以個人首飾、佩飾為主，工藝粗糙，藝術性差，並不具時代意義（如圖二）；但是，隨著「推恩令」的實施，誠如漢書、武帝紀所云：「藩國始分而子弟皆侯。」的狀況下，諸侯愈分愈多，而靠「衣食租稅」的轄地，卻愈分愈小，及至漢末，幾已與平民無異；而在這波諸侯王國，消沉、衰微的過程中，對我國玉器文化，也造成了一些影響，其中較顯著者，為：

　　一、承襲戰國、暴秦的玉器斂屍行為，至於西漢初、中期，達於鼎盛，像續漢書·禮儀志(下)，就規定有：「……皇帝用金鏤玉衣作葬服；諸侯王、列侯始封、公主、貴人，用銀鏤玉衣；大貴人、長公主，用銅鏤玉衣。」，所以，不但皇室、貴族，競相實施玉衣斂葬，並且愈演愈烈，甚至生殖器，亦以玉覆蓋、套裝；令「玉器保護屍身不朽」的迷信觀念，根植人心，使我國玉器文化中，對玉器形而上的精神意義，沾染了極其非理性的成份。因為，純就玉器本身言，他只不過是一種具體的「物」，賦予他玉德的觀念，供儒士儆身、自勉，在某種程度上，仍是依據玉器的物理屬性，引伸而來，還是有些依據；但是，耗資千萬，製作成粗鄙、醜陋的玉匣，套裝屍體，甚至以上古禮器中的琮、璜之屬，作生殖器的掩遮，對我國玉器文化的演進，雖沒有直接影響，但卻對我國長期以來，作為高貴、珍貴，精神情操象徵的玉器，多少是一個頓挫；今日，我們觀賞這些玉匣，他的工藝

（圖二）本圖所示，爲南越王墓主棺室頭箱，所出土玉角形杯及其他玉器的記錄照片；漢初諸帝，忙於鞏固政權，且崇信黃老之無爲，對奇珍異寶，較不重視；而諸侯國主，卻：「惟得衣食租稅，不與政事。」，造成這些諸侯王，極爲豪奢，南越王僅爲漢初外藩，且轄地爲我國南方，而其墓葬玉器，卻極豐富，正足顯示：漢初諸侯國的玉雕盛況。

性與文物價值，因爲年代的久遠而存在，但是，他的藝術性，卻是極少的。（如圖二 A ）

　　二、漢代初期，諸侯國雖極盡豪侈，但是，卻因「推恩令」的實施，使「藩國始分」，繼之「自分析弱小」（均漢書所云），而趨於衰亡；可是，上承戰國，盛於漢初的厚葬之風，卻未袪除，在這種實際需求，與客觀環境不調合的狀況下，使漢自中期以後，專供殉葬的明器，大爲風行，這種現象，帶動了各種石質、陶質的玉器形制禮器，大量出現，也使專供入墓的漢綠釉（鉛釉陶）明器，成爲時代的藝術特色，也爲爾後唐代的三彩器……等，極具藝術性的墓葬品，啓發了先聲。所以，我們也可以說，漢代各式明器（冥器）的大量出現，正是諸侯國走向衰微的象徵。（如圖三）

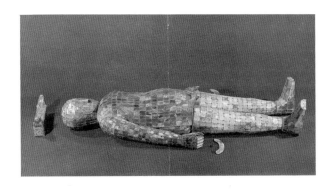

（圖二 A）「玉匣」，由玉片綴成，雖不具藝術性，但對我們古玉器的研究工作，仍有助益，因爲，這些出土於<u>漢</u>代的玉衣殘片，由於玉材的價值，常被改雕成佩飾、牌飾，流傳於古玉世界中。

（圖三）<u>漢</u>中期，諸侯國漸走向沒落，因爲：「自分析弱小。」，而上承<u>戰國</u>，盛於<u>漢</u>初的厚葬之風，卻未祛除，在實際需求，與客觀環境不調合的狀況下，使當時大量製作，各類石、陶質的玉器形制禮器，也帶動了，專供入墓的漢綠釉（鉛釉陶）明器製作，這些粗糙的綠釉低溫陶器，多作成陶俑、生活器用，或樓宇、田莊……等，象徵墓主生前的逸樂生活，爲<u>漢</u>代墓葬的一大特色。

第二章 ❖ 西漢文化思想與玉器文化的關係

　　漢高祖與其共打天下的伙伴，多起自於草莽，這類人物，先天上，對崇尚「詩、書、禮、樂」的儒家，有所排斥；所以，劉邦有多次侮辱儒士，甚至溲溺儒冠的記錄；後雖因開國，建立政權，由叔孫通依據儒家古禮，制訂了一些禮儀制度（即漢儀十二篇），但這只是政治上的需要，儒家在漢初，是沒有什麼地位的。

　　再加上，自戰國後期，逐漸形成的社會思想主流，是以陰陽、五行，與祠禱、符讖之術，混合發展的神仙之術；而這類思想，因為知識程度與生成環境，卻較易為漢初開國君臣所接納。

　　另又因秦時社會的疲敝，法制的酷刻，使各階層人士，多有動則得咎之嘆，而自漢興，高祖晚年，大殺功臣，翦除異姓之王，高祖亡後，呂后當制，大封呂氏近親為王，誅殺開國功臣，繼而陳平、周勃，誅除呂氏諸王。在這一連串宮廷動亂中，使漢初的功臣、勳戚，都籠罩在一種不安定的動盪中，使大部份人士，開始崇信，始自戰國，以「無為」為宗旨的「黃老之術」。

　　所以，在漢代文、景之前，思想文化是較紛雜、混亂的，後至漢武帝，雖採用董仲舒之言，「罷黜百家，獨尊儒術」，但是，道家、陰陽家的思想影響，卻仍存在，並在無形中滋長、發展，不但對漢朝的儒術有影響，其後，更與民俗的巫卜、符咒之術結合，逐漸發展成「道教」，對社會影響日深，最後，以道教為結合條件的「黃巾之亂」，竟促使了漢王朝的覆亡。

第一節 ◇「五德終始」之說，與玉器文化的關係

　　說到五德終始，我們不得不再提到，始於戰國時代的陰陽家始祖鄒衍，在其五十六篇著作中，以「五行」來推行，社會與政治的更迭，建立了所謂「五德終始」之說，其實金、木、土、水、火，「五行」的理論，起源很早，並非鄒衍所獨創，他代表了早期我國文人，對宇宙構成最基本元素的認知，也是我們中國人，對宇宙形成的概念之一，但鄒衍以金剋木、木剋土、土剋水、水剋火、火剋金的五行相剋理論，附會成帝王的符應（詳見呂氏春秋‧應同篇）；也就是說，照這個理論，歷代王朝，在五行中，必居其一，周而復始，如此，在改朝換代的嬗遞中，方是合乎天理的。

　　例如，據稱：黃帝是土德，尚黃；夏禹是木德，使草木繁茂，顏色尚青；商湯以武興國，是爲金德，剋了木德的夏，而得天下；周文王居於火德，剋商的金德，以赤鳥爲符應，顏色尚赤；自秦興國，一統天下，自然也是上應天理，按順序，該居於水德，顏色尚黑；（詳見史記、封禪書），所以，秦朝代周而王天下，是合乎天意的。這種以五行相剋理論，以示帝王得天下的正當，與合乎天數的推行，爲帝王的統治，架構了一個合法的基礎。

　　秦始皇一統天下後，六國舊貴族的復國運動，此起彼落，一直困擾著秦始皇，故而，這一套五德終始之說，不論對個人自尊的肯定，或政治上的利益，都是極有幫助的，所以，秦始皇利用這套說法，確定秦爲水德之始，改正朔，以冬十月爲歲首，且因水德尚黑，故而旌旗、朝衣，均以黑色爲主，其中較特殊的是：「水主陰，陰刑殺。」（見史記、秦始皇本紀），使有秦一朝，實施嚴刑峻法，筆者相信，秦始皇某些異常、特殊的作爲，必然受到「五德終始」觀念的影響。一九七五年，大陸在湖北省雲農睡虎地地區，挖掘出土了大量秦簡，經分析，均爲秦朝的法律，時間約自戰國末到秦初，從其上律文分析，秦律極爲嚴苛，筆者相信：秦始皇在實施這些苛法時，在他心裡，支持他的，必定有大部份，是對五德更迭中，以水德的正統繼承者自居。此外，另可証明的是，秦始皇建立了黃、青、白、赤四個上帝之祠，但卻沒有立黑帝祠，這是可以理解的，因爲，秦始皇自認是黑帝，爲水德之始；在他死之前，當然不必建祠追思、供奉。

　　可是，也因爲如此，造成了秦末漢初，五行推行的混亂；這起因於漢高祖二年（西元前二〇五年），劉邦在東擊項羽，回到關中時，得知秦始皇只祀四帝，於是補立了黑帝祠，劉邦本人學養極差，不察秦始皇不立黑帝祠的原因，就不明就裡的，認爲自己符應了「水德」之選，也襲用水德的衣冠制度。如此，漢便上承周朝的「火德」，無形中，把秦朝拼棄在五德之外了。也因爲這件，劉邦個人認知的錯誤，使漢到底是「水德」？還是「土德」？在漢初，成了文士、術士，爭論不休的一段公案。

　　從文化角度分析，五德之說，僅是陰陽家，利用五行相生、相剋的淺顯事實，附會政治制度的一種學說，并不是什麼深奧的道理、理論；但是，卻切中統治帝王的心理，因爲，他合法了封建社會中，帝王的統治。再加上文人的附會，對當時文化的影響，是非常深遠的；據筆者所知，秦至漢初，這一個階段，玉器文化承襲戰國時代的高峯

，卻明顯有抑挫，與這兩朝，都以承繼「水德」自居，崇尚黑色，不無關係。

而自此後，漢代諸帝，也都有極端迷信的傾向，像極英明的漢文帝，就曾信任，以「符應」與「望氣」爲靈驗的，陰陽家越人新垣平，甚至賜封他爲「上大夫」，並常賜大量財富，後來，新垣平計畫好，先令人到闕下上書，獻一個玉杯，而自己則裝作不知，對文帝說：「闕下有寶玉氣飄來！」，文帝派人一查，果然有人獻玉杯，而玉杯上，還刻有「人主延壽」四個字，後來，這齣鬧劇，經人舉發，漢文帝派人詳查，發現：不論鬼神、符應、望氣、寶玉氣……等的靈驗，都是新垣平作假欺騙，文帝不失爲一賢君，立即斬殺新垣平，並夷滅三族，如此，方稱戢漢時，對陰陽、五行迷信的氣氛；可是，這些似是而非的理論，卻已深植人心，對我國玉器文化發展的影響，相當深遠，例如，漢代玉雕，出現的一些新形制，不論司南珮、剛卯、翁仲，其背後，都可看到陰陽家理論的影響。另從新垣平僞獻玉杯的正史記述可知，「玉杯」在漢初，是相當貴重的玩賞器，而從其上，琢刻「人主延壽」四個字的記載，也顯示，在玉器上琢刻文字、吉語，也是自漢初，逐漸興起的新玉雕方式，目前傳世，漢代玉器中的玉璧，常在出廓花紋中，琢出鏤空的「長樂」、「益壽」……等吉語，爲戰國與漢代玉璧，最易區分之處。也爲我國璧形制的玉器，自上古的素面，繼而鳥獸紋、穀紋、蒲紋、出廓螭、虎、鳳紋外，又一次重要的沿革。

第二節◇罷黜百家，獨尊儒術，與玉器文化的關係

在漢初，指導政治的哲學思想，原以「黃老」爲主，這種起源於春秋末年戰國初年，以「清靜無爲」爲宗旨的老子學派，既稱「無爲」，又稱「無不爲」；在當時，是以老子、莊子兩本哲理著作，爲理論基礎，但卻稱「黃老之術」，依漢書、藝文志記稱：

「道家者流，蓋出於史官。歷記成敗、存亡、禍福、古今之道，然後執秉要、執本，清虛以自守，卑弱以自持，……」

所稱祖傳於黃帝、老子，意指此學說，始自於黃帝，至老子而爲後世之宗；目前，道家是否始自於黃帝，已無線索資料可考，但後世道家之書，多常引述黃帝之言，例如：列子中有：「黃帝曰：谷神不死，是爲玄牝。……」等資料分析，言道家，必提及黃帝，可知黃帝其人，在道家的源起上，應確有份量，而非後世任意僞記。然就道家

內涵言，不論其宇宙觀、修養論、道德觀，甚或政治論，都頗有可觀，為影響我國文化最大的哲學思想之一。

因自漢初起，陸續發生誅殺功臣、異己、勳戚，甚至皇室、宗族的大獄，每次誅連甚多，少則也夷族三代，牽連數百人，使宗室、諸王、諸侯，常有動則得咎之嘆；此外，秦代因不知與民休息而導致亡國，漢興之後，社會貧乏，百業凋敝，與民休息，乃是必須的，所以，這種以「清靜無為」為宗旨的道家政治觀、人生觀，當時，確易為漢代的統治階層所接受；而又由於秦朝急速覆亡的教訓，對漢初帝王、執政者，一直是一道夢魘，如何避免秦之覆轍，也成了朝廷重要的決策參考。在經陸賈、蕭何、曹參等的倡導與實行，使「黃老之術」，在漢代初六、七十年中，成了指導政治思想的最主要參考依據。

而從道家本身的政治觀來分析，並不只限於「無為」而已，例如，司馬談在史記最後一篇，太史公自序中「論六家要旨」，對道家的輪廓與內涵，作了比較忠實的描述：

「道家無為，又曰無不為，其術以虛無為本，以因循為用……採儒、墨之善，撮名、法之要。……」

所以，秦末漢初時，大家所公認的道家「黃老之術」，雖是以「清靜無為」為宗旨，但仍兼收了儒家、墨家、名家、法家的一部份思想，融合為一體；這種學派融合兼收的現象，在先秦諸子的哲學派別中，常有發生，像「孔子問禮於老子」，就是一例。而黃老之術，經漢初，文帝、景帝二君的實施，處處抱持著「安民為本，寬刑簡政」的大原則，使社會經濟，極快的復甦起來，成就了我國歷史上，有名的「文景之治」，而開啟了西漢盛世。

所以，當漢武帝繼景帝即位時，社會已經相當的富庶了，富庶的狀況，即如史記、平準書所敘：

「都鄙廩庾皆滿，而府庫餘貨財。京師之錢累巨萬，貫朽而不可校。太倉之粟，陳陳相因，充溢露積於外，至腐敗不可食。眾庶街巷有馬，阡陌之間成羣……。」

這不但與漢初，將相俱乘牛車的窘狀，不能相比，就整體國力言，也超越秦時，「百姓衣牛馬之衣，食犬彘之食」的淒慘生活狀況；於是，漢武帝在繼承了這份富裕的家產後，不再甘心於父、祖，清靜無為的平淡生活；所以，他開始實施一些，加固中央權力的措施，像武帝時，不論推恩子弟，剖裂侯國，或大開仕途，廣招人才……等；他的骨子裡，只有一個目的，就是：「厲行中央極權」；但其中影響

最深遠，對玉器文化的沿革，也有相當影響的，就是——罷黜百家，獨尊儒術——。

在前文中，我們曾經提到，陰陽家所提出的「符應」與「五行推衍」，對我國封建社會，所造成的深遠影響；所以，我們已知道，漢武帝「罷黜百家，獨尊儒術」中的儒家，已經不是孔、孟時代，及其弟子的醇儒，而是受到相當程度，陰陽家污染的「術儒」，也因為如此，架構出來的儒術思想體系，最有利於封建君權的建立，方為漢武帝所接受、採納；我國始自上古的君主封建制度，為鞏固君權，常與宗教合一，使術士成為君王的附庸，殷商可作為典型的代表；但自漢武帝始，君權開始與儒術結合，使儒士變成了君王的附庸，流毒所及，以至於今。

而就漢武帝，罷黜百家，獨尊儒術言，我們不得不提到董仲舒其人，他本是專精春秋、公羊傳的儒士，為漢景帝封為春秋博士，在漢武帝下詔，召各派各家學者，入京論「古今治道」時，三次應對，都切中漢武帝的極權統治理念，為武帝所推崇，這就是後世儒士，奉為圭臬的「天人三策」；其實，我們細剖其中理論，董仲舒已經把孔、孟的修、齊、治、平大道理，摻雜陰陽、五行、符應……等學說，轉換成了，為封建帝王服務的工具，例如，在天人三策的第三篇策文中，董仲舒云：

「諸不在六藝之科，孔子之術者，皆絕其道，勿使並進，邪辟之說滅息，然後統紀可一，法紀可明，民知所以矣。……」（詳見漢書、董仲舒傳）

從這些理論，我們只看到，如何「教化」人民，使「統紀可一」，而不見孟子所云：「民為貴、社稷次之，君為輕。」的言論了。這種立論，當然受到統治者的歡迎，但是，起始於春秋，大盛於戰國，我國最豐富的先秦諸子哲理，繼秦火焚書之後，又受到了一次更大的壓抑，而這次，卻不只是行動上的焚書，而更是「皆絕其道，勿使並進。」的嵌制，與正統文人的卑夷；尤其後者，使我們所繼承的這些知識寶庫，都常受到一些扭曲。

另從玉器文化發展的角度觀察，漢武帝獨尊儒術，而儒家的內涵，有崇尚玉德的傳統，玉器文化繼而大盛，乃是必然的；但是，因為董仲舒之儒，已非醇儒，而摻入了陰陽家的理論，故而，所顯現出來的玉器文化內涵，也與西周、春秋時代儒家的「玉德」之說，截然不同，我們試以自漢時，所出現風行的玉器形制分析，就可明顯看出端

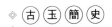

倪，例如：

自漢時，方興起的玉雕新型制，「剛卯」、「嚴卯」，依有關資料記載，這類玉雕，長約寸二分，廣六分，爲長方立體形。

其上，每面琢四言古文二句，計八字，共三十二字（惟亦有三十四字者），字體爲殳書，是秦書八體之一，爲當時服役人員的「速記」字體，現已失傳，其上刻文，分兩種：

第一種：「正月剛卯，靈殳四方。赤青白黃，四色是當。帝令祝融，以教夔龍。庶役剛癉，莫我敢當。」

第二種：「疾日嚴卯，帝令夔化。慎爾國伏，伏茲靈殳。既正既直，既觚既方。庶役剛癉，莫我敢當。」

前述刻有第二種文字的玉器，習稱「嚴卯」；第一種文字，則稱「剛卯」，但亦有在其中第一句，「正月剛卯」之下，加了「既央」二字的三十四字剛卯。

從型制分析，「剛卯」、「嚴卯」的源起，應是方勒，漢代文人，習於佩掛，當然是受了「罷黜百家，獨尊儒術」的影響，明顯的，玉佩、玉飾的佩帶，因爲儒術受尊崇，在漢代，又再度興盛起來。

可是，我們從「剛卯」、「嚴卯」上的文字來看，他卻明顯的有：

一、符應：以「卯金刀」，表示劉氏一族王天下。

二、五行：以赤、青、白、黃，喻示五行。

三、方向：所謂「靈殳四方」、「伏茲靈殳」等，陰陽家的理論，昭然若揭。

所以，從盛漢出現的「剛卯」、「嚴卯」分析，儒術的受尊崇，明顯的抑制了，盛於春秋、戰國時代的玉器裝飾性特質，從其上文字，未予修飾，及形式的大小、簡約，都可看出，在某個程度上，恢復了西周起始的玉德觀念，但在這個我國玉器文化的復興階段，卻摻雜了更多的陰陽家理論，使玉器文化，產生了一些內涵上的充實與變化。（如圖四 A.B）

另又以漢時出現的，另一種玉器形制，「玉鳩杖首」來分析，也有相同的情形。

雖然，有許多學者認爲，鳩杖的起源，「可能源自於我國越東地區，對鳥圖騰的崇拜。」，也有的認爲：「在我國早期，就已經鷹、雀、鳩……等鳥造型不分！」，甚而，有人從近年出土的鳩杖，以銅、木材質居多，而認爲是：「因爲帝王所賜，又名『王杖』，古籍以

（圖四）本圖示，即爲「嚴卯」第三面文字，字體爲秦書八體中的「殳書」，據傳，爲服役侍衛人員，接受口頭命令後，速記在所持武器上的字體，目前業已失傳，但因玉器的不易朽壞，使殳書，尚能有此數十字，流傳於世。「剛卯」形制，當源起於「方瑑」，其上文字，不予修飾，仍有「比德於玉」觀念的復甦現象；但從文字內容分析，厭勝、辟邪的意味甚濃，顯然是受了陰陽、五行觀念的摻雜，這就是漢代玉器文化的最主要特色。

『玉』作『王』，實乃誤傳。」，針對前述各點，筆者均無竟見，惟「王杖」與「玉杖」之辨，則因筆者鑒玉與蒐古的經驗，而略有心得，筆者認爲：以鳩爲杖首的老人拐杖，在漢時，確爲政府明令，爲禮遇老者的制度，所以又名「王杖」，因爲，在後漢書、禮儀志中，記載得很詳細：

「仲秋之月，縣道皆按戶比民，年始七十者，授之以玉杖，長（九）尺，端以鳩飾。鳩者，不噎之鳥，欲老人不噎。」

而漢代有名的議論哲學文章，王充所著的論衡，在謝短篇中，卻提到：

「七十賜王杖，何起？著鳩於杖末，不著爵，何杖？苟以鳩爲善，不賜鳩，而賜鳩杖而不爵，何說？」

因此，我們可以明確知道，賜鳩杖（即王杖），雖可確定，是漢朝正式明令實施的敬老措施。但連碩學通儒如王充者，卻似不知其緣起與意義；幸而，一九五九年在甘肅武威磨嘴子地區，出土了一批漢墓，考甚年代，約在東漢中期，伴隨出土的十件木簡，寫錄有漢初高祖，頒佈王杖使用的詔書，這就是近代研究漢代文史，最重要的資料之一──「王杖十簡」。例如，第九簡到第十簡，騰錄有：

「高皇帝以來，至本始二年，朕甚哀憐者老，高年賜王杖，上有

鳩，使百姓望見之，比於節。吏民有敢罵詈毆辱者，逆不道。」（圖
五）

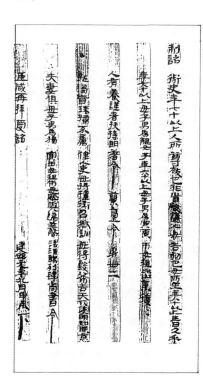

（圖五）本圖即爲武威地區漢墓，出土
的「王杖十簡」，部份拓片，其上內容
，具體的證實了，漢時頒授王杖的史實
；但玉與王之爭，目前仍有不同的立論
，依筆者所見，漢代賜王杖，係沿襲西
周，崇禮老者，並賜杖的傳統，有儒家
「老吾老以及人之老」的理想。但材質
，卻沒有特別的限制。

　　從這些最完整的出土資料証明，漢時，賜杖與老者，確有其事；
尤彌珍貴的是，伴隨「王杖十簡」，也出土了兩根木鳩杖，同樣均有
一隻木鳩，立於杖首，故而方有「玉杖」係「王杖」之誤的說法，有
關此點，筆者依蒐古的經驗所知，漢代鳩杖，似未規定材質，而只規
定了尺寸、大小與使用者的年齡限制，筆者曾見漢代銅鳩杖首、玉鳩
杖首、鎏金鳩杖首，及前述出土的木鳩杖首，故認爲：漢代敬老制度
中，政府明令，老者年七十歲以上，得持鳩杖；這種標誌，小吏、人
民，必須尊敬，如若怠慢，官府則予懲處。而這個鳩杖標誌，在於鳩
形所代表的意義，而不在於杖首的材質；因爲是皇室所頒令實施，所
以又稱「王杖」。

　　可是，我們對「鳩」形制的起源，仍舊沒有解開，因為，雖然後漢書、禮儀志稱：「鳩者，不噎之鳥，欲老人不噎。」，但是，我們都知道，鳥禽中，多有不噎之性，為何獨選「鳩」？所以，王充十分不相信此說；另在東漢 應劭的風俗通義中記敍有：

　　「俗說高祖與項羽戰於京索，遁於薄中，羽追求之，時鳩止，鳴其上，追者以為無人，遂得脫。及即位，異此鳩，故作鳩杖以扶老。」

　　筆者認為：這才是以鳩杖扶老的起源，東漢 王充著「論衡」，達通天地、古今，對鳩杖的「不噎之說」，不可能不知，渠提出質疑，實因鳩鳴棲枝，救了漢高祖一命，方被列為靈異，而王充卻是漢代，極少數反對符應、靈異的通儒，他不能同意，「鳩」具有靈異的說法，而又不敢，公然觸及王室圖騰，故而，使用比較緩和的語氣質問。（如圖六）

（圖六）圖示，即為與「王杖十簡」，一齊出土的木鳩杖首之一，造型寫實、可愛。一般學者，僅知鳩為不噎之鳥，但卻不知，鳥禽之中，多均不噎，漢時，取用鳩形，實乃鳩曾救了漢高祖劉邦之命，方被列為符應靈異之鳥。

　　所以，從漢代鳩杖的使用，我們也明顯的可看出，「敬老尊賢」，本為儒家的傳統精神，始自於西周，使用玉器，也是儒家崇尚玉德的具體表現；但是，卻摻雜了「符應」、「迷信」的成份，這就是漢代玉雕，在漢武帝採用董仲舒的建議，「罷黜百家，獨尊儒術」後，所形成的新形態與新觀念。

第三章 ◈ 盛漢時，對外擴充，對我國玉雕藝術的影響

　　自秦時，我國的版圖，就急遽擴大，但因秦王朝的崩潰，使這些新開發的區域，都逐漸與中央政權脫離，而有各自獨立的態勢，又因漢初，民生凋疲，國力空虛，對這些外藩，亦只有以懷柔與和親的方式來維繫；後經文、景兩朝的蓄積，使社會的財富，國力的提升，都達到有史以來的顛峯，再加上漢武帝的雄才大略，在國內，勵行中央集權，使諸侯國，逐年削弱，已不足慮，又在「罷黜百家，獨尊儒術」後，使國家的政治思想，更趨於一統，武帝即開始實施擴張策略，一伸大漢天威。

　　他首先面對的，是自三代以來，長期為中原漢民族禍患的匈奴，在秦末，蒙恬伐匈奴，建六國長城，曾壓迫匈奴北遷、西移，但到漢初，匈奴又漸強大，並且，進攻西域，迫使這個區域的城邑、小國，均臣服其下，且更設置所謂的「僮僕都尉」，統治這個區域，用以徵收稅賦；如此，不但長期以來，就存在的東西方貿易孔道，為匈奴所掌握，尤其令人可慮的是，匈奴掌握了這個區域的財源，對建都長安的漢朝，形成對峙，儼然已有進攻中原的態勢；故而，就戰略形勢，或國家利益言，漢武帝也必須作一些應對，故而，武帝變更自漢初，即一貫實施的「和親攻策」，積極準備大戰匈奴，一決雌雄，首先，他繼續自文、景以來，就執行的「實邊」、「備兵」等措施。另一步行動，就是派張騫通西域。

第一節 ◇ 張騫通西域

　　從狹義的西域地區局勢分析（即漢代西域都戶府的轄地），當地，小國星羅棋佈，號稱有五十多國，人口多者，有數十萬人，如烏孫，人口六十多萬；少者，則僅有數百人；漢初，匈奴勢力入侵這個區域，使當地一些國家，被迫西遷，如大月氏⋯⋯等，張騫的政治任務，即是連絡這些國家，共擊匈奴。

　　武帝 建元三年（西元前一三八年），張騫第一次出使西域，曾遭遇匈奴的拘禁，盜匪的侵擾，並沒有完成，連絡大月氏的外交、政治任務，但是，張騫卻瞭解到許多西域的風土人情，對爾後漢朝與西

域的關係，建立了初步的基礎。其間歷時十二年，到武帝元朔三年（西元前一二六年），張騫才回到長安；其時，漢與匈奴，已經爆發了幾次大戰，漢雖占上風，但匈奴一旦戰敗，則遁入大漠，漢軍因補給線過長，也莫可奈何。

而當時，西域各國中，烏孫國力日強，意欲擺脫匈奴的控制，故而武帝於元狩四年（西元前一一九年），令張騫第二次出使西域，他這次的目的，很清楚，即「西聯烏孫，斷匈奴右臂」（漢書、張騫傳所云）。武帝元鼎二年（西元前一一五年），烏孫派使臣四十餘人，隨張騫回長安，表達願與漢修好之意，武帝即遣嫁江都王劉建之女細君公主，西嫁烏孫王為妻，而張騫在東歸長安的第二年，即病逝。

張騫兩次通西域，都有政治、外交、軍事的目的，就此而言，張騫雖立功不多，卻也有限度的完成了一些；但隨著這兩次出使，使中原漢族，與西域人民的往來，日益密切，對於民族的融合，貢獻最大，尤其在經濟方面，西漢的鐵器、漆器、絲綢，源源不絕的進入西域諸國，繼而運往歐洲，而同樣的，西域的胡蔥、胡蘿蔔、葡萄、駱駝、良駒、琉璃、琥珀、香料，也陸續進入中原，促進了兩個區域貿易的往來與興盛（如圖六Ａ）。而最重要的是：張騫兩次通西域，明確了東、西方交流的通路，使文化的交流，益形暢通，使中原的禮儀、服飾，甚至鑿井技術，透過西域，影響了西方的一些生活形式，而西域的音樂、舞蹈、藝術造型……等觀念，進入中原，也豐富了我國藝術文化的內涵。

（圖六Ａ）張騫通西域，使東、西方文化的交流，更通暢，使西方的一些珍貴香料、首飾原材，進入中國，琥珀即為其中之一，這種美石，我國東北，也有出產，是一種史前松的樹脂化石，極輕，在鹽水中會上浮，是「熱」與「電」的不貞導體，所以，漢王充在論衡、亂龍篇中，已記有：「頓牟掇芥、磁石引針」。，頓牟，即琥珀的古名，此類材質，入土不易保存，漢時，係自波羅地海地區，傳入中國；本圖為清代傳世作品。

故而，對張騫通西域的成就言，他的勳名，是應永垂不朽，尤其依當時的交通狀況、生活條件，在在顯示，幾乎是不可能，所以，張騫通西域的旅程，被神化了；據傳，張騫通西域時，曾乘一獨木舟，溯河西上，忘了路程的遠近，到了盡頭，見一對年輕夫妻，狀極恩愛，以耕、織、牧牛維生，張騫自我介紹爲漢使後，女子拿起壓織布的美石，贈爲紀念，張騫持石，乘原舟而返；回至住處，方知：渠所溯之河，爲天上銀河，該對夫婦，即爲「牛郎織女」，所贈者，即爲織女所用的神物「支機石」。從這段故事的內涵分析，我們仍隱約可見，俗世在這個傳說、神話中，對美石（玉）的依戀。

也因爲張騫出使西域的神話描述，自漢以後，在玉雕形制中，就出現了「張騫乘槎」的圖樣，不論雕作形式，爲平面淺浮雕、或圓雕，均雕成一童子，乘坐在一艘，尚帶有枝葉的獨木舟上，溯河而下，手中則持有「支機石」。

第二節 ◇ 衛、霍拜將，大戰匈奴

漢武帝能擴大漢朝領土，伸揚大漢天威於世界，除張騫通西域的貢獻外，主要依靠兩個年青將領，就是衛青與霍去病，他們都是武帝的姻親；像衛青，本姓鄭，因爲他同母異父的姊姊衛子夫，得寵於漢武帝，而被召爲侍中；武帝元光六年（西元前一二九年），匈奴南下上谷掠邊，武帝派名將多人，各率一軍出擊，衛青雖年青，亦因姻戚，得率一軍出上谷，大敗匈奴，斬首數百，而名將李廣，卻兵敗被俘，後乘隙，單騎逃歸；衛青一戰成名，受封爲關內候。武帝元朔二年（西元前一二七年），匈奴又大舉進犯，衛青典兵一支，出奇兵，一戰而勝匈奴主力樓煩王、白羊王，俘虜數千人，虜獲牛、羊百餘萬頭，並且收復了，長期爲匈奴盤踞的膏腴之地──河套地區；武帝令置朔方、五原兩郡，招募關內十萬人遷居，自此始，漢得以河套爲基地，多次北伐匈奴；如此，不但爲首都長安，加增了一道屏障，並且在軍事行動中，縮短了軍需輜重的補給線，此爲衛青最重要的軍事成就，但他本人，卻英年早逝。

繼衛青而起的，爲西漢另一員饒將霍去病，他是衛青的外甥，也就是衛皇后姊姊的兒子，武帝元狩二年（西元前一二三年），霍去病率萬餘騎出焉支山，攻擊匈奴，斬殺匈奴八千餘，又接著率軍，出隴西二千餘里，越過居延澤，攻至祁連山，斬敵三萬餘級，匈奴單于大怒，欲殺領兵的昆邪王，逼得昆邪王，率匈奴兵衆四萬餘人投漢，

武帝在這個區域，設置了武威、張掖、酒泉、敦煌四郡，合稱「河西四郡」，並從中原遷來大批流民、貧民，在該區域落戶，如此，漢朝完全驅離了西北方的匈奴，並掌握了與西方往來的「絲路」。

此後，霍去病又連續出兵，遠征漠北的匈奴，最遠，曾到達狼居胥山（今蒙古共和國境內之肯特山）與瀚海（現今俄羅斯共和國貝加爾湖一帶）。在這一連串的軍事行動中，匈奴固然損失嚴重，元氣大傷，遠遁漠北，而漢軍，亦有相當損失，例如，僅戰馬損失，即在十萬匹以上，所以，武帝時期，與匈奴長期的鏖戰，固然消除了，邊塞人民受匈奴騷擾、掠奪的恐懼；因為掌握了「絲路」咽喉，也促進了，中國與中亞及西方的貿易往來，繁榮了漢時社會的經濟，帶動了東、西方文化的交流；但是，卻因為軍費的浩大，使漢朝內府蓄積，消耗殆盡。只得連續徵丁、加稅，但是，一些備邊的措施，卻不是短期，就可收功，在賦稅日重下，使西漢盛世，迅速走向衰弱。

第三節 ◇ 南越廢絕

自秦時，不論東越、南越、滇越，皆已入中國版圖，但因秦的潰亡，使這個區域，又各自獨立稱王，並相互攻伐；初漢時，南越與中原交往密切，並能維持一定的藩國禮儀，主因係：南越亟須中原的鐵器與牛馬作發展。後高祖死，呂后當制，曾下令，禁止將鐵器、牛、馬、羊，輸之「南越」，使南越王趙佗與漢交惡，並自立為南越帝，且曾派兵攻打長沙；但漢文帝繼位後，為休養生息，對外藩採取懷柔政策，例如：協助修理趙佗的祖墳（即今河南省正定縣），並派陸賈出使游說，使趙佗取消帝制，重再歸附，並願意「長為藩臣」。如史記、南越列傳所記：

「稱王朝命如諸侯。」

但實際上，趙佗在南越國內，卻仍然僭帝位，自立為「南越武帝」；雖如此，在南越與漢的長期交往中，漢文化在南越國，業已生根，其生活方式、禮儀、服飾，幾與中原相同；後趙佗死，其孫趙胡繼位，繼續與漢朝保持藩臣關係，且曾派其子嬰齊，到長安，為天子宿衛，可是，亦如其祖一般，在南越境內，僭帝號，自稱文帝，及至趙胡死，嬰齊即位，因曾為漢天子宿衛的關係，瞭解漢的富庶與強盛，較為親漢，引起宮廷一些大臣不滿，至嬰齊死，終於爆發宮廷內亂，武帝元鼎五年（西元前一一二年），派伏波將軍路博德，伐南越，經一年多爭戰，漢軍攻入南越都城番禺（即現今廣州市），至此，南越

滅絕，漢並長期派駐重兵於此一地區，置交趾、南海、合浦、珠崖……等九郡，由朝廷直接統轄，再度納入中國的版圖。

　　一九八三年八月，大陸在廣東省廣州市象崗建造樓宇，開挖地基，無意中挖得南越王墓，出土有趙眛的名章，及龍紐的金印一顆，印文為「文帝行璽」，經考証，趙眛即為史記、南越列傳所記的趙胡（「胡」、「眛」、之差，當為司馬遷誤記）；伴隨出土有大量玉器，包括玉衣一套，及環、璧、璜……等，其中更有數十件劍飾，最為精美，但從形制與刀工分析，這批玉器，幾已不見地方色彩，証實：自秦之後，我國閩、粵地區的開發，業已完成，與中原處在相同的文化範圍內（有關該批墓葬玉器，詳如後圖介紹）。另劍飾特多，也足証明，當時南越缺鐵，上好鋼材所製的刀、劍，需靠中原輸入，名貴異常，為內宮珍品，方以玉裝飾。

　　除前述區域外，漢代在這個階段，對中原周邊的其他地區，也都有連繫與擴充，像西南夷、鮮卑、烏桓、高句麗、夫餘……等地的開發，漢時都有進展，目前，一些古文物與古玉器的出土，都証實：漢文化已經在這些邊區，生根滋長，僅以玉劍飾為例，南越王墓所出土，與朝鮮樂浪郡漢墓所出土，幾乎已經看不到形制上的差異，充其量，只有雕工粗窳的分別；而此二區域，南北相距，何只萬里，這些都足証實，在西漢時期，我國的玉器文化，在大中國區域內，已趨於一致，甚而包括周邊的藩國、近邦，也都受到中原的影響。而這個影響，卻不只是武力的擴充，在各方面，我們都看出，漢朝高度發展的物質文明與精神文明，才是促進周邊國家仿效的主因。

　　而在玉器佩飾方式上，也不再僅以配玉為滿足，與其他材質的首飾搭配，也是在這個階段，新時興的配玉方式，正如漢時，辛延年的羽林郎詩中，所形容的：

　　　「……長裾連理帶，廣袖合歡襦；頭上藍田玉，耳後大秦珠……」

　　大秦，即指西域諸國，亦泛指地中海地區。「頭上藍田玉」，是中國傳統佩玉習俗，所流傳下來的；「耳後大秦珠」，則明白顯示，是舶來品了；也由此可知，漢時，對外交通、貿易，都很發達，西方各類珍品，也為中原所接受。

第四章 ◈ 西漢盛世，迅即走向衰頹

漢武帝在位五十四年（西元前一四〇年至八十七年），最後病死五柞宮，在這一段時期，武帝把國家，推向了鼎盛的高峯，建立了一個多民族的王朝，並且，開通了許多海、陸貿易通路，與許多國家，發展出了政治或經濟的關係，也促進了這些國家的文明與進步，漢家威儀，名揚四域海外，確爲漢武帝「雄才大略」所營建出來的。

但是，自武帝死（西元前八十七年）至王莽篡漢（西元九年），僅九十餘年，此一王朝，何以如此迅速的走向覆亡？形成的原因很多，但最主要的原因，有一部份，卻是漢武帝時代形成的。

第一節 ◈ 武帝神化皇權，大肆巡遊

漢武帝繼承了自文、景以來，長期蓄積的大量財富，並且巧妙的，運用董仲舒的神化儒學，來鞏固自己的統治權，例如：這時儒家所提倡的：「天道不變之說」，即意指：帝王的統治秩序，與社會的倫理道德，都是來自，永不改變的「天」所頒授；所以，這些統治階層與倫理道德，也都是永不改變。也由此，又引申出，統治者與被統治者的關係，是天道中的倫常，因爲，帝王是受命於天，是秉承天意，所以，在「三綱五常」的理論中，首列第一的就是：

「君爲臣綱，……」

也就在董仲舒神化儒學的理論下，自漢武帝開始，皇權的神化，與知識份子所受的教育，融合爲一；亦自此始，歷代歷朝，中國知識份子所學，首先，就學會了對皇權的臣服，在這種思想教育下，董仲舒對自漢以來的王朝皇權，都有不可磨滅的貢獻；但對我國文化的發展，卻投入了一錠染劑，使我國傳統純正的儒學，在某個程度上，產生了變色的效果，影響所及，以至於今。

但在這種，神化統治權思想的形成過程中，漢武帝自身，也蹈陷其中，例如史記、封禪書曾記有：元鼎四年六月（西元前一一三年），汾陰（約爲現今山西省、河津縣）出土了一件先朝的銅鼎，公卿、朝臣，都認爲是件祥瑞，並認爲，應行「封禪禮」，因爲，自古傳稱：「寶鼎出而與神通。」，而且，也對武帝稱：「上封，則能仙登天」；於是，漢武帝在元鼎五年，先在甘泉宮，建了「泰一壇」，繼而，改元爲「元封」，並於元封元年（西元前一一〇年），到泰山祭天

，且依據古禮所定規的：

「先振兵釋旅，然后封禪。」

「勒兵十八萬騎，旌旗徑千餘里」，出長城，至朔方，臨北河，在「威震匈奴」後，先祭於中嶽嵩山太室峯，又東巡海上，並曾派了幾千人，入海求蓬萊仙人，雖未尋得，但仍遊興不減的上泰山，行封禪禮，在泰山行「封禮」後，又用祭地的禮節，在泰山下的蕭然山，行「禪禮」；繼而游海上，經遼西，過九原而歸，在這次封禪巡行中，各地方修整行宮、道路、橋樑，花費錢財如泥沙；而武帝所到之處，也大事賞賜，據史記、平準書記載，僅供賞賜用的絲帛，就花費了百餘萬匹。而武帝有生之年，這類大規模的封禪、巡行，就實施了許多次。

雖然，傳說稱：「上封，能仙登天」，武帝顯然沒有完成；故而，聽信方士公孫卿之言：「仙人好樓居。」，在首都長安，建造了高達三十餘丈的「通天台」。但是，致仙之路，還是沒有達成，於是，又在建章宮西北，樹立了一支，大七圍，高三十餘丈的桐柱，並將柱頂端，雕成一仙人手掌，擎托一隻銅盤，用來收集甘露，名曰：「承露仙人掌」，得些許露水後，和玉屑吞之，據聞，如此，即可長生成仙；而武帝更自欺欺人的是，在建章宮北，挖掘了一座，名為「泰液池」的大湖，更在其中，設置蓬萊、方丈、瀛洲、壺梁，各傳聞中的仙島，似欲將自己，置入人間仙境。

漢武帝這些迷信的行為，雖對自己成仙、不死……，毫無幫助，但是，對我國藝術文化的影響，卻非常深遠，像漢代出土的明器中，漢綠釉陶奩、博山爐……等，幾乎都飾以仙山等圖案，都可看到，武帝「泰液池」中，仙山的縮影；尤有甚者，用「承露仙人掌」所蒐得的甘露，和玉屑吞服的迷信，使漢朝的歷代君王，幾乎都養成這個習慣；也孕育出了魏、晉時，玄學觀念中，「食玉者，壽如玉」的偏頗認知。（如圖七）

第二節 ◎ 武帝大興土木，設置樂府

漢武帝是一個好大喜功的人，除了運用豐厚的國家資財，北伐匈奴、滅絕南越外，更為自己廣設宮室，例如，在長安城西北興建的建章宮，史記描述為：「度為千門萬戶……其東則鳳闕，高二十餘丈……其西則唐中，數十里虎圈，其北治大池漸台，高二十餘丈，名曰『泰液』池，中有蓬萊、方丈、瀛洲、壺梁，像海中神山龜魚之屬，其

（圖七）漢武帝在長安建章宮西北，所樹立，大七圍，高三十餘丈的銅柱，其頂端，作成一仙人手掌，擎托銅盤，用來收集甘露，稱之「承露仙人掌」，據說，如此得露水後，和玉屑吞食，可以致仙；「承露仙人掌」原建築，已傾圮、湮滅；但蒐露水和玉屑吞食的迷信，顯然對當時，有重要的影響，像漢末，興起於我國南方的斂葬器——穀倉罐（或名魂亭瓶、宇宙罍……），其上，就偶有「承露盤」的制作，本圖爲三國時代作品，出土於浙江蕭山。

南有玉堂……。」，這些奢華廣闊的建築，於今，雖已蕩然無存，但對照史籍，筆者確信，武帝時，因北伐匈奴的成功，完全掌握了玉材來源，在建章宮以南，確曾建有一座，以玉裝飾的玉堂。其形式、規範，雖已湮失，但是，在漢代興起的，新文學形式的「漢賦」中，卻留存了一些描述的影子。

漢賦，是延續古詩、楚辭，發展而來，多用來描述漢朝王室貴族的生活；以敍事、詠物爲主；在這許多廣泛的題材中，不論描述皇家的生活、皇帝的園林、或田獵郊遊、宮闕殿宇，在在都告訴了我們，漢武帝大興土木，廣建宮室的豪奢；像武帝時，最著名的作賦名家司馬相如，在他一生所作的二十九篇賦文中，以子虛賦與上林賦爲代表，司馬相如透過「子虛」、「烏有先生」、「亡是公」三位虛構人物的對話，舖陳成賦，描述內苑遊獵的風光，上林苑囿的華麗，都明白的表現出，武帝晚期，「以奢侈相勝，荒淫相越」的宮廷生活。

劉勰文心雕龍、論賦篇中，談及：「舖采摛文，體物寫志。」爲漢賦的特點，在某種程度上，漢代玉雕，也有這種傾向，但是，他

不只是戰國時代的追求華麗、炫耀，因爲除此外，這個階段，加入了更多、神仙、迷信的成份。故而，在造型表現上，不論一虎、一螭，均翻騰在煙霧迷漫的雲天之中，具體表現出漢代社會，對神仙世界的憧憬與嚮往。

另漢武帝時，朝廷新設了一個樂府機關，主要用於：制定郊祀的樂章，訓練爲皇帝演奏的樂人、樂隊，並採集民間歌謠，修改、配曲。這一階段，由樂府機構所編定的詩歌，統稱爲「樂府詩」，是由漢武帝寵妃李夫人的兄弟李延年，爲協律都尉，主持樂府的工作。我們現在都知道，音樂旋律，是沒有國界限制的，再加上李延年，是一個極有天賦的音樂家，所以，漢武帝時，四域外藩的音樂，經李延年收集、編曲，豐富了我國傳統音樂的內涵；基於藝術的共通性，漢代玉雕造型，也受到了這方面的一些影響，伴隨著我國音樂豐收期的這個階段，玉雕造型中，也開始孕含了一種，類似旋律的動感，極爲和諧、優美。

第三節 ◇ 巫蠱禍起，武帝身亡

所謂「巫蠱」，意指巫師使用巫術，加禍於人，他源自於我國上古的以巫醫病，巫者既能以巫術救人，當然也可以用巫術害人；武帝晚年，極端迷信，在京師長安，各類巫師、術士、異行之人，充斥其中，因爲漢武帝的相信，達官、貴人、皇族、外戚，也都深信不疑，競相崇祠，當時，女巫來往宮中，教許多宮眷、宮女，埋木偶祭祀，據聞，可免災度厄。但是，因爲宮廷內部的權力鬥爭，與繼統派系的爭權，最後竟演變出，有人以巫蠱之術，咒詛武帝，以當時漢武帝迷信方士的荒唐狀況，致興起大獄，使太子自殺，外戚多人，遭受牽連，（包括衛青之子衛伉），甚至，皇后衛夫人也自殺；直至武帝后元二年（西前八十七年）二月，漢武帝將亡前，才臨時下詔，立年僅八歲的弗陵爲太子，以霍光輔政，是爲漢昭帝。

綜觀漢武帝一生，治國、施政、行事，甚或晚年的巡遊、豪侈、迷信，都與秦始皇相彷彿，但卻未致亡國之禍，正如司馬溫公所著資治通鑑中，直言不諱稱：

「（漢武帝）所以有亡秦之失，而免於亡秦之禍。」

其實，武帝能免於亡秦之禍，並不僅是僥倖，而有其原因，首先，文、景之治的豐厚蓄積，是武帝的先天優勢，歷代帝王，從未有繼承如此鉅大的財富，供其揮霍；其次，武帝實行中央極權，卻附加了

神化儒學的理論，鞏固了他的封建神權地位，此亦爲秦始皇所未曾運
用得當，所以，方能免於亡秦之禍。

第五章 ✦ 西漢的覆亡

　　雖然，漢武帝能免於「亡秦之禍」，但不可諱言，西漢自武帝晚年時，就已種下覆亡的種子，其後雖經昭帝、宣帝時代的生養，但是，一些社會病態，卻未能因爲經濟的好轉而改變，終於導致西漢的衰亡。

第一節 ◎ 統治階層，競相豪奢

　　漢自元帝、成帝以後，宮廷奢侈之風，日甚一日，流風所及，貴戚、公卿、顯宦，甚至一般俗吏，無不以奢靡、享樂爲非。據史紋：漢成帝時，就極奢侈的廣建離宮、別館，並蓄養官奴、官婢，多達十餘萬人。而一般官員，則上行下效的「妻妾或至數百人」，且「蓄歌者至數十人」（均漢書所紋），漢書、成帝紀，對當時官員的生活描述是：

　　「務廣第宅、治園池，多蓄奴婢。」

　　在這種社會浮靡的風氣中，在上位者，不但不加導正，反而助長了這種風氣，像漢成帝即位時，年方十九歲，次年，即開始爲自己營建陵墓，但建到一半，卻不滿意陵區規模太小，又重新再造「昌陵」，耗費用錢，揮霍如泥沙，但他不同於武帝，沒有文、景時代的蓄積作基礎，以致國庫日漸枯竭，只有連續加增賦稅，而影響最大的是，各級官吏，也競相仿效，我們試想：一官員，僅妻妾就有數百人，如何推動行政？吏治如何清明？致使西漢後期，吏治大壞，人民怨聲載道，苦不堪言。

　　另自漢文帝時，改「抑商政策」爲「利商政策」，「開關梁，弛山澤之禁」後，接著武帝的開發經營，使國家版圖，擴大了將近一倍，而又暢通了，東、西陸上貿易，與南、北海上貿易的孔道，商人「販賤賣貴」，成爲鉅富者，不知凡幾，而這些大商人，在當時土地私有制度下，有一個共同的觀念：

「以末（經商）致財，用本（農田）守之，以武一切，用文持之。」

　　所以，在漢時興起的大商人，在致富之後，幾乎都變成地主，依靠低階農民的耕種，來剝削享樂，如此，逐漸形成了漢書所描述的：

「（商者）多規艮田，役使貧民。」，在如此貧者愈貧，富者愈富的環境下，富商地主的經濟實力是：

「大者傾郡，中者傾縣，下者傾鄉里，不可勝數。」

在這種激烈的土地兼併行動中，酷吏、土豪、商人，成了擁有土地的主要人物，而同樣的，這批人，也成為「玩玉」、「賞玉」的社會享樂階層。漢代雖因尊崇儒術，使玉器「比德」的觀念，有所復興，但實際上，持玉的人，早期多為豪奢的諸侯王，而自西漢中、後期，「藩國自分析弱小」後，即轉為這些土霸、強豪、酷吏；此所以，漢代帝王陵墓，經赤眉、綠林、黃巾之亂時盜擾，以至蕩然無存，目前所出土漢玉，考其墓主的社會地位，則多為前述的階層；但藝術水準卻不低，亦足作為，這一階段玉雕工藝的代表。由此亦可知，西漢後期，貧、富差距的嚴重。

所以，西漢中、後期，整個社會，在這種土地兼併中，產生了諸多問題，但最嚴重的，就是：多數農民，無地可耕，只有鬻妻賣子，變成流民；這就是西漢末年，奴婢特多的原因，因為，賣至豪門巨邸，尚可得一溫飽，如若變成離鄉背井、流離失所的流民，則只有靠乞食維生，以至於「相枕席於道路」，據統計，西漢末年，農民因破產而形成的流民，多達二、三百萬人，到處流徙、亂竄，形成了社會動亂的根源。所以，到漢哀帝、平帝時，各地流民戕官、搶糧的衝突，就不斷發生，也因此，社會上知識份子，有了要求改革的強烈呼聲。

第二節 ◎ 王莽改制，篡漢為新

也就在這種社會秩序動蕩，經濟面臨破產的環境下，王莽得以堀起；其實，王莽是道地世家之後，他的祖先，可追溯到，為項羽所封的濟北王田安，後濟北王失國，但當地人，仍稱其家族為「王家」，因而改姓為王，爾後，王莽的父、祖數代，都是漢朝的官員，但直到王莽的姑姑王政君，成為漢元帝的皇后後，王家才又顯赫起來；因為，自漢高祖劉邦之后呂雉起，外戚掌權，幾乎已成了漢朝的傳統；故而，當時王家，先後有十多人封侯，但王莽，卻因自幼貧困，父親早死，沒有受到什麼特殊的優渥，故而他下帷苦讀，奠定了不錯的學問基礎，又因：「內事諸父，曲有禮意。」，博得了王氏宗族長輩的推崇。但是，從後來的發展狀況分析，王莽卻是一個極深沉，有心機的人，他的一切努力，及「曲有禮意」，顯然是有意來掩飾他的野心；故而，王莽的名聲，逐漸為大眾所知，他的學問與人品，也為朝士所推崇，這段時期，就是，歷史學家所稱的，「王莽謙恭下士時」。

　　史敍，王莽去探問一位，甚具社會清望的好朋友孔休，帶了一份上好的玉劍衛作禮物，玉器在當時，是極珍貴的厚禮，孔休不願收，但是，王莽說出送禮的理由是：孔休面上有瘢痕，而玉器可以「減瘢」，但是，孔休依然堅持不接受；於是，王莽說：你不收這份禮的原因，恐怕是因爲玉器太珍貴了。於是把玉劍衛打碎，包了送去，孔休才勉強收下。

　　這就是王莽善於僞裝，博得盛名的方法。但是，這件正史，卻也告訴我們，玉器在當時，是極珍貴的禮品，一般朋友間的尋常餽贈，是難得贈送玉器的，這也是孔休不肯收禮的原因。而王莽所稱，玉能「減瘢」的問題，筆者在本書第二冊，就曾提到，在戰國後期，因爲巫、醫不分的現象，不知起始於何時，已經開始以玉入藥了；及至漢武帝建造「承露仙人掌」，蒐得露水後，再摻和玉屑吞服，據說：如此可以成仙；故而，仙露與玉屑，都有助人成神、成仙的藥效。如此，我們也可知道，在西漢，玉器不只可以裝飾、斂屍，他更是迷信中，可助人成仙的神藥。但是，與王莽所稱，玉能「減瘢」的理論比較，王莽顯然是略高一籌的；目前，我們已知，用寶石摩擦面部舊疤痕，可使疤陷，逐漸平坦，而且，也已有了臨床實驗的証明，但是，我們也已知道，取得如此醫療效果的原因，是在於摩擦，而不在於寶石；因而，玉器「減瘢」的醫療效果，基本上是存在的。但是，孔休堅持不肯接受，過於珍貴的禮品，不料，王莽卻能打碎玉器，再送去，以示讀書人不輕易改變心志。

　　其實，王莽早就有改除漢祚的陰謀了，並且，時機也對他甚爲有利；漢哀帝在位六年，死時僅二十六歲（時在西元前一年），沒有子嗣，他的母親，也已早死，於是太皇太后（即王政君，王莽之姑），收取皇帝印璽，並派人急召侄子王莽入宮，接任大司馬職位（軍事負責人），實際掌握了全國軍權，並迎中山王之子劉衎入京，立爲皇嗣，此即漢平帝。而當時平帝僅九歲，由太皇太后王政君臨朝，王莽實際掌握了朝政。因爲王莽的經歷，比其他世家、外戚子弟都坎坷，所以，也比較能夠瞭解，社會上的貧苦狀況，再加上，他刻意營造他的清廉節操，使人人均知，其妻「衣不曳地，布僅蔽膝。」，且多次捐獻儲蓄、家財，用以賑災，如此，不但帶動了一些顯宦的捐獻，更因如此，使王莽的聲望清譽，全國皆知。另外，他爲籠絡官僚系統的人心，對已退休，而俸祿曾在兩千石以上的官員，也發予三分之一的養老俸金，直到死亡爲止。如此經營，使王莽聲譽更高，且獲得「安漢

公」的爵位，五年後，平帝又亡（一說爲王莽毒殺，但無實証），王莽輔立年僅兩歲的劉嬰爲帝，帝號即稱「孺子」，這已明顯的暴露出，王莽篡漢的野心；而該時，王莽代漢的呼聲，也此起彼落，於是，王莽開始僞作符命圖讖，首先，宣揚有人在浚井時，挖出了一塊漢白玉美石，上面有硃字：「告安漢公莽爲皇帝。」，王莽就依據這個符信的出現，表示：爲了不違天命，只有當上，號稱爲「假皇帝」的帝位；但只過了三年，王莽又再利用神化儒學最相信的符命現象，以假造的金匱符命，逼元后繳出皇印；西元九年，王莽正式建國爲「新」，改元「始建國」，登上帝位，開始作眞皇帝了。

　　王莽的新朝，在政治、社會制度上，針對已往的缺失，確是作了不少的改革，例如：改官制、行王田、五均、六管等政策，並變更幣制，禁買奴婢……等，確是有一些治國的理想，但是，王莽讀古書，卻有些食古不化，在一些制度上，一成不變的仿效古制，擺出一付「法先王之敎」的神聖面孔，但是新莽取代漢室，卻是巧取豪奪，完全不合正統觀念，本身就已矛盾，再加王莽讀古籍，能入不能出，政策一日數變，終使改制，難以爲繼。

　　此外，新莽時代，長期安順的四夷，也發生動亂，這不但與王莽以正統王朝自居，卻又是漢臣篡位，不合法統地位有關，也是王莽「食古不化」的個性造成。他認爲，邊區各藩國，多稱王，是一種僭越的行爲，是：「違于古典，謬於一統。」，於是，派遣使者，收回漢朝所頒授的印璽，統一將各「王」，抑貶爲「侯」，所給的新印璽，也多有貶抑，像原來的「匈奴單于璽」，更改爲「新匈奴單于章」；並且對邊疆各國，賦予新名，但文義，卻帶有侮辱、輕視的意味，例如，原稱匈奴單于，一律改爲降奴服于，後又改稱恭奴善于；原「高句驪國王」，則因其中有高字，被認爲不妥，而强改爲「下句驪侯」，如此，造成四夷皆叛，而當時，新朝未穩，新政未定，如何能對外實施大規模的征伐，但王莽仍派軍隊數十萬，南北征伐，終於引起天下大亂，暴民四起，僅立國十餘年的新莽王朝，轉瞬即已瓦解。

第六章 ✛ 西漢的玉器

　　漢朝，因為國力的強盛，版圖的擴大，商業的興盛，社會的富庶，再加上思想上，使儒術定於一尊，在在都有利於玉器文化的發展，所以，依比例言，漢代玉器的數量，當為我國歷朝之冠，僅有清代，差可比擬，也因為如此，早期在古玉收藏家眼中，有很長一段時期，大家都習稱高古玉器為「漢玉」，像清高宗乾隆，就常有這個習慣，這其中，當然有考古知識欠缺、古器形研究不透徹等，諸多原因，但由此亦可知，漢代玉雕藝術鼎盛的狀況了。

　　然而，在這些出土與傳世的漢代玉器中，筆者認為：圖八所示的

（圖八）我國漢代玉雕極盛，所以，有很長一段時期，收藏家都習稱高古玉器為「漢玉」；很顯然，膨脹了漢朝玉器傳世的數量，但在眾多真正漢代玉器中，筆者卻認為，本器為漢玉中第一，雖本件玉雕屬小件，但我們卻考證出，他出自長陵；「長陵」，為漢高祖劉邦與皇后呂雉的合葬皇陵；玉璽印文「皇后之璽」，在長陵中，僅有一位皇后，就是呂后，本器為千萬古玉器中，難得一見的帝后用玉。

這方玉璽，當為漢玉中的瑰寶，因為，他不但有藝術價值，且更具歷史意義：本器高僅二公分，寬約二‧八公分，呈正方形，紐作螭虎形，印身四側，飾以陰線雲紋，印面刻有陰紋的「皇后之璽」四字，字體大方、端莊，為篆體。現藏於陝西博物館。依據出土資料記載，此印係一九六八年，經由路人在陝西省咸陽市韓家灣公社狠家溝，水渠邊泥土中拾得，而這一溝渠，為埋葬漢高祖劉邦與皇后呂雉的「長陵」外，第一道深溝，伴隨此玉印出土的，尚有一些，屬於「長陵」的殘磚敗瓦。史紋：西漢末年，赤眉軍攻進長安，這支烏合之眾，毫無軍紀，將長安燒掠一空。除了毀掘漢帝諸山陵外，並曾對未腐的后、妃遺體，行淫穢事，這次浩劫，使西漢諸帝陵，均遭破壞。按漢朝儀制，帝后陵寢前的便殿，放置他們的生前衣冠、器用，以為供祭，故此印，可能即為當時，置於便殿的供祭物，後赤眉暴民入長安，發長陵，毀寢殿，因此印璽較小，隨殘磚剩瓦，沖入溝渠，歷經約兩千年，又再出土，以此推論，本器應是漢高祖劉邦原配皇后呂雉的璽印，呂后在漢初，權勢極大，曾主謀誅殺韓信，劉邦死後，重用娘家諸呂為羣臣，並大封諸呂為王侯，幾乎使西漢劉氏天下，變成呂氏天下，在歷史上，是極具爭議的一位人物。

　　另依漢官舊儀所紋，漢帝六璽，皆白玉，螭虎紐；文曰：「皇帝行璽、皇帝之璽、皇帝信璽、天子行璽、天子之璽、天子信璽。凡六璽。」，又曰：「皇后玉璽，文與帝同。」。而據目前所知，我國古代官印，到漢時，已趨於定型，材質以銅為主，但在「漢承秦制」的影響下，因為秦始皇規定，只有帝、后內府用印，可用玉材，故而漢天子、皇后，亦以玉作印璽；另漢印璽邊長，約僅為漢制一寸，即約現今二‧二公分至二‧三分，屬玉雕中小件作品，這主要，是為遷就璽印的實用性，因為西漢初、中期，紙尚未普遍使用，所有文獻、書牘，都在長條形竹、木簡上，書寫文字，再以繩索串成冊，運送時，則捲成圓形，為求保密，在封緘簡牘時，以繩結札，並於繩結處，施以泥團，名曰：「封泥」，於泥軟時，以璽印蓋其上，泥乾後，不破封泥，則無法解繩取簡，這就是漢代璽印的印面，均較小的主因（約均在二‧二公分至二‧五公分之間）。後至唐、宋時，紙普遍使用，印用於紙上，漸具裝飾效果，印面方逐漸加大。

　　本圖綜前所述，當為漢高祖呂后玉璽，為我國目前所知，惟一一件漢代帝后用璽，且又屬開國皇后，更彌足珍貴。（如圖八 A.B）

（圖八 A、B）本二圖，為前述璽印的印面與印文；篆書陰紋「皇后之璽」四字，字體工整，雖係小件玉雕，卻廓然大度，有帝后風範；呂后，在漢初，是極具爭議性的一位人物，劉邦定鼎天下，她出了不少氣力，及至劉邦崩，其子即位，即惠帝，她卻遙控朝政，至惠帝崩，她更臨朝，主持政事，大用娘家呂氏親屬，並凌虐劉氏諸王，幾使漢朝劉氏天下，變成呂氏天下；漢書中，將呂后列入帝王本紀，可知其行事為人，此即為渠作皇后時的「玉璽」。

另古玉鑑賞中，常有專家稱：以沁色作斷代依據。這是不正確的；本件玉璽，即為一例，因為，古玉的沁色，除了與玉器的材質有關外，更與入土的環境與時間有關，如入土環境中，沒有大量重金屬，則千年不沁，也是常見的現象，本器材質潤密，也沒有玉紋、玉礬（若有，則可能自冰裂紋中入沁），為新疆和闐玉中上品，且全器，打磨光潔平滑，故幾乎未有沁色，但少部份陰線凹槽，因無法打磨修飾光潤，故自此刀工處，略有沁、咬與土染，但全器，則仍保有一層，古玉特有的「皮殼」，即玉器長期與空氣接觸，形成的類似「氧化膜」表層。

大陸於一九八三年，在廣東省廣州市象崗地區，修建樓房，打地基時，發現一座漢墓，當時，因為處置得宜，使該墓幾乎沒有破壞，在清理該墓文物時，發現金質的「文帝行璽」與「趙眛之印」的璽印，對照史籍，此處應為漢初南越王第三代國王「趙眛」的陵墓，史

籍記為「趙胡」，文義不通，故「胡」應為「眜」之筆誤，此亦為，以出土文物，修正正史錯誤的一個例証，否則，我們仍將以「胡」為「眜」的繼續錯誤下去。依古籍記載，南越王出殯時，四門俱出棺木，使人不知確實墓葬地點，如此，可防後世破壞盜掘，故而當代，即已不知趙眜陵寢，建於何處，兩千年後，因營建而無意得之，實為天數！亦因為南越國王設疑塚的習慣，在墓地陵寢上，已不見任何痕跡，方使此墓，保存得極為完整，毫無擾動，使我們對漢初南越國文化發展的瞭解，有重要幫助。

尤其，該墓出土大量玉器，與一套完整的玉匣（絲縷玉衣），對我們研究漢代玉雕，更有重要的參考價值，目前，南越王墓已建為遺址博物館，對我們研究文史、藝術的貢獻，實難估算。因為：

第一、南越國自漢初起，與中原的關係，就若即若離，呂后當朝時，曾禁止牛、馬、鐵器，輸入南越，造成雙方的緊張對立，後雖和緩，但在立國的幾十年，對中原，仍是反覆不已；惟因為交流的便利，使南越國的藝術、文化、政治體制，幾乎與中原，完全相同；目前，漢初玉器，幾乎已不見出土，尤其帝王陵寢，多已盜掘成空，只剩山陵，而趙眜卻是一國之主，其出土玉器的珍貴，自不在話下。

第二、漢初玉雕風格，自「罷黜百家，獨尊儒術」的漢武帝之後，風格丕變，在此之前（包括秦代），玉器出土極缺，這一階段，與戰國後期的藝術風格，有何演變？是否已吸收中亞的藝術風格，而有變化？變化程度如何？已往這一階段，多是空白，臆測之辭亦頗多，南越王墓的玉器出土，正可填補這段空白。

第三、南越王墓為直穴式墓壙，建築良好，兩千年來，未塌陷，其中，雖經多次水澇，但玉器浮擱墓內，未受地壓、地熱的自然力影響，對我們研究玉器的沁色、質變，都是重要的實物資料。

第四、南越王墓中，所出土玉器，有部份塗硃砂，或以硃砂包裹（亦可能為硃砂所染之裹布），亦有一部份，與黃金、青銅、鐵器嵌合、複合，這些金屬，對玉器的影響，也都可一覽無疑。

所以，我們若能對南越王墓出土的玉器，作深入、完整的觀察與研究，對我們鑒玉的基本知識，包括古玉的品相、沁色、質變，就已足夠建立起完整的概念，此亦為南越王墓出土玉器，最為珍貴之處。筆者試將這批玉器，分類、擇要，介紹於後。

第一類、玉劍飾類：自西周後期，出現玉具劍的形制後，到戰國時代，就已大為風行，不論大國、小國國君，均佩劍為飾、為禮，而

（圖九）本器在一圓徑五公分的玉胚平面上，用剔地刀法，雕出一大、一小的兩隻螭虎，彎扭身軀，似騰翻於漫天雲氣中，這種以小見大的藝術表現方式，最能考驗藝術家的技巧；本器佈局均衡，不見擁擠，卻能表現其美，爲漢代玉雕中的上品。

劍的高貴、低下，則在於飾玉的優美或粗窳；南越王墓出土玉劍飾數十件，件件精美，顯示這類玉器形制，在漢初時，仍爲男子飾玉的主要表現重點。

一、浮雕雙螭紋劍首（如圖九）：本器呈圓餅形，圓徑約五公分，厚約三公分，從其開窗可知，本玉器原爲青色美玉。入土時，由大量硃砂包裹，時經兩千年，出土當時，硃砂包裹痕跡仍在，故清理後，可看出硃砂使全器產生質變的現象，以往，許多人都認爲：古玉沁色中的黑色，俗稱「黑漆古」，爲長期受水銀，沁蝕而成，所以，又稱此類玉沁爲「水銀沁」，筆者研究古玉器多年，深知此種立論，是錯誤的，古玉形成黑色，有兩種因素：

第一、爲原玉質，即黑色玉（或稱黛玉）與一般白玉共生，被認爲是沁色。

第二、從一些銀、銅材，與玉複合而成的釵、笄古玉器分析，與前述金屬接觸的部份，常使玉器形成黑色沁，其中，尤以銀、玉嵌合

器，所見較多，所形成的黑色，也較深（但亦有不沁者），故而古玉中的黑色沁，應爲玉器，與有機金屬接觸所形成，不僅限於水銀。

從本器沁色與質變狀況觀察，硃砂中的大量氧化汞，對玉器形成的質變，多於沁色。

本器雕工精美，用「剔地法」，雕出一大、一小兩螭，捲曲、扭身、翻騰於雲氣間；背面，則光素無紋，但正中，鑽一不透的圓孔，出土時，尚有鐵劍的殘餘把手，嵌在孔內，故本器爲劍飾中的「劍首」，當無異議。

本器所雕螭虎，爲漢代玉雕中，最常用的題材，也是漢代神仙思想中，最重要的神物之一，造型取材於田野中之「猛虎」，故而爲雙耳、圓眼、四足、長尾、虎頭，但頭頂上，卻長一「獨角」，翻騰於雲氣之間，這種高浮雕的表現方式，明顯已受到中亞、西方，石雕藝術風格的影響，但已融合於中原本土的時代紋飾中，只見其美，不見突兀；而同樣的，中國特有的螭虎造型，在傳入西方後，經演變，亦成爲西方異獸中，「獨角獸」的起源。

另如圖十、十一，此二器命名、用途，早期頗有爭議，有璲、瓏

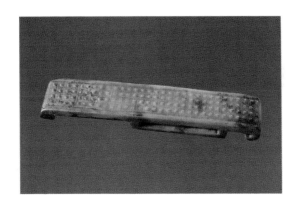

（圖十）本器長達十三公分餘，爲漢代劍衛中較長者，衛面略呈拱形，微弧彎，似有彈性，在此弧面，作出雲紋，並予鈎連，極爲困難；但本器刀工，卻一絲不苟；顯示漢初時，南越國玉雕技藝，並不遜於中原。

（同衛字）之爭，但到了本世紀，日本人在朝鮮 樂浪郡，發掘出來的漢墓，有兩把未完全腐朽的漢代古劍出土，此器附著於劍鞘上，距劍口約三分之一處，才確定爲劍鞘的飾玉。依據後漢書、匈奴傳所紋：

「單于朝，天子賜以玉具劍。」

孟康注釋「玉具劍」稱：「摽、首、鐔、衛，盡以玉爲之。」，前圖九爲劍首，而本圖二器則爲劍衛。

圖十之器，原爲青玉質，因長期與硃砂裹合一處，產生乳白色質變，與褐色沁蝕，由此可知，硃砂（氧化汞）因其中含有大量重金屬汞的成份，對和闐玉器，造成沁色與質變，是存在的。本器全長十三‧一公分，高一‧五公分，寬二‧四公分，下部有一長方形孔（銎），爲綁繫於劍鞘之用，故多不飾，而上表面，則滿雕勾連雲紋，整齊美觀，顯示刀工之利；另從側視，觀察本器，上部非呈平面，而係作成略拱形，此類拱形曲線，細予觀察，似爲有彈性的曲弧，是漢代劍衛的重要特徵之一，後代所作，多未有此造型；在這種似微具彈性的拱形面，雕作出勾連雲紋，極難排列整齊，但本器紋飾，卻一絲不苟，由此亦可知本器的精美。

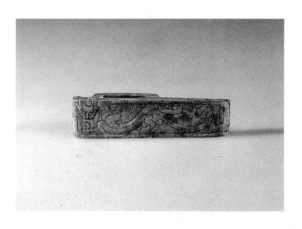

（圖十一）本圖劍衛較短，長僅九公分餘，衛面仍作拱形弧彎，並在其上周圍，作出一圈弦紋，其內，則以浮雕刀工，作出一螭虎；螭形仍似漢代形式，但雕工不整，尤其螭虎頭部，線腳不齊，雙眼略鈎而成，粗具其形，並不生動，不若螭身、卷尾，昂然有力；全器藝術性略差。

　　另圖十一之劍衛，高一‧六公分，長九‧五公分，寬二‧五公分，與前器材質相同，造型亦與前器相似，但略短，惟浸蝕較重，其面上，雕一淺浮雕之螭虎，虎身扭曲，足蹬有力，爲漢螭虎的標準形態，但刀工不整，藝術性較低。

　　而圖十二，亦爲一劍衛，但已作有限度的變形，長度僅有五‧三公分，約爲前二器之半，下部有一橢圓形之圓穿孔，便於繫附劍鞘，但卻不同於前二器的長方形穿孔。其上，則浮雕一隻螭虎，惟頭、角，凸出於衛面，這種出廓的造型手法，在戰國時代玉璧、玉環中，即已出現，但直至漢代，方趨於成熟。本器所飾的螭虎，頭、角出廓，已增加整體造型的藝術性，但與身、尾結合處，仍聯爲一體，渾似天成。

（圖十二）本器爲變體的劍衛，長度縮短，僅有五、三公分，其下繫於劍鞘之穿孔，卻作成橢圓形；從本器「開窗」觀察，原材實爲和闐青白色玉，但因係裹縛大量硃砂入土（或以朱布包裹），出土時，已有部份，與硃砂黏合爲一體，經細予剔除，方呈如此品相。

　　圖十三，即爲劍格，爲劍身與劍柄之間的玉飾，故稱「劍格」、「劍珌」，即古史所稱之「鐔」，俗稱「擋手」，這種玉劍飾，在春秋時代，即已出現（出土於江蘇省 六合縣 程橋二號墓，詳見本書第二冊），但從兩件實物觀察，歷經三、四百年的演進，劍格的形制，

隨著劍形的改變，已有明顯的變化，從早期肥、厚、寬、大的擋手，
走向裝飾性較強的「劍瑋」；本器高六‧一公分，寬五‧五公分，最
厚處約二‧五公分，造型曲線、紋飾，極具藝術性，兩邊各鏤雕出一
隻對稱的朱雀，中則以淺浮雕，作出獸面紋。器中，琢有一橢圓形穿
孔，顯爲納入劍身，以接合握把，本器沁浸品相，與前敍各器相似，
均係裹硃砂入土，但尚未複合成玉具劍，爲南越王珍藏玉器的一部
份。

（圖十三）本器爲劍身與劍把的區隔，
俗稱「擋手」，爲實用器具，有護手作
用，但以玉作成，則僅具裝飾性，筆者
見漢代玉雕「劍格」數次，外型均與此
器類似；雖然，漢代劍格，已經定制，
但紋飾、造型、雕琢之美，則鮮有過此
器者，本器不論兩側的鏤雕朱雀紋，或
器中的「壓地」獸面紋，都極盡造型之
美，確爲漢代玉雕中的上品。

　　圖十四爲劍珌，或作「劍璏」，即古史所稱之「劍摽」，爲劍鞘
底部之飾玉，且多以束收部份，與劍鞘底部同大，以便嵌鑲於劍鞘末
端；本器長七‧二公分，底寬六‧五公分，厚一‧七公分；側視，如
兩腰略收的梯形，兩面紋飾相同，其中，以凸紋作出一四方窗形，這
種造形，在我國傳統紋飾中，俗稱「開光」，內飾穀紋，外圍則作出
，微凸起之勾連雲紋，作工精細，藝術性極高，本器與硃砂長期裹合

，出土後，尚有部份硃砂，附沾於器表，但從器中砂垢剝落處，均泛白色，可知入土古玉器，長期與硃砂相結合，可使玉器產生白色質變，但此土垢剝落處，器表必然較新，否則當爲作舊僞玉，黏貼之假土垢。

（圖十四）本器即爲「劍珌」，亦稱作「劍璏」或「劍標」，從此器觀察，下端平面，有三孔，中孔較大，兩側二孔較小，並斜鑽，通連於中央大孔，用於嵌連劍鞘的末端（但亦有只鑽一大孔者），以爲全劍的裝飾；細予觀察本器的束腰曲線、各處紋飾，刀工犀利，線腳整齊，修飾精細，爲難得一見的藝術精品。

圖十五亦爲一劍珌，但雕作更精，雖側視，仍作略束腰之梯形，但一面刻出高浮雕之螭虎，遊穿於雲氣之間（如圖十五Ａ），另一面，則以淺浮雕，作出獸面紋（圖十五Ｂ），刀工整齊、優美，其中，尤以高浮雕之螭虎，身形矯健，雙眼圓睜，凜然有威，依筆者之見，此器當爲南越王墓出土劍飾中第一。另因係高浮雕，虎頸下方，

未與硃砂接觸過多，尚未質變入沁，顯示本器，當為上好青色和闐玉琢成。

（圖十五）本器劍珌，雕作更形精美，作出螭虎的高浮雕，螭身扭轉有力，螭首昂揚前視，長尾迴捲，確已表現出，漢螭的各項特點；尤其扭曲身驅的中線，隨形作成，流轉柔和，將螭身的肌肉力感，也籍這條細陰線，表現出來，為難得的藝術手法，亦足顯示，玉工的雕琢功力。

（圖十五A、B）本劍珌背面，亦以淺
浮雕，作出獸面，紋飾搭配得宜，刀工
亦婉轉流暢。另本器，因曾長期與硃砂
接觸，部份器表，已呈白色質變，但因
係高浮雕，使部份器表，未與硃砂緊密
接觸，尚保有原玉材的青玉材質，此即
為：古玉行家所常稱的「開窗」。仔細
觀察此處品相，可使我們明瞭，真品與
偽古玉器的差別。

　　如圖十六，為雙龍璜形佩飾，在扁平的璜形玉胚上，以鏤空與陰
線，雕出併體的雙龍，龍口微張，身體相連，其下正中，與龍頸部，
各有一穿，顯係懸掛組玉佩之用；本器雕工，堪稱精美，造型也稱均
勻，但與戰國時代玉璜相較，相差卻不可以道里計，此所以，自戰國
玉雕鏤空璜形飾後，玉雕璜，即逐漸稀少，這當然與服飾，及佩玉習
慣有關；本器即可作為，玉璜趨於沒落階段的一個代表。

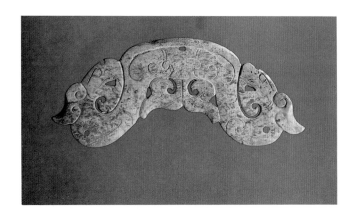

（圖十六）本器正中，有一橢圓形穿，兩側下方，亦各有一圓穿，故當為組玉佩中一部份，全器雕琢精細，造型也稱奇特，陰線刀工，亦流轉自然，但與戰國時代鏤空玉璜相比較，整體之美，已相差甚多，這種現象顯示，璜形玉飾，在經過戰國時代的藝術高峯後，已趨於沒落。

　　在南越王墓中，也曾出土，玉雕帶鈎一批，造型獨特，甚具參考價值。如：
　　一、龍虎併體帶鈎（如圖十七）：本器長近十九公分，最寬六‧二公分，最厚二公分，鈎首，雕出一虎頭，鈎尾，則作一平面龍首，口銜一環，附於龍體，虎、龍身軀，則以略作「Ｓ」形併體，腹下，凸雕出一圓紐，上飾陰線捲渦紋，可用於連接繫帶，本器雕工精美，造型奇特，入土後，曾與銅器長期接觸，沾染極多銅綠銹，形成部份沁色，可作為我們研究玉沁的參考；本器最特殊處為：龍、虎首並不在同一平面，而是呈九十度垂直，但卻作成併體，完全不合造型的透視原理，而卻毫無突兀之處，這種使用兩個方向，透視立體的造型觀念，顯示出，漢時玉雕造型藝術的成熟與先進。
　　二、玉龍虎帶鈎（如圖十八）：本器全長十九‧五公分，最寬四‧一公分，造型概念，與前圖相似，一端作龍首，一端作虎首，作工

（圖十七）本器爲生坑器，因入土時，曾長期與銅材接觸，使器表沾黏許多銅綠，此爲最眞實的銅沁實物，若將銅銹剔除，其下部份，必呈略黑色沁，本器龍首部份，即爲此類沁色，當可作爲我們，瞭解古玉受銅沁的最眞實資料；以往，有人稱：玉器受銅沁後，呈青色沁色，而沁色深淺，又有蝦子青、熊膽青……等，顯然不正確。

（圖十八）本器係由八塊不同、不相連的玉料，組合而成的長帶鉤，各塊玉料，均中心透鑽一孔，以鐵條串連接合；南越王墓發現後，經專家研究，該墓曾多次進水湯而積水，鐵器遇水，極易生銹蝕，且在生銹過程中，銹鐵體積，會產生膨脹，致使本器由內向外，產生黑色沁；若袪除銹斑，銅、鐵與古玉，長期入土的沁色品相，是相當類似的；而本器首尾兩端，因製作時，未有鐵條穿過，故而尚保有原玉質，僅略有土染而已；近年，常有人提及：「古玉不沁」，從此器觀察，顯然這種立論，是不正確的。

立體，已似圓雕，身形只作略「Ｓ」的併體，但較奇特的是，本器係由八塊玉材，雕作完成後，中心穿孔，貫穿鐵條，組合而成，各接合面的斜度，均設計工整，使全器組合後，渾如一體，爲難得一見的玉作方式。本器玉料呈青、灰色，因中心鐵條銹蝕，造成自內向外，產生沁色的現象，爲甚難見到的玉沁方式，頗具參考價值。南越王墓，曾出土一件散落玉匣，在考古人員併湊過程中，發現許多玉片，係舊玉或古玉禮器，重切作成；顯示漢初，南越國地處我國極南，欲得大量新疆玉材，本就不易，又時而與漢王朝，產生齟齬，玉料來源，相當缺乏；而且長遠以來，玉材即爲貴重之料材，如何有效運用，本就是玉工必須學習的項目，在這種環境下，玉工顯係使用邊材、下腳、剩餘之料，雕琢組合成此一帶鉤，但卻渾似天成，確爲我國玉雕複合器中之代表作。

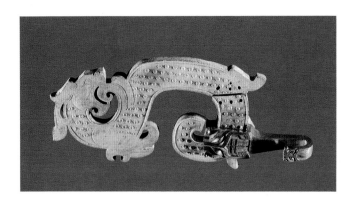

（圖十九）本器玉質部份，入沁已呈雞骨白色；筆者認爲，本件帶鉤，應非實用器，因若曾佩用，則其上縛連的六個鑽孔，應略磨出豁口，而仔細觀察本器孔沿，未見嚴重磨蝕現象，故應爲玩賞器；另我國自古，金、玉並稱，惟金較玉更穩定，玉尚受蝕、入沁，而金卻入土千年，均不會產生銹蝕或變質，本圖虎首金帶鉤，即足證明。

　　三、玉龍複合虎首金帶鉤（如圖十九）：本器通長十四‧四公分，厚約〇‧四公分，但卻由鏤雕玉龍，與金製虎頭小鉤，組合而成。玉龍爲扁平狀，張口咬鬃，身飾穀紋，作Ｓ形，至身體後半部斷開，斷口處，兩邊各鑽三孔，可接合成一器；另虎首金帶鉤，作扁寬腹

，下有一方紐，可自玉龍斷口處，將金虎帶鉤穿入，組合成一器，綜觀本器，當非實用器，而係一玩賞器，其原因為：

㈠玉龍前半部，呈平板Ｓ形，厚約〇・四公分，從龍的造型，穀紋刀工，及平板的厚度分析，此部份，應係戰國時玉器，後尾部，應尚有一反Ｓ形的龍尾或鳳首。南越得此器時已殘。

㈡南越玉工，將半龍殘件，缺口磨平，配以龍尾，故此一部份造型，與龍首風格，略有差異；然後鑽孔，可作縛接，並配以虎首金鉤（鉤腹有一圓紐），組合成全器，故金鉤上紋飾，與玉龍不同。而兩玉相接邊線，並不連貫，且邊線刀工，亦不相同。

㈢本器金鉤、玉龍組合成帶鉤後，無法佩用，尤其龍尾縛連部份，極易受力扯裂，故絕非實用器，而係一件古玉重鑽的玩賞器。

南越國當時，極缺玉材，而本器玉龍前半部，雕琢的確相當優美，在玉工重組過程中，方設計出，此類造型，當非一般書籍所云：「另一種新帶鉤型制。」

另我國自古，金、玉並稱，這兩種材質，均為不朽之物，但玉器尚可能受沁或質變；而金卻更為穩定，尤其純金，入土數千、百年，完全不受墓室環境影響，筆者偶見出土金飾，經拂拭乾淨，完整如新，若非從型制觀察、分析，根本無法斷代。

除前述劍飾、帶鉤外，南越王墓亦出土一批，與「璧」形有關的玉器，作工精美，特別珍貴。例如：

一、**獸面紋大玉璧**（如圖二十）：本器為難得一見之漢代大型玉璧，外徑達三十三・五公分，內孔九公分，厚度更達一・一公分，玉質為深綠和闐玉，但有部份，受沁而顯出白色斑紋（細予觀察，應為織物殘跡所形成）。全器表面，由外向內，飾出四道絃紋，其間隔中，再飾以獸紋與穀紋，圖紋設計精美，刀工犀利，流轉自然。

以璧歛屍，最早出現於新石器時代的良渚文化，南越王墓，部份玉璧出土時，依相對位置分析，應係置於南越王趙眜之法身背、腹、胸部，而該法身，原尚罩穿有玉匣，可知玉璧歛屍的長遠習俗，並未因玉匣的使用而泯滅。故而，傳世的一些漢代玉璧或美石璧，除雕琢極精美者，可能是玩賞器外，一般入土的主要目的，仍應為歛屍。

二、**玉鏤空龍鳳紋璧**（如圖二十一）：本器直徑一〇・六公分，厚約〇・四五公分，其祖形應為璧，但精工細琢的程度，當可確定為南越王室的玩賞玉器，本器在鏤空雕成的兩圓環間，以流暢的刀法，琢出一龍一鳳，鳳作張口鳴唱狀，踞於外環，龍則雕作張口闊步狀，

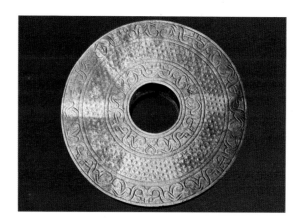

（圖二十）本器厚達一公分餘，為漢代大形玉璧，其上沁色，略顯白斑，似為布帛長期沾黏，所形成的玉器質變現象，本器雖飾多層紋飾，且頗具藝術性，但與下圖相較，仍有一些差異，此種差異，即為王侯斂葬玉器，與玩賞、佩飾器用的區別。

（圖二十一）本器圖案，鳳踞於外環，而龍的造型，卻突破內環的桎困，似遊走於「璧圓象天」的開闊空前，紋飾配置得當，均勻平衡，華而不亂；亦自此器始，開啟了我國璧形器的新階段，從此，間隔弦紋，不足侷限神物的造型，且璧、環形器，亦不一定，非是中心留一圓孔。為我國玉雕藝術，開啟了更大的表現空間。

處於內環，但龍的兩足與長尾，卻凸出至外環，與鳳交錯，整體造型，十分和諧，毫無突兀之感；我國玉雕璧形器，至此器，爲一重要轉折，從此始，璧的基本造型，已不足束縛出廓動物。漢初，手工技藝極高的玉工，運用他們的藝術修養，開闊了新的玉雕造形方式，也影響了其他門類的雕塑造型。

三、玉鏤空龍鳳紋環（如圖二十二）：本器的祖形爲環，但玉工在扁平的環狀玉胚上，透過鏤空、打磨，琢出龍、鳳勾連的造型，卻扭轉自然，勾連和諧，似只見龍、鳳，昂然騰飛於空靈之中，而掩飾了他的祖形—環—。本器外徑九公分，厚約〇·四公分，爲南越王墓出土，諸多環形器玉雕中之代表作。本器有一部份，入沁已呈雞骨白狀，如本圖右側，這種入沁，使玉器，狀似搜空，僞作極多，本器可作比對參考。

（圖二十二）本器有部份，已入沁呈雞骨白色；筆者相信，這類入土品相，除火燒葬玉外，一般墓室，含有大量強鹼（生石灰），亦可能沁蝕玉器，呈此類品相；而我國自古即有，利用石灰，收燥墓室的習俗，故筆者認爲：此亦爲我國出土玉器中，雞骨白沁色較多的原因（但僞玉除外）。

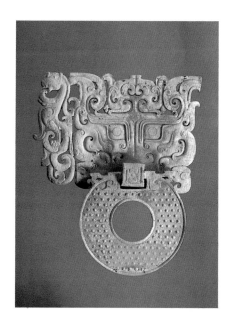

（圖二十三）本器上半部份，均已入沁，使材質產生質變，呈「雞骨白」現象，但穀紋璧部份，則受沁較少；且獸面嘴部，因雕成凸起的方型獸口，使附近較少與雜質直接接觸，故而此部份，仍能不沁，觀察古玉沁色的入門訣竅，就是：「細予分析入沁狀況，是否自然」，本器即可供參考。

　　四、玉獸銜璧舖首（如圖二十三）：本器全長十六‧七公分，橫寬十三‧八公分，從部份「開窗」觀察，知本器材質，應為和闐青玉，整器係由一塊玉料，鏤雕而成，其上，為一正視的獸面，頭戴鳳冠，側懸一虎，獸口，則雕成一方環，內則穿過一璧，略似獸口銜璧，璧上，則飾以穀紋

　　舖首，係源自於門牘的拉環裝飾，自東周時期，即有玉雕製作，且紋飾多樣，但多作成獸面銜環，分析其源起，顯然是殷商饕餮紋的延續與運用，初時，當具有人獸、人神合一的象徵意義，以為辟邪，使鬼魅不得越過，後至漢，則因紋飾的演變，使舖首的藝術性更強，但仍有辟邪、厭勝的用意，本器即為西漢舖首的代表作（本器原出土於，南越王墓主法身頭部上方）。

西漢帝王陵墓，在西漢末年的「赤眉之亂」，就已被盜掘破壞一空，目前僅具山陵，故而，具有完整出土記錄的西漢大墓，目前極為難得，南越王墓的出土，雖能彌補這片空白，但南越到底只是藩屬諸侯，故而，仍有缺憾；幸而六十年代，大陸方面發現了一批西漢中山王陵，特具歷史意義。

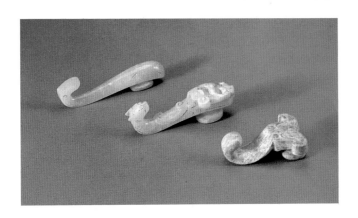

（圖二十四）本圖三器，細予觀察，均係新疆和闐玉材，同一墓葬出土，但受沁品相，卻完全不同，以往，常有一些玉器專家稱：「玉沁，可作為斷代的依據。」，顯然極不正確，且可能自誤誤人，古玉器的斷代研究，仍以形制與刀工的分辨，較為正確；以本圖言，中間一器，鈎腹上的螭虎，形制似漢，鈎首耳、眼處，陰線刀工，亦與漢代刀工相同，以此方式分析，方為正確的入門方向。

漢高祖劉邦消滅諸異姓王後，曾與大臣「刑白馬」，共誓稱：「非劉氏不得王，若王，則天下共擊之。」；漢景帝乾元三年，封皇子劉勝為中山王，改郡為國，轄地即約在戰國時代中山國舊屬地，為西漢時，北面較大的諸侯王國，依漢書所記，漢代所實行的二十等爵制，劉勝因是諸侯王，故而是最高的爵級。劉勝與其妻竇綰的墓葬，在河北省滿城縣陵山之上，是以山為陵的典型王侯墓葬，因未經盜擾，出土了大量的珍貴文物萬餘件，包括有青銅器、陶器、金、銀、玉器，精品甚多，比較具有代表性的如：

一、玉帶鈎（如圖二十四）：三件，均為略青色玉琢成，最長約六公分，形式雖異，但腹下，均有一圓紐，鈎首則彎成鈎形，為漢代

帶鉤中的標準實物；顯示風行於戰國時代的長大型帶鉤，已因實用上的不便，自漢初起，逐漸被淘汰，而從本圖鉤首觀察，雕琢形式刀工，也不若戰國時代細緻，更顯示玉帶鉤，已逐漸被更方便實用的環帶扣所替代，爾後，玉帶鉤轉變成玩賞器再興起，整體的風格、設計，才又趨向多樣化與精緻化。但歷代，小型帶鉤，如本圖者，則仍有出土，因爲這種型制，並不僅用於束腰，亦可嵌於革帶，用以懸物。

二、玉螭虎紋鑲銅杖首（如圖二十五）：本器玉質精美，其中，浮雕兩隻，扭身對視，形態相同的螭虎，中有一孔，四周銅嵌，並隨玉形，雕成四座對稱的山巒，其上，似佈有狐、猴等動物，下連銅質短座，座上有四方孔，孔內尚留存殘木，一般人多稱此器爲儀仗首，筆者前曾言及，出土複合器具的玉器形制，最難分辨，針對此器，筆者認爲：裝飾重點在玉器，若作儀仗首，則因高擎，而難以展示其美；故而認爲：應是王侯貴人使用的短杖首。

（圖二十五）本器從出土記錄分析，應爲杖首，但因中有一空，故其上，仍應有複合的裝飾物，惟原件不傳，已無法分析，筆者嘗言：玉器斷代的基礎，是對當代文化、藝術，作「面」的瞭解，方足勝任；僅以本器言，四周銅嵌紋飾，已有漢代博山爐、博山奩的造型影子，再參照玉雕形制、刀工，即可約略分辨出年代，但若對漢代陶器，缺少瞭解，即喪失了一條重要的線索。

三、銅嵌玉舖首（如圖二十五Ａ）：本器全長十二‧四公分，寬九‧四公分，係由銅、玉嵌合而成，銅器呈閃爍金光，顯示這件藝

（圖二十五 A）中山靖王墓，出土相當多的鎏金銅器，顯示當時，這種工藝，已臻成熟。所謂「鎏金」，即是先將金、汞，鎔合成「金汞齊」，將銅器表面，用楊梅水清洗後，刷至銅器表面，且邊刷邊烤，因燒烤，使汞汽化，金即附著於銅器；在「電鍍」技術發明以前，爲金屬材質表面，塗金的最科學工藝。

術品的鑄銅與鎏金工藝，均極高超；玉，則以浮雕的卷雲紋，組合成饕餮面紋，從本器觀察，獸面雖仍仿自商、周青銅器，但已作變化，惟仍能掌握三代禮器之精髓，故呈古意盎然，不若乾隆玉雕中的仿古饕餮，各代圖紋，混雜一器，雖稱華麗，但古意全失。本件嵌合器，因銅器鎏金的技藝甚佳，故似不沁，惟右下角，因鎏金剝落，而略現沁色，因係由內向外沁出，使器表，仍現光潤，但已開始產生質變現象。

　　四、螭虎紋劍珌（如圖二十六）：本器長五・九公分，最寬六・八公分，玉質精美。側視，作成略束腰的梯形，以淺浮雕方式，在兩面，各雕琢一隻，翻騰於雲氣間的螭虎，西漢玉雕螭虎，身軀、四足，昂然有力，本器雖作淺浮雕，但仍不失其神韻，當可作漢螭的代

表。其中，尤以本圖所示之面，自螭虎身側，露一鳳首，以平衡圖面，特具藝術性；本件玉材極白，目視觀察，這類玉種，材質較緊密，硬度較高，故能入土近兩千而不入沁，未若南越王墓出土劍飾，因裹硃砂，浸沁較嚴重，故而玉沁，僅可作斷代的參考，而不能作斷代的依據。

（圖二十六）古史記述：漢中山靖王劉勝與其妻竇綰墓封葬時，爲防盜擾，除於墓外四周，積石、積炭外，且曾以鐵水澆灌，以使堅固；此批墓葬開挖時，從竇綰墓外層觀察，確有於墓縫澆鐵水，以求封固的遺跡，也因爲墓室較堅固完整，故而出土玉器，多均未沁，不若南越王墓，曾因滲水、水澇，造成積水，且玉器常裹硃砂，或與硃砂接近，使入沁狀況，均較嚴重。

　　五、鏤雕雙螭出廓穀紋璧（如圖二十七）：識者公認，本件玉璧，爲漢代玉雕中，最佳作品，筆者深有同感；但純就玉器材質言，本器較前三圖均略差，故而略有沁蝕，由此亦可知，玉材本質結構的粗窳、緊鬆，當會影響，玉器入土沁色的變化。本器通高二十五・九公分，璧外徑十三・四公分，內徑四・二公分，厚○・六公分；上端鏤雕兩隻，背立的出廓螭虎，張口吟唱，螭尾上捲，觸接於象徵雲天的對稱雲紋，其中間，作一圓穿，可以佩懸，其下，則爲螭虎所踏的圓璧，璧內、外緣，凸出整齊的弦紋，其中滿飾穀紋；綜觀全器，螭虎矯健、彎曲的身驅，穀紋排列的均勻，整體佈局的奇奧，在在顯示，西漢自文、景之後，已走出戰國時代玉雕的影響，建立了自己的時代

風格。本器頂端的雲紋，雖勾卷，卻略肥厚，與圖二十一龍鳳紋璧上方的雲紋造型相似，此為戰國後期至西漢，圖案造型的重要特徵。

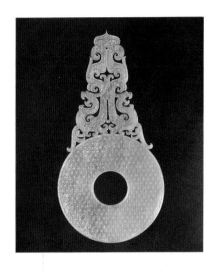

（圖二十七）本器造型極美，不但雕工細緻，尤其一些小部份的紋飾鈎合，極具匠心，像螭首的昂揚生動，首後一角，各自向上揚起，交於器中，直似「羚羊掛角，無跡可尋」。另螭虎上端的雲紋，中有一穿孔，而孔上端的雲頭修飾方式，僅略見承襲戰國時代玉雕紋飾的痕跡；漢初，因為東西貿易的發展，藝術、文化，亦有交流影響，本器即可看出，受西方紋飾造型影響的影子。

（圖二十八）從本器底部銘文分析，此玉人，當為陪葬的玉俑，孔子曾有：「始作俑者，其無後乎！」之嘆，參考近年秦始皇陵兵馬俑，與長陵兵馬俑的出土，顯示漢時，以俑陪葬的習俗，已經成為正式墓葬儀式，但俑均不葬於主墓葬內，本器出土於中山靖王劉勝墓的棺、槨間（如若出土棺內，則可能為生前珍藏或玩賞、佩飾器），故當可確定為玉俑。

六、**圓雕玉人**（如圖二十八）：本器高五‧四公分，雕一坐姿玉人，雙手置於身前小几，此玉人，長眉短鬚，束髮於頂，並罩一小冠

，冠帶紮結於下頜，身著右衽的長衣，寬袍大袖，腰似繫方格紋布帶，神態莊重沉穩，似一沉思的哲人；本器底部平坦，上以陰線，刻五行十字的漢隸銘文：「惟古玉人王公延十九年。」，本器出土時，發現於中山靖王劉勝的棺槨之間，當為陪葬的玉俑。

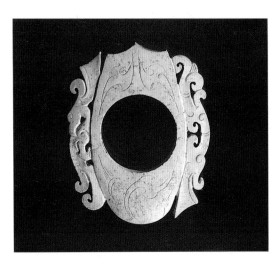

（圖二十九）本器即雞心佩，為自戰國後期，陰陽、神仙之術興起後，醫術中「房中類」，採補之說的具形，這類玉雕形制，盛於兩漢、兩晉時期，後則逐漸減少，原以佩飾為主。本器係中山靖王墓中出土玉器，受沁蝕、質變較重的一件；因入土時，表面遍塗硃砂，由此器品相觀察，可知「葬玉塗朱」後，入土多年，對古玉器的影響。

七、玉雞心佩（如圖二十九）：本器長五・二公分，寬四・一公分，厚〇・三公分，作似橢圓形，正面微凸，背面微凹，中心作一圓孔，上端作出收尖，下端弧圓，類似雞心狀，其上以陰線作出雲紋，兩側，則各鏤雕出一鳳鳥紋，本類器形，名稱至今未定，有稱為「韘」者，亦有稱為「韘形佩」；筆者個人對這些命名，並不能同意，因為，「韘」的名稱，起源於詩經、衛風：「芄蘭之支，童子佩韘。」，近年，於殷商婦好墓，出土了一件玉雕實物，後因時代與實用的需要，型制逐漸變薄，但均呈環狀，上凸一枝，可用於拘弦，至漢後，逐漸消失（如圖三十）；而雞心佩，則為漢時興起的新形制，因為

（圖三十）本圖即為「韘」，為拘弦的
實用器，旁凸叉枝，即為拘弦之用；長
期以來，大家均稱此類形制為雞心佩，
其實二者，仍有不同，近年，山東省巨
野縣一座西漢墓中，既出土玉韘，又伴
隨出土了雞心佩，足證二者，並非一類
器形，雖彼此有模仿、承襲的痕跡，但
二者所蘊含的文化意義，卻各不相同。

，始自於戰國時代的陰陽、神仙之術，在漢時，大為風行，漢書、藝
文志中，論醫書四類，其中，就有專論採補的房中類；雞心佩的形制
，就是象徵，可採之、補之的女陰，因據傳：有神奇效果，故多以神
獸環繞。但為象其形，其上均作成尖狀，下則弧圓，中有一孔，其面
略向上凸，旁則飾以不同的神獸或雲紋；純就器形研究言，雞心佩有
可能師法韘的造型，但二者所代表的文化意義，則完全不同。此所以
，到了東漢時期，滿朝文武，若不識圖讖迷信之術，幾乎不能在朝廷
存在的環境下，雞心佩卻更形興盛的主因。此外，近年在山東省巨
野縣，一座西漢大墓中，曾出土一件玉韘，及一件雞心佩；亦曾在江
蘇徐州北洞山漢墓中，出土一件玉韘，及一件骨製雞心佩；都足証
明，玉韘自為玉韘，雞心佩自為雞心佩，二者毫不相干。

　　從前述，我們可知，玉韘與雞心佩的區別。雞心佩，為自漢代起
，興起的玉雕新形制，為神仙採補之說的餘毒，因直呼其名，甚為不
雅，不知起於何時，因渠形似「雞心」而名之，久之，對渠原始用途
，反而不明；到東漢時，這類玉雕，依附道教教義，雕作漸普遍，後
則隨道教的沒落，佛教的興起，方逐漸減少，但歷代，仍偶有製作。

　　此外，漢初帝王墓葬附近，也曾偶有玉器出土，據判斷：可能是
附葬於帝王山陵的勳戚，或大臣之墓，故玉器造型雕工，均頗有可觀
，例如：

一、玉辟邪（如圖三十一）：本器高二‧五公分，長五‧八公分，於七〇年代前後，出土於陝西省 咸陽市 周陵公社，渭陵附近，本件玉雕材質，呈青白色，最特殊的地方，是利用「留皮」方式雕作，使一隻作勢欲撲、張口欲噬的辟邪，頭角與背脊鬃翎，巧雕成紅紫色，使全器更具美感，漢代圓雕動物，多能掌握動物的「動態」與「力感」，為歷代各朝所不及，本器即可作為代表。尤其昂揚的頭形，飽滿的前胸，刻畫出了「辟邪」的英武神情，使這種，世上並不存在的神獸玉雕，似有生命一般。

（圖三十一）目前，我們研究我國「辟邪」的起源，約可追溯到戰國時代中山國王墓出土的錯金神獸（詳如本書第二冊第一一九圖），而具體的文字記載，則是漢書、西域傳中，記有：「烏弋山離國，有桃拔⋯⋯」，注：「桃拔一名符拔，似鹿，長尾。一角者為天祿，兩角者，或為辟邪。」，可知辟邪，應為中亞西方的真實動物，其名可能出自西域蕃語，但進入中土後，卻被美化、神化，變成辟邪的神物。

二、玉熊（如圖三十二）：本器高四‧八公分，長八公分，與前器同一區域出土，玉質優美，呈白色，但頸、尾略留玉皮，使造型更逼真可愛，熊身比例適中，打磨精細，並略飾陰線，以顯熊體毛茸；尤其特殊者，熊耳貼頭後抿，後肢略彎微蹲，似作「出恭」狀，饒富趣味。自戰國起，我國一些紋飾圖案中，出現了虎、熊互戲的圖案；相傳，姜太公出世時，其母即夢見一熊飛入，故至今，仍有「夢熊吉

兆」的成語，或因早期，熊力大過人，且能冬眠……等，一些異於一般禽獸的特性，使先民賦予了他神物的地位，其中流傳的狀況，史書著墨不多，我們並不是很清楚。

（圖三十二）筆者相信，自史初，我國先民，亦曾賦予「熊」，神物的地位，但演變發展，卻不很清楚；惟因有這種傳統，方造成，目前我們所知，熊掌、熊膽……都是珍貴食物、葯材、補品的情形，本件玉雕，形象活潑、可愛，玉質亦佳，為西漢早期，動物玉雕中的精品。

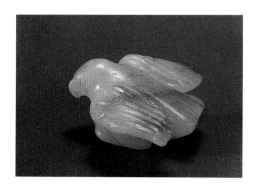

（圖三十三）本器器形名稱，較有爭議，有稱之為鷹，但亦有稱之為「鳩」者；自然界中鷹類，喙呈下鉤，鳩喙，則略細長、平直，以此言本器，應為鷹；但筆者曾見數次，漢代杖首，亦有作此似鷹嘴形，但卻名之為鳩杖首；從整體造型言，本器亦應為杖首，故筆者亦暫名之為「鳩杖首」。

三、玉鳩杖首（如圖三十三）：本器長七公分，寬五公分，亦出土於渭陵附近墓葬，雕作造型方式，用刀技巧，亦與前二器略同，均用「留皮」方式，顯示動物的毛色、翎毛，惟原出土說明，稱之為「玉鷹」，後有學者，從其身下造型，分析出，應為杖首，筆者亦認為：應命名為「鳩杖首」。筆者曾數次見類似漢玉雕法，喙彎鉤似鷹，但身形似鳩，早期亦名為鷹，近年方恍然而悟，確是杖首，此種雕作造型，亦可作，鑑別漢代「杖首」的特徵之一。

（圖三十四）本器材質，是以青、灰、黑色為主的花玉，巧雕成一臥牛，寫實、自然；長期以來，我國文人，不習自然科學，故常把此種黑色玉質，亦稱之為「黑色沁」，實為大謬，但卻造成許多偽古玉器的偽仿空間；仔細觀察本器，兩色玉質結合的線條與品相，即可分辨出，染色玉與花玉的不同之處。

四、玉牛（如圖三十四）：本器高七公分，長十公分，寬七公分，用一上青下黑的花色玉料，雕作一臥牛，雖玉質略差，但其身上「俏色」，既似沁色，又似原牛之「毛色」，另從某一角度觀察，又似慵懶之牛，臥伏泥塘，趣味盎然；從此玉雕觀察，可知，到了西漢中期以後，我國玉雕工藝中的「俏色」雕法，已臻成熟，玉工「因形」、「因色」來相玉、雕玉的理念，也已正式成為藝術造型的一部份，且代代迭有佳作。

（圖三十五）本器出土於茂陵附近遺址
；可能爲漢武帝陵墓器用，雖僅爲殘件
，但仍重達十公斤餘，尤其本器四周雕
琢的「四靈」，最爲精美，可作漢代神
物造型的代表。本器背面平素，上有鑽
孔，出土時，鑽孔內，尚有金屬鉛存留
，故可確定爲實用器，漢代帝王陵墓的
裝飾之美，由此殘器出土，即可窺知一
二。

　　五、玉舖首（如圖三十五）：此器出土於陝西省 興平縣 茂陵附
近，茂陵爲漢武帝之陵，以規模言，可稱爲歷代帝陵之冠，其中寶物
，早已流散殆盡，而本器，明顯爲殘件（下半，口銜環部份缺），但
雕工精細，尤其額頭部份，所琢的「青龍、白虎、朱雀、玄武」四靈
的造型，極盡優美之能事；尤其僅此殘件，就寬三十五・六公分，厚
十四・七公分，重達十公斤餘，當屬茂陵帝王用器無疑；本文前曾提
及，漢帝諸陵，均被盜毀的慘劇，致使玉雕文物，早就湮滅，難得再
見，但從本器，只爲墓中舖首的殘件，就如此奢華精美，不難想像，
西漢盛世的玉雕盛況。

（圖三十六）本圖所示之器，極為有名，近年，不少書籍，均常引用；依筆者鑒玉經驗，從本器造型、刀工分析，斷代為漢，當是無誤；玉質亦為上好和闐玉，但整體造型，卻差前述熊、牛……等動物圓雕甚遠，亦與前圖鋪首的雄渾造型，不能相比，可能僅為后妃器用。另本器，馬背上騎士，觀其衣飾風格，不似漢人，故本器，應為「胡兒騎馬」玉雕。

六、玉人騎馬圓雕（如圖三十六）：本器出土於陝西省 咸陽市附近，原漢昭帝 平陵遺址，高七公分，長八‧九公分，以一上好白玉，圓雕出一人騎馬，其上玉人，有人稱是：「身有羽翅的仙人。」，亦有人稱：「身著短衣的武士。」……迄無定論，但因出於平陵遺址，故近年多數資料、書籍，都曾引用，且常以「雕琢精細」、「造型優美」、「絕世佳品」形容，但依筆者鑒玉淺見，在漢代玉雕中，本器玉質上好，確是事實，但雕工與造型，卻非上品，因為，盛漢玉雕，在吸收自絲路傳入的西方造型方式後，不只善於製作高浮雕與圓雕而已，其精髓，在能掌握主體實物的動感，且是一種，類似具有韻律的動感；以此觀本器，馬身長短，比例不合，頭頸比例亦不合，最差者，四肢雖似奔馳，但卻弧彎過甚，對應不成比例的肥胖身軀，似馬身下塌，造型相當失敗；其上玉雕騎士，既不寫實，刀工亦略粗糙，故方有仙人、武士……等爭論，比諸前器，廓然恢宏，此器當非廟堂之器，故而，筆者認為：本器應係后妃玩物，其上人物，當非「仙人」，從馬身無鞍薦、彎頭觀察，本器似應可稱「胡兒騎馬」圓雕。

（圖三十七）本件玉劍首，一器雕出五隻螭虎，據統計，為目前所知，玉劍首中，附有螭虎最多者；本件劍首，下有一三孔，一正二斜，三者互通，為便於嵌鑲於劍鞘末端；兩漢時，玉劍飾出土比例較多，顯示佩玉具劍，為當代風尚，上至帝王、下至士、儒，都有佩劍習慣，但其上飾玉，已非禮儀用意，而僅以裝飾為目的。

　　此外，在近年一些陸續出土的西漢墓葬中，也曾出土一些玉器精品，從這些實物，我們可以觀察出盛漢時期，玉雕藝術的多元化，也顯示出，盛漢時文化的多樣，例如：

　　一、**螭虎紋劍首**（如圖三十七）：漢代飾玉的主流，在劍飾，比例上，較其他出土玉雕多些，這與漢時佩劍的習尚有關，其上紋飾，常成身份的表徵，琢工特精，爭奇鬥妍；像一九七七年出土於山東省巨野縣紅土山，西漢墓葬的這一件劍首，已脫離早期春秋、戰國時代，玉劍首的梯形束腰標準形制，而係在側視，近長方形的玉胚上，雕琢出，穿梭於層層雲氣中五隻螭虎，或扭身、或交身、或出廓、或凸雕，華而不亂，不但明確表達了，西漢時期的神仙思想內涵，更具體的表現出，螭虎的動態美感。雖螭虎，僅為俗世中，融合虎形，

想像出來的神物，現實中並不存在，但本件玉雕，卻表現出他們，昂然的生命力與動感，確爲盛漢玉雕的代表作。

（圖三十八）本圖玉劍衛，與前圖劍首，同一墓葬出土；二者造型雖不同，但紋飾風格相似，同屬漢時，玉劍飾中上品；且此二器，玉質亦相近，同爲和闐青玉材質，但均入土後，沁蝕成雞骨白色，尤以本器，質變更重；古玉入沁至此品相，硬度大減，稍一不愼，即可造成撞傷，故此種玉器，常見傷殘，而本器，卻均保持完整，甚爲難得。

　　二、螭虎紋劍衛（如圖三十八）：本器長八・八公分，寬二・九公分，厚約一・八公分；比諸南越王墓出土玉劍衛的形制、大小與多樣化，與本器相比，可知劍衛形式，已趨於定型，自盛漢起，玉劍衛紋飾，雖有變化，但造型已經固定，及至東漢，劍衛紋飾，更形多樣，但基本造型：「長約八至九公分，俯視作長方形，側視，則上呈略拱，其下，則在中央偏一端，有一長方形的穿孔（銎）。」，則不再改變；後以玉飾劍的習俗，因爲對外貿易的興盛，逐漸演變成，以珠寶飾劍，而劍鞘多以鯊（鮫）皮製作，玉劍衛方逐漸走向沒落，偶有，也已自劍上裝飾器，演變成復古的佩飾器，但造型，卻均與本器，小異大同。

　　三、玉辟邪（如圖三十九）：本器出土於陝西省 咸陽市 周陵公社的渭陵附近，本器爲圓雕，張口伸首，露齒前探，頭上作出一角，

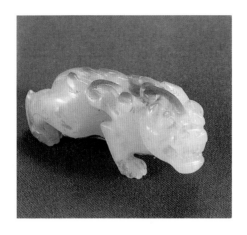

（圖三十九）本器爲西漢辟邪的另一類造型，其身、角、翎，作出留皮雕，更顯生動；這類西方所產的動物，目前已不傳，但可確定，在漢時，這種動物，因譯名的特殊，被賦予了：「辟除邪祟」的厭勝用意，已具有辟除邪魔鬼怪的形而上意義，此所以，自南北朝起，辟邪被作成大型石雕，用以鎮守帝王陵墓。

腹側作出兩翅，此類造型，爲漢代另一類辟邪造型，與圖三十一圓雕方式不同；後漢書、班超傳曾記有：「月氏貢符拔、獅子。」，注：「符拔，形似麟而無角。」，但也有一說稱：「符拔，似鹿，長尾，一角者爲天祿，兩角者爲辟邪。……」，由班超傳中，西域大月氏進貢符拔、獅子的記錄來看，辟邪，當爲我國不產的動物，再參考獅子在我國造型的美化與變化，顯然本件造型方式，比較接近辟邪的原型。

　　四、玉杯（如圖四十）：本器高約十一公分，口徑四‧五公分，平口、深腹、盤足、體圓，杯體上下端，飾以 T 字勾連雲紋，中飾乳丁紋，再以細線勾連，這種紋飾，只要刀工犀利、線腳整齊，最能表現圖紋之美，從本器，即可見一斑；此杯型制，下重上輕，不易傾倒，造型簡單，但容積較大，爲傳自西方中亞之造型，與我國傳統杯、爵，略有不同，但至漢時，此類形制，開始大興，因自各地漢墓，偶有出土，本器出土於廣西壯族自治區，西漢初期墓葬，由此亦可知，盛漢時，疆域擴大，不但武力強盛，文化傳播力量也很強，由此杯形制，出土西南，卻同於中原，即可見端倪。

（圖四十）有稱本玉杯，出土呈藍色，顯係原資料，印刷錯誤，但以訛傳訛，許多人均如此引用，甚爲可笑；綜觀本器，材質爲和闐玉無疑，因入土，受沁呈棕褐色，並有部份質變；本器造型優美，曲弧柔合，尤其足底，亦作成中空，顯示此器，確係模仿中亞銀器酒杯的造型，由本器形的出土，亦可知，漢初時，西方文化藉著時斷時續的「絲路」，進入中原，對我國玉雕藝術，造成了一些影響。

（圖四十一）本器龍形杖首，與前圖玉杯，同一地區墓葬出土，龍首具有漢代龍形特徵，但仍可看出，承襲戰國時代的影子；本器出土時，仍與杖頂銅帽連接，由此部份觀察，可知銅金屬與玉器長期入土，所造成的「銅沁」品相，這種入沁，不易僞作，與染色、燒烤僞玉，大不相同。

　　五、龍形杖首（圖四十一）：本器與前圖玉杯，係同一地區出土。長約十公分，寬一‧五公分，厚〇‧八公分，全器作一張口欲噬的半身龍，龍首造型，仍有戰國後期龍首的特點，但龍頸所飾的弧形鱗紋，則甚少見於玉雕，龍身作絞絲紋，後部，則與銅帽相嵌接，依形制研究，此銅帽，可套接於木質拐杖的杖頂，故此器，當為一杖首。自漢起，杖首玉飾，偶有出土，但多作鳩形，本器為極少見的龍形。且本器出土於棺內，可知墓主，當為老人，此器，即為老者生前所用拄杖，後隨墓主入殮於棺內。

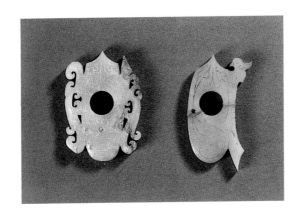

（圖四十二）本圖二器，一墓出土；入沁不深，但圖右之器，自中心有一裂紋，此類玉釁的產生，有三種可能，第一：原玉材即有紋。第二：採取玉料時，因敲擊或炸山，震動造成。第三：佩掛時，因碰撞造成。因玉器「堅度」甚佳，且係呈纖維狀結晶集合體，故常裂而不斷，但入土後，因沁垢沿裂紋進入，常因沁垢的膨脹，將古玉脹裂；本件玉器，已有類似現象。

　　六、雞心佩（如圖四十二）：本圖二器，同出土於湖南省長沙市咸家湖曹媄墓，此類佩飾形制，已如前述；觀此二器，相似處為：同作雞心形，中有一小孔，上飾陰線流雲紋，邊側均鏤雕神物紋飾；不同者為，圖右一器，僅一邊飾鳳紋，似仍有韘的形制遺風，但卻非韘。圖左一器，則左、右各鏤雕一隻，不同的變形鳳紋；我國早期的巫術醫病方式，夾雜陰陽調合之說，秦至漢時，已逐漸興起，男女交合、採補的奇詭謬論；再加上，古人對人體生理的錯誤認知，認為

：女陰，為一切生命之起始，以訛傳訛，著之典籍，形之玉雕，即為本圖二器。但從圖右之器，有一圓穿觀察，漢時佩飾此類器形，雖甚為風行，但佩掛方式，卻未有定制。

（圖四十三）本圖所示之環，雖尚有環形，但鏤雕精美，渾似連綿一體的雲天，其中所飾龍、鳳，穿梭於雲紋間，以平面顯示立體的藝術手法，表現得當，益增全器的藝術性；細予觀察，平行細線的凹槽，亦修整平滑；顯示佩飾此器墓主的社會地位。

　　七、鏤雕龍鳳紋環（如圖四十三）：本器直徑八‧五公分，孔徑二‧九公分，厚約〇‧三公分，與前器同墓出土，由此二器，亦可知，漢時陰陽調合之說，已與龍、鳳等，起始於我國史前的神物，結合在一起，本器在一環形玉胚上，以鏤空方式，雕出龍、鳳相勾連的圖案，其中，再飾以雲紋，以示「龍飛鳳舞」；在整體造型上，間以陰線紋修飾，以刀工言，曲弧陰線的作工較難，而本器，又作成平行線，且作兩面雕，益增本器之藝術性。細審本器，上有一穿（原圖倒置），當為佩飾器無疑。

　　八、金玉耳墜（如圖四十四）：我國自上古，即有佩耳飾之習俗，但均以環形器為主，至漢時，受西方、中亞，首飾佩掛習俗的影響，逐漸趨於多樣化，名稱雖多，但多以「耳璫」稱之，本圖一式二器，均出土於內蒙古自治區 準噶爾旗 西溝畔墓葬，耳墜由金飾與玉墜兩部份，鉤連、嵌接而成；玉墜係在長約六‧五公分，寬五公分，厚〇‧四公分的似梨形玉片上，以鏤空與陰線的刀工，作出一螭虎，一

（圖四十四）本圖二器，同一墓葬區出土，其上金飾，雖相彷彿，但其下玉飾，卻大小不一，顯非同一對耳飾；而從其上，一作螭虎，一作雲龍分析，亦知當非同一套。但從刀工、造型分析，這種類型的耳飾，已成為當時，邊塞民族的普遍型制，在玉雕風格上，仍見漢代玉雕特色，但全器造型，卻流露出濃郁的塞外風格，與中原耳飾，顯然有些差異。

雲龍的兩件玉雕，獸身彎扭的身軀，足尾的修飾，處處均顯示出，漢代玉雕的特有風格，但整器再與金飾嵌接，而金飾部份的走獸紋、聯珠紋，卻顯露出異國風味；盛漢時，匈奴一度極強，曾占領肥腴的河套地區，並控制西域，也許就在這一段定居階段，摭合中、西文化，形成如此的金、玉組合首飾，雖不具文化意義，但從本圖二器觀察，金、玉材質的設計與搭配，均能展現其美，對我國爾後的貴重金屬，與玉器的嵌合造型，必有啟蒙作用。

　　另漢時，新疆產玉地區，一度為匈奴控制，而這個我國歷代產玉最大宗的新疆于闐一帶，因土著長期採玉、相玉，逐漸對玉器，有了更深入的認識，東西文化的交流，也使製玉的砣具、刀具、技術、理論，帶到當地，使內附的匈奴人民，也開始在當地製玉，且發展的很迅速，從本器金飾觀察，獸紋內，原均嵌有小玉片，出土時，雖已

脱失，但仍可知，當時我國北方、西北方，均已有製玉業興起，且技
術相當精湛。

　　（圖四十五）本圖所示之器，多數
專家均品評爲：漢代玉觿代表作；但筆
者卻認爲：本器龍首，雕作粗糙，結構
散漫，雖全器費工甚多，但體態臃腫，
已無戰國時代玉觿，所表現出來削瘦、
冷峭，彎曲自然的美感，玉觿的雕作，
至本器出現，必將趨於沒落。

　　九、玉龍形觿（如圖四十五）：本器全長十一・二公分，最寬二
・九公分，厚約〇・二五公分；係出土於江蘇省 銅山縣 小龜山，屬
西漢中期墓葬，原墓一次出土五件玉觿，其中以本器最爲精美，全器
作一弧彎的龍形觿，其上，則飾以鏤空雕琢的雲螭與鳳鳥，勾連方式
，圖紋配置，尚稱精美，但全器的造型，卻與戰國時代的玉觿，相差
甚遠，戰國玉觿，冷峭、削瘦，但在彎、扭間，表達出了高度的藝術
性（如本書第二冊，圖一四〇），而本器，雖經品評爲，漢代最佳玉
觿作品，且費工甚多，但卻流露出一種，不均衡的臃腫體態；故我們
當可知，玉觿發展到這個階段，必然趨於沒落，此所以，自東漢起，
玉觿的製作，幾已不復再見。

（圖四十六）本器高僅五公分，上、下各有一穿，當爲組玉佩中一件，此類小件漢代玉雕，早期偶有出土，但常不受重視，且因入沁品相不同，而被斷代爲明、清玉器；但從本器的造型風格，鏤雕刀工，與鑽孔方式分析，當可建立一些，漢代玉雕的整體觀念，可增強我們鑑玉、賞玉的眼力。

十、玉舞人佩（如圖四十六）：本器高約五公分，出土於江蘇省揚州市，西漢後期墓葬，墓主名爲莫書；本器下端平直，上、下各有一孔，當爲組玉佩中一件，玉人身態婀娜，細腰微扭，一手舉袖過頭，另一手，則甩向一側，作翩翩起舞的正面圖像；袖紋的鉤卷，技巧的表現出，舞人的輕靈，近年，曾有長沙 馬王堆，軑侯夫人辛追墓出土，渠入葬時所穿服飾，尚保存完整，甚爲難得，依該墓出土實物觀察，漢代富貴人家，似均著長袖衣物，且袖長多於臂長，達一尺以上；本器雕成甩袖作舞，確爲當代寫實之作。

另據西京雜記第一卷，記有：漢高祖 劉邦的寵妃戚夫人，「善爲翹袖折腰之舞。」，漢書、張良傳中，則提到戚夫人善楚舞，由此分析，本件玉雕所欲表達出來的，正是源自於楚國的翹袖折腰之舞，在漢時，極爲風行。

這種舞蹈，幾乎改變了漢朝的歷史；漢高祖 劉邦晚年，因戚夫人善舞，而極爲寵愛，一度欲廢去，與呂雉所生的太子劉盈，而改立與戚夫人所生的劉如意，呂后無奈，求敎於張良，使用巧計，敦請劉邦最敬重的「商山四皓」，來敎導太子，方暫時減除了廢太子的危機，但劉邦直至死前，都一直欲立劉如意爲嗣。

也因爲如此，漢高祖 劉邦一死，呂后掌權，對戚夫人的報復，

極爲狠毒，他將這位細腰善舞，體態勻稱，面目姣好的女子，挖去雙眼、灼掉耳朵、剁去雙手、割去鼻子、切掉雙足，赤身丟在豬圈內，稱爲「人豬」來圈養，並請繼位的兒子，漢惠帝 劉盈來觀賞，惠帝得知圈中怪物，爲戚夫人時，幾乎一嚇而亡，如此，方造成爾後，呂后當制的不正常現象。自古紅顏多薄命，但下場之淒慘，未有過戚夫人者。而史者也多稱：天下妒婦中，手段之狠毒，亦以呂雉爲第一人。

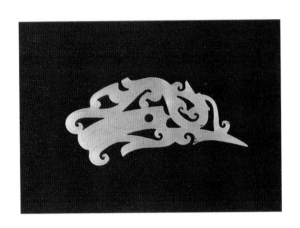

（圖四十七）本圖所示雞心佩，爲筆者所見，造型最美者；他的美，非僅在於玉質，而是匠心獨具的藝術造型，再配合婉轉犀利的刀工，精心細琢，方完成此一藝術品；本器入眼的視感，但見飄逸、柔合的器形，已不見堅硬如鋼的玉材。

十一、**雞心佩**（如圖四十七）：本器長七‧五公分，寬四公分，與前「舞人佩」，出土於同一墓葬，全器中心主體，仍作雞心形，但已變小，中孔亦有收縮，惟兩邊紋飾，似已將主體包圍，細分析：一側爲龍，一側爲鳳，造型優美，刀工細緻，在精雕細琢中，似已賦與主體雞心形，一種空靈飄逸之美，此爲西漢後期，玉雕風格的另一類代表，薄識者，僅知西漢玉雕，寫實、渾厚，動感十足；但部分玉雕，所孕含的飄逸之姿，卻常爲人所忽略，但他卻代表了西漢後期，道家「羽化登仙」思維的具體表現。爾後，亦成爲東漢玉雕的主要風格之一。

（圖四十八）我國玉雕工藝，至清時，又再興盛，名工巧匠，多集中在蘇州、揚州等地；蘇、揚二地並列，各類玉雕，馳名全國；但從本器，與前圖二器觀察可知，揚州地區的玉雕技術，起源甚早，至少在漢時，就已執全國玉雕業的牛耳，本器祖形爲璜，但經鏤雕後，曲線流暢，卻又能展現材質之美，可見玉工的藝術造詣。

十二、鏤空龍鳳璜（如圖四十八）：本器橫寬十·二公分，出土於江蘇省揚州市邗江縣，西漢後期墓葬，漢時，對外交通的海運貿易，亦極發達，揚州爲當時重要的商港，社會富裕，其中一些漢墓，常有玉雕精品出土，本器即爲代表作；綜觀全器，其祖形應爲璜，佩掛方式，亦應與璜相同，但經鏤雕，似已將璜的原形，予以掩蓋，反而使其上的龍、鳳紋，變成玉器的主體。經過這種變革，起源於我國史前的璜造型，逐漸被飄逸、空靈的龍、鳳、螭、虎紋所替代，爾後，漸不再出現。

十三、龍形環（如圖四十九）：本器最大直徑約七公分，出土於河北省定縣，西漢後期墓葬；從前文圖四十五、四十八，我們都可看到，我國始於上古的觽、璜造型，與藝術紋飾結合，逐漸被替代的現象；而「環」形制，爲我國一切外環中空，玉雕造型的始祖，在漢

時，也逐漸走向藝術化，本器即為代表；在一扁平的環形胚上，鏤雕出一銜尾龍，龍口巨張，龍尾鈎卷，並在環圍而成的龍體上，作出捲紋，並飾以雲紋，但因龍體過長，再用陰線，飾以類似竹節紋飾，這種利用視感上的錯覺，掩飾龍身比例過長的藝術手法，極為高妙，使初睹此器者，只見一龍，不見環形。

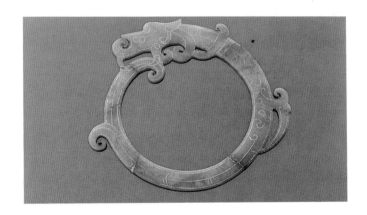

（圖四十九）漢時，起始於我國史前的一些玉雕造型，在這個階段，都逐漸走向藝術化，而使祖型被泯滅；本圖所示，即為「環」形器，被藝術化的最好實證；雖仍為環形，但卻作出一龍，首尾相接，此類龍形，爾後均俗稱「咬尾龍」，經以紋飾修飾，使全器，只見龍形，不見圓環；另本器，係由難得一見的黃色玉雕成，入沁後，品相極美；但這類玉種，近年已難再見。

　　十四、玉雙鳳璧（如圖五十）：本器與前器，同一地區墓葬出土，但玉器材質，卻不相同，前者為黃色玉，本器則為青色玉，但較潤透；這些玉材，均產於新疆和闐，自古，就有人稱：和闐玉有七彩、十三色；依筆者所見，如若細分，和闐玉當不只有十三色，形成原因，當為玉礦形成時，所含不同重金屬或雜質造成。我國歷代，對玉器色澤的品評高下，不在於顏色，亦不在於珍稀，而在於對色澤的崇尚，據筆者所知，和闐玉中，有許多珍稀玉種，千不見一，但無人重視，只是偶而作成巧雕，成為玩賞器而已；故而，在我國玉器文化中，各時代色澤的崇尚，左右玉器的價值，與玉材本身的珍稀性無關。

圓如玉 文物珠寶商店

專營：天然緬甸玉・古文物・有色寶石・等

地址：台北縣永和市中山路一段322號之一（SO GO百貨旁）

電話：(02) 2927-9702

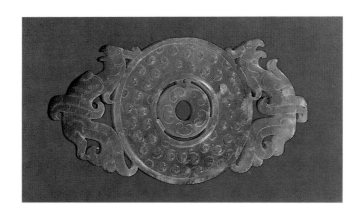

（圖五十）本器製作精美，造型奇特，顆具匠心，出土相對位置，是在墓主頷下，當為墓主生前的前胸佩飾；我國自宋以後，因為刀工更犀利，解玉砂純度更高，故而作出了「轉心佩」的形制，即玉器中心，有一環，但仍與玉器套接，卻可轉動；為我國後期玉雕佩飾中，極風行的一種形制，而本器，即為「轉心佩」的造型起源。

（圖五十一）本器二鳳尾翎，雕作方法相近，但裝飾紋，略有不同，可能為顯示雌、雄；漢時，陰陽雌雄觀念極盛，一般對稱的玉雕，都常作如此配置，增加了我們賞玉的趣味。另從本器局部特寫，可明白觀察出，漢時刀工的特點；尤其榖紋處，玉工常為求圖面均衡，在無法作出凸起榖紋的邊沿，亦以陰線，作出一些類似榖紋的圓弧，最為特殊（但亦為承襲戰國時代）。

　　本器圓徑約三‧六公分，最長六‧七公分，作兩面雕，以一璧的形狀，左右各附一，對稱相似的鳳鳥，似雙鳳負璧飛翔，璧則作成大、小兩璧相套連，外層飾以穀紋，內層飾以雲紋，其中陰線刀工，轉折自然，藝術性甚高；本器出土時，在墓主骨架下頜胸前，當為墓主生前的佩飾器。我國自墓葬出土的玉器，除了斂葬玉器外，在佩飾器中，可細分為，墓主生前使用、寶愛的玉器，以及，在墓主入斂時，臨時製作，專供入墓的明器，前者多為材質佳，刀工優美，藝術性甚高，極具收藏價值。後者，則均為粗糙製品，且常以美石、陶、石等材質替代，不甚具文物價值，本器從出土相對位置分析，及從玉器本身，具有佩掛後，略傷殘的品相觀察，當為墓主生前寶愛的珍飾。另本器所飾二鳳，雖造型相似，但仍「大同而小異」，尤其尾翎陰線飾紋，一作「平行線」，一作「網狀紋」，似為顯示雌、雄，漢時，這種觀念極盛，從此小處玉雕，亦可看出玉工匠心。（如圖五十一）。

【第二編】讖、緯之學迷漫的東漢

　　新莽後期，因為政局的動盪，新政的朝令夕改，官僚系統的腐敗，再加上王莽篡漢的不正當性，使許多知識份子，都不認同新莽王朝；而最嚴重的是，在青州、徐州廣大地區，連年出現旱災與蝗災，千里農田，變成焦土，飢民數量，大幅增加，百姓流落道路，甚至發生了人食人的慘劇；於是，各地都爆發了不同規模的暴亂，其中，聲勢較大的，則是起事於綠林山（湖北省 大洪山）的「綠林軍」，與起事於青、徐地區，慣以硃紅塗眉作戰，以為敵我區別的「赤眉軍」，而逢此天下已亂之時，許多西漢宗室、遺臣，也開始加入反莽陣營，其中劉縯、劉秀兄弟，加入綠林軍，經過多年轉戰，劉縯身亡，劉秀則兵力愈強，西元二十五年，劉秀在鄗（現今河北省 高邑縣附近）正式稱帝，年號為建武，仍沿用「漢」的國號，同年九月，占領洛陽，並在該處建都，這就是歷史上所稱的東漢。

　　東漢始於建武元年（西元二十五年），帝位十四傳，名義上是傳到漢獻帝 延康元年（西元二二〇年），曹丕篡漢為止；但是，自漢靈帝 中平元年（西元一八四年），黃巾造反起事後，天下分崩離析，漢朝已名存實亡，中平六年（西元一八九年），靈帝死，董卓帶西涼蠻兵，強入洛陽，廢少帝，另立獻帝，此時，全國已呈軍閥割據的分裂局面，漢朝天子，只成了一個被挾持，用來號令諸侯的工具。而在這個階段，三國鼎立的局面，也開始形成；所以，習慣上，我們把光武以後，到西元一八九年董卓入洛陽，蹂躪首都的這一階段，稱為東漢，其後，則為「三國時代」。東漢帝位的傳承如下：

　　一、光武帝 劉秀　　　　八、沖帝 劉炳
　　二、明帝 劉庄　　　　　九、質帝 劉纘
　　三、章帝 劉炟　　　　　十、桓帝 劉志
　　四、和帝 劉肇　　　　　十一、靈帝 劉宏
　　五、殤帝 劉隆　　　　　十二、少帝 劉辯
　　六、安帝 劉祜　　　　　十三、獻帝 劉協
　　七、順帝 劉保

　　史家多將兩漢，劃分為同一階段，而就社會、文化、政治制度
……言，大體都是相同，所以，就史學的角度而論，如此劃分，是絕
對正確；但是，我們若從藝術的角度觀察，二者雖有部份，是有流傳
繼承的痕跡，但大部份，卻有相當不同的風格。

　　以相同部份言，始自西漢早期，「罷黜百家，獨尊儒術」的政治
思想變革，使以董仲舒為首，以傳統儒學思想為依據，兼取陰陽、五
行學說，所建立的神化儒學思想，成了主導兩漢文化的主流，雖然，
在東漢初期，漢光武帝倡言：恢復與民休息的「黃老之治」，但從同
時期，圖讖、緯學的風行，我們仍不得不承認，董仲舒所倡導的「儒
術」，仍是東漢政治思想的主導者。而在這種大環境下，以儒家觀點
，闡釋玉器，具有「玉德」的現象，當然也繼續存在，這是促使東漢
玉雕，能持續興盛的主因。可是，董仲舒的「儒術」，摻雜了太多太
多陰陽、五行的思想，使漢代用玉的觀念，也摻雜了許多迷信的成
份。所以，繼承西漢的剛卯、司南佩、翁仲……等，小件隨身佩飾玉
，在東漢時，仍繼續出現。但佩玉的意義，則不僅限於「比德」了。
我們從剛卯上的銘文，就可窺知全貌，此外，在新莽階段，曾詔令禁
佩「剛卯」，更是在我國玉器史上，一個有趣的插曲。因為，王莽認
為：剛卯上的文字，象徵劉氏強大。

　　而在藝術風格上，透過中亞絲路，進入中原的一些藝術造型觀念
，及與佛教有關的一些題材，仍持續不斷的影響著中原玉雕，雖然，
這種影響，是漸進的、無形的，但是，他的影響，卻是非常的深遠；
我們從前文西漢玉器介紹中，即可觀察出；而東漢玉雕，在這方面，
持續吸收西方的造型觀念，更是不容否認。

　　但是，兩漢之間的玉雕，在某個程度上，仍有一些明顯的差異，
因為，自我國本土文化中，逐漸融合形成的一個新宗教，——道教
——出現了；並且迅速的傳播開來，在東漢後期，因為政治的腐敗，
這種引人避世、修煉，可因自己的努力修持，而成仙的新宗教，幾乎
席捲了全國，各地上至官吏，下至升斗小民，幾乎都以這支宗教的內
涵，為生活依歸，在如此重大的影響下，東漢玉雕的風格，從西漢受
中亞、西方藝術影響，所產生的雄渾、表現力感的動態風格，逐漸走
向，清癯、仙風道骨的岸貌造型，可以說是，完全受到道教的影響，
又如，東漢玉雕刀工中，流轉、委婉、輕柔的陰線刻紋，也都可看到
，道教符籙圖型影響的影子。目前，我們對這種，揉合道家、巫術、
祠禱於一爐的道教，確定起源於何時，並無定論，但筆者相信，與東

漢初年的一些思潮改變，有絕對的關連。

第一章 ✥ 東漢初，道敎興起的背景

　　東漢 建武三年（西元二十七年），劉秀在崤谷設伏，將赤眉軍主力部隊，圍困後繳械，使得天下，定於一尊，這位早期混跡於綠林軍的西漢王室後裔，終於成爲歷史上，極少數的中興帝王；但是，他所接收的帝國，卻是一個經新莽王朝，改制修正，但又執行不徹底，而舊制度，又被非議推翻的殘破王朝，再加上十多年的暴民破壞，兵火蹂躪，使社會一片凋疲。在這種情形下，劉秀只有師用舊法，以漢初高祖的政策爲依歸，採用黃老之術的「無爲」，作爲政治指導思想，以與民休息，蓄積國力。後漢書、光武帝紀中敍述，建武十七年（西元四十一年），劉秀詔告天下，他的治國方針，是：

　　「吾理天下，亦欲以柔道行之。」

　　此外，他也革除王莽時代，許多空有理想，卻不能實施的繁規苛法，採用蕭何、曹參所慣用的「輕傜薄賦」政策，這就是後漢書所頌讚：

　　「解王莽之繁密，還漢世之輕法。……」

　　但是，自西漢時期，一些長期流傳民間的祠禱、迷信、巫筮、禳災的神仙之術，逐漸與政府推崇的道家中，一些神秘思維哲學，混雜在一起，形成了道教初期的形態。

　　道教，這種起源於我國本土的宗教，有其形成的歷史文化背景，像自戰國末年，興起的老莊哲學，陰陽家的理論，甚或源自於上古的巫卜之術，與巫筮醫病的迷信風俗，都爲這支宗教，提供了一些教義，但是，任何一支宗教的興盛，必然也有社會容納、涵養他的空間；而東漢初期，漢光武帝雖有意解決，社會貧富不均，與田地過於集中的不正常社會現象，且多次詔令，釋放奴婢，與實施「度田制度」，但是，僅解決了暫時的問題；到了安帝、順帝時期，社會上的土地分配不均現象，不僅再度發生，而且更形嚴重，大多數的農田，都歸於地主之手，這些地主，包括皇親外戚的貴族地主，經商致富的商人地主，及爲官收刮土地的官員地主，也就是這些新興起的富豪，形成東漢社會上的一大統治障礙，因爲，他們透過土地聚斂，所形成的莊園，幾乎已經變成，另外一種形態的諸侯，這種情形，後漢書敍述的很清楚：

　　「（地主莊園）連橫數百，膏田滿野，奴婢千羣，徒附萬計。

……」

　　這些莊園，幾乎都已經是一個自給自足的小型諸侯國，而且還有武力，就是所謂的「家兵」；可是，依附在地主莊園的佃農，卻是可憐的農奴，他們只有接受地主的剝削與奴役，崔實在政論一書中，對前述地主的作威作福，與東漢農奴的可憐情境，有生動、寫實的描述：

　　「……上家累巨億之資，斥地侔封君之土，行苞苴（賄賂）以亂政，養劍客以威黔首，專殺不辜，號無市死之子。生死之奉，多似人主。故下戶崎嶇，無所躓足，乃父子低首，奴事富人，躬歸妻孥，為之服役。故富者，席餘而日熾；貧者，躡短而歲蹙，歷代為奴，獨不贍於衣食。生有終身之勤，死有暴骨之憂；歲小不登，流離溝壑，嫁妻賣子。……」

　　在這種低階農民的悲慘生活中，他們既無力改變環境、現實，也無法改善生活；於是，可充實精神的宗教，必然會大盛；而道教，就在這種社會背景下，逐漸興起；初時，這支宗教，還有濃郁的黃老精神，仍宗述老、莊哲學為骨幹，但到了東漢中葉，出現了一本，不知出於何人之手的「太平清領書」，成了道教的主要典籍，這本道教最重要的經典，雖然具體的論述了，道教的教義、宗旨，對道教的形成，幫助極大，但不可否認的，他已幾乎脫離道家的哲學內涵，而是以宗教的觀點，來論述人的生、死、未來與修煉成仙。

　　道教，就是在這種，既有發展空間，又有完整教義的大環境下，在東漢中、後期，逐漸的形成了，全國最大的一支宗教，甚至，早期傳入我國的佛教，在眾人不知所以的情況下，被歸類為道教的一支，而稱為「浮屠道」；此外，又因為，道教揉合一部份陰陽五行的陰陽家理論，對所謂五行的金、木、水、火、土，及五色中的黃、赤、青、白、黑，都有特定的解釋，對我國這一波興起的玉雕藝術，也有深遠的影響。而伴隨道教成形，所出現的一些法器造型，也開始在玉雕中出現。

　　東漢時，在各地傳教的道教派別甚多，其中聲勢較大的派別是：

　　一、太平道：當時是勢力最大的一支，到漢末，由鉅鹿人張角兄弟為首領，用符水替人治病，信徒愈眾，影響力日增，十餘年間，在青、徐、揚、兗、冀、幽等州發展，使信徒多達百萬人，逐漸演變成反政府的民間力量，他們所宣達的口號，竟是「蒼天（喻漢）已死，黃天當立；歲在甲子，天下大吉。」，後於漢靈帝中平元年，正

式起事，以黃布爲旗，黃巾爲記，這就是史稱的「黃巾之亂」，這支民間宗教，力量極強大，官軍無法抗衡，使得都邑被劫，州郡失陷，官員逃亡，直接促成了東漢的滅亡。

　　二、天師道：這支敎派的敎義，與太平道相似，但比較強調，領袖天師的傳承與法力，因爲，他們認爲天師，是這支敎派的精神與實質領袖，其下，則設大、小「祭酒」……等，各層幹部輔佐；以法術爲人治病，每有靈驗，信徒欲致贈診金，則僅受五斗米，用以周濟貧苦，所以，又稱「五斗米道」，他的影響力，主要在四川與湖北一帶，由領袖張魯率領，後也逐漸發展成反政府的力量，直到漢獻帝二十年，曹操領兵伐漢中，張魯及其徒衆，才被收編，但從此後，天師道傳承有序，成了我國道敎的主流。

第二章 ✦ 讖、緯之學，迷漫皇室

　　如果，我們稱道教，是東漢人民的主要信仰；讖緯之學，則是東漢王室的主要精神支柱；這種透過特定的江湖游士，或作僞、或巧合，刻意營造出來的符命現象，就是這種迷信的主要內涵。早在西漢末年，王莽就曾利用廣漢人哀章所作的「天帝行璽金匱圖」及「赤帝（劉邦）行璽，傳予皇帝金策書」……等，號稱王莽是眞命天子，是天命所歸，終於篡漢自代，這就是利用圖讖的符命之說，騙取政權的典型作法；而至東漢，在官方與學術界迷信倡導下，對社會、政治的影響力日大。像劉秀起兵時，正值南陽一帶，旱災嚴重，李通就曾利用圖讖，號召百姓，其口號爲「劉氏復起，李氏爲輔」，繼而劉秀兵力日盛，則又創造出：

　　「劉秀發兵捕不道，四夷雲集龍鬥野，四七之際火爲主。」

的圖讖之說，意指劉秀是受天之命，應了「火德」之選，所以，他的天子之位，是「神意天命」，不但如此，連正史後漢書中的光武帝紀，也附會引述，可見當時，這種學說，影響之深了。

　　其實「讖、諱」，是概括兩類迷信的學問；「讖」，是指圖讖、符讖，包括所有預言未來、凶吉的符圖……等，據稱：這種符圖，乃是上天神仙所降臨、喩知，可透過人們的研究、解釋，預知天意，以趨凶避吉；而「緯」，則是指緯書，「緯」與「經」相對，多是用迷信神學的觀點，來附會儒家的經義文字，所輯者，即稱「緯書」；此二者，均已明顯脫離學術的研究範圍，尤其對政治、威權的附會，更充滿迷信與荒誕的內容，不但不可信，且易導人於歧；但是，這種讖、緯的出現與風行，卻是東漢官僚系統的思想主流，不通緯書，不知圖讖者，甚至在當時學術界、官場，都無法生存。一些達古通今的碩學大儒，不願曲附圖讖之說，居然被視爲異端，如此，即造成後漢書所評論的：

　　「儒者，爭學圖、緯，兼復附以妖言。……」

　　所以，自東漢初，這門已走向偏頗的神化儒學，已不只是統治階層，利用來統馭百姓的工具，更嚴重的是：這些統治者本身，也深信不疑。例如，東漢初年，學問道德均極可觀的名儒桓譚，世人給他的評語是：「博學多通，遍習五經。」，是一代儒宗；有一次，劉秀詔議修建靈台，欲用圖、讖來決斷地點，垂問桓譚的意見，桓譚直言不

諱的說：「臣不讀讖。」，並批評圖、讖，根本不是儒學的精華，也不合聖賢之道；致使漢光武帝大怒，桓譚叩首出血，才逃過一死，但仍使這位年近古稀的老儒士，在貶斥途中，一病而亡。

這種思潮，在東漢，已成禍患，許多國家大政，多用圖、讖來作決斷，因為當時，一般知識份子都認為，非讖即非聖，也就是異端、非法。到了漢章帝建初四年（西元七十九年），章帝在漢宮白虎觀，召集儒士，討論今文經學與古文經學的異同；此二派學者，各有所宗，各有所持，但都附會圖讖，這次會議，討論經月，但已不聞「不善讖」的反對聲浪，後結論，由侍中上奏，經漢章帝裁決，由大儒班固，撰集成書，這就是史稱的「白虎通義」，又名「白虎通」。我們目前翻閱白虎通，其中不合邏輯的哲理，不合科學的立論，比比皆是，且都與五經的經義相串連，牽強、附會、迷信、曲解之處，處處可見，甚為荒謬，但這本書，在當時，卻是國家最重要的學術典籍；也由此可知，始自春秋時代的儒學，經由董仲舒天人感應……等理論演繹，已經逐漸趨於神學化；到了東漢時期，白虎通義的成書，則已變成，集圖讖、緯書於一體的迷信儒教了，他唯一的目的，便是透過這些中毒已深的儒士，教育民眾，宣導君權的神聖，以便於封建社會的維持。

也就在這種，東漢儒士更迷信，儒學更神化的環境下，影響了東漢的玉雕藝術，不但在玉器形制上，出現了許多變體，像出廓玉璧，出現了篆、隸銘文「長樂」、「益壽」、「宜子孫」……等文字外，一些不知源自於何處（可能是中亞，詳如後敍）的神怪異獸、人物，也大量出現在玉雕造型中，像東王公、西王母、辟邪、孤拔、……等。這種現象，豐富了我國玉雕的造型題材，但卻可看出，最為儒家所重視的玉德觀念，已經逐漸淡化、消逝了。

第三章 ❖ 班超再通西域，玉材來源不斷

在漢武帝時，花貴大量軍費、物質，所掌握的西域，因爲西漢的衰弱，而再呈紛亂的現象，這除了西漢的控制力，逐漸減弱外，匈奴的再度興起，更是主因。

西漢後期，及新莽階段，匈奴就曾又多次南下掠邊，不但如此，並曾試圖在邊區，建立以漢人爲傀儡的政權，來削弱中原；此外，匈奴又逐漸控制了，絲路咽喉的西域，使西域各國，再度臣服於匈奴，但是，此時匈奴，也發生了分裂，變成南、北兩部份，南匈奴很早就與東漢交好，並引領鮮卑、烏桓，轉向漢朝，但北匈奴，卻仍桀驚不馴，多次犯邊，這時，正值東漢明帝年間，有一個官府小吏，不甘日日伏案，奮而投筆從戎，成就了一番偉大的事業，就是班超。

班超家世極好，其父班彪，其兄班固，及其妹班昭，合力完成，我國第一部的紀傳體斷代史──漢書，在當時，就已爲儒林所推崇（但其中天文志等篇，則爲馬續補作），班超雖無文名，但在漢與匈奴的攻防戰中，卻擔任了重要的任務，就是，再度出使西域，以圖切斷西域諸國，與匈奴的連繫，並掌握絲路孔道；班超僅率吏士三十六人，遍行西域諸國，殺匈奴使者、巫師，並窮除西域中，親匈奴的疏勒、莎車……等國力量，使漢朝恢復了，廢除已久的西域都護府，並由班超擔任都護；班超在西域三十年，經過他的努力經營，使西域五十多國，都與漢朝保持了艮好的關係。

從歷史的角度分析，班超再通西域的影響，是很大的；短期的影響，是使漢朝，再度控制了中原進入絲路的孔道，對東、西文化的交流，經濟的發展，都有助益；而長期的影響，則促使我國西方、北方塞外民族，與漢族往來密切，並逐漸南移定居，在中原政權衰微時，這些半漢化的塞外民族，就越長城南下，成爲主導我國北方的主要武力；所以，班超再通西域，對歷史、文化、經濟的貢獻，固然不可磨滅，但是，也就在這一個階段，種下了魏、晉後期，「五胡亂華」的遠因。因爲，北方胡族，雖然種族複雜，且對中原，多屬禍害，但早期，爲害不算很大的原因，主要在於這些民族的武力，或強、或盛，但都沒有堅強的經濟實力，但是，在班超通西域後，籍著絲路的暢通，西域諸大國，甚至鮮卑等族，籍著中西文化、經濟交流，都開始富裕起來，也蓄積了一些財富，厚植了經濟基礎。

　　而在這中西經濟交流日盛的階段，西域人民開始知道：產自於新疆 和闐一帶的玉石，可在中原，賣得好價錢，於是，競相鑿挖玉石，以車、馬運往，漢、胡雜居的地區，藉由官方組織的，定期或不定期的商業交換市場，當時稱爲「合市」，售與玉販，運入中原，這種以邊疆人民，爲開挖主體的，玉石原礦進入中原方式，於此時，已正式建立，使販玉，成了邊疆人民，獲得重利的淵藪，直至明末清初，才有所改變。

第四章 ❖ 東漢的衰亡

　　東漢立國時間不長（僅百多年），但在我國的文化發展史上，卻是一個重要的時代。因為，不論道教的興起，佛教的發達，對外的交通……等，都對我國爾後文化的發展，有重要影響。尤其重要的是，我國一些傳統科學基礎的建立，也都在這個時代完成，像名醫華佗，是我國第一個使用「麻沸散」，為病人作成全身麻醉的醫生。而張衡「渾天說」的建立，與地動儀的完成。甚至醫學上最重要的著作，如「神農本草經」，及張機所著的「傷寒論」、「金匱要略」……等，都是這個時代的重要科學成就。

　　但是，自西漢初，所建立的中央集權傳統，卻仍是東漢統治階層的主要領導方式，可是，卻因為少數皇帝的怠惰，使到東漢後期，政治權力，逐漸落在外戚與宦官手上，其實，這是一種必然的發展，因為，中央集權的結果，國政大事，必落在皇帝一人肩上，如若皇帝能力不足，或過於怠惰，則作為皇帝最親近的宦者，因為帝王的信任，逐漸參預政事，甚或左右政局，這種必然的發展，自秦的趙高，以至歷朝歷代，幾乎已成了我國封建集權政治的鐵律；此外，自漢初建國，為維護皇室的穩定，常與世家豪族連姻，東、西漢各代帝后，幾乎均出身功臣勛貴之門，可見一斑，這些外戚，本身就已有相當大的社會力量，再透過中宮的支持、引薦，幾乎無例外的，成了實際的掌權者。所以，到了東漢後期，宮廷權力的消長，變成一個惡性循環，那就是：皇帝即位，透過親近的宦者，把政權收回後，逐漸落入宦官手上，皇帝死後，年幼太子繼位，中宮輔政，則殺宦官，引用外戚，如此周而復始，就在這種輪替中，使東漢後期，變成外戚與宦官，針鋒相對的政治競逐。

　　而在這種政治競逐中，宦官因為生理的戕害，心理較不正常，且學養也較低，普遍不受儒子、士人的支持，故而每當宦官掌權時，儒士文人，常常聚集，議論朝政，形成一股清議之風，這就是後漢書、黨錮傳所稱的：「品核公卿，裁量執政。」，這對學養不高、胸襟又狹窄的宦官而言，自然不能忍受，於是，在東漢末期，連續發生了兩次，針文人所實施的「黨錮事件」，第一次，在漢桓帝延熹九年（西元一六六年），被以「誹訕朝廷，疑亂風俗」的罪名，遣歸鄉里，禁錮終身，不許作官的文人，多達二百餘人。而漢靈帝建寧二年（

西元一六九年），又將黨人一批，收捕下獄，結果，有一百多人，死
於獄中，另被流徒、監禁的，也有七百多人，這次「黨錮事件」，被
牽連「黨人」的父子、兄弟、門生、故吏，甚至五服之內的親屬，也
都被免官禁錮，整個事件，延續達十餘年。自古以來，國家興亡，均
以人才爲本，東漢儒士文人，經過這兩次打擊，幾已消亡殆盡，偶有
名士，也只有高蹈自隱，也因爲如此，促使東漢，急速的走向滅亡。

第五章 ✥ 東漢的玉器

　　漢時，思想文化的主流，是：沾染了方士、讖、緯色彩的神化儒學，而儒家，相當重視厚葬，所以，在墓葬器用所表現出來的藝術型態，我們可以很清楚的看出來，這個時期，在忠、孝、節、義的主軸思想掩護下，卻表現出，想像中的神仙世界；所以，各種玉雕，大量使用，代表無垠宇宙的「雲氣」紋，並在雲氣中，夾雜神禽異獸，我們習稱為「雲虞紋」，這是漢代思想，表現於藝術上的主要題材，運用在玉雕上，即如前編所敍。（如圖五十二）

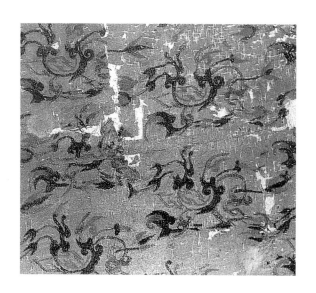

（圖五十二）本圖所示，為西漢墓葬所出土的刺繡絹，其上紋飾，即為「雲虞紋」；具體的表現出了漢時，所想像的神仙世界，這種紋飾，早在戰國時代，就有出現，紋飾線條的流暢，表示神仙世界中，「氣」的運行與流動；為漢代藝術的主要紋飾。

　　及至東漢，我們從本編前文中可知，讖緯、神仙之術更迷漫，幾乎通國文士，均浸淫其中，渠對社會、文化的影響，更是既深且鉅。

尤其是崇尚厚葬的習俗，就像東漢 王符 潛夫論、浮侈篇中，所提到當時厚葬的奢侈：

　　「京師貴戚，必欲江南雲梓，……邊遠下士，亦競相仿效……，工匠雕治，積累日月，計一棺之成，功將千萬。」

　　治一棺的耗費，即達千萬，作爲斂屍、陪葬主要用途的玉器，所耗費的錢財，當更爲可觀，故而東漢玉雕的精美程度，已可想見，唯經「黃巾」、「永嘉」等歷代大亂的盜擾，多均已耗喪殆盡，目前出土，且較具代表性的並不多，即如後述：

　　一、鏤雕螭紋璧（如圖五十二A）：本器高二十五・五公分，璧徑約二十公分，厚約〇・七公分，璧內、外緣，作出弦紋，中飾乳丁紋，顆粒飽滿，間隔勻稱，排列整齊，璧上方，作出雲虞紋，中有二螭虎，似舞於雲天，整體造型，與圖二十七西漢玉璧相較，其間差異，一目瞭然，這種紋飾，代表東漢時代統治階層，對神仙世界的想像，也是在東漢，更迷信的時空背景下，所形成的藝術改變。本器出土於河北省 定縣 北莊劉焉墓，劉焉爲東漢王侯，該墓葬，出土玉器甚多，但以此器最精美，尤其本器，圖紋繁複，且用多種刀法雕琢，其上紋飾、刀工，均可作我們，斷代東漢玉器的參考資料。

（圖五十二A）本圖所示螭紋璧，爲東漢出廓玉璧的典型作品，其造型，與西漢玉璧，已有一些不同，璧上端的紋飾，剛健、雄渾的力感，已趨消失，而變成委婉、流轉、輕柔的道家風貌；但在刀工的分析上，可看出，東漢仍是承襲西漢，尤其解玉砂的使用，二者相同，刀工仍然犀利。

（圖五十三）本件玉器，仍爲雞心佩的形制，細予觀察，亦可分析出主體「雞心」，惟已作變形處理，中心圓孔，竟隨形作成圓角的長方形，極爲特殊；尤其本器甚大，長達十五・七公分，以此大形玉雕佩飾來佩掛，亦可顯示，東漢社會迷信的傾向，也就在這個大環境中，發展出了，我國第一個本土的全國性宗教──道教。

二、雞心佩（如圖五十三）：本器高十五・七公分，寬六・八公分，出土於河北省 定縣 北陵頭村 中山穆王 劉暢墓；中山王侯爲漢代北方大藩，劉暢墓出土玉器，精品特多，在目前東漢玉器，欠缺實物比對的狀況下，該墓的發現，是我國古玉器研究界的一件大事。本器細審，中心仍作成西漢雞心佩形制，惟已作變形處理，原中心圓孔，竟隨形琢成長圓形，頗具藝術性；上、下兩端，各飾螭虎與鳳紋，神獸身軀，彎扭交合自然，雲紋流暢飄動，尤其特殊者，本器長期入土，使部份神獸與雲氣，受沁呈褐色、黑色，使主體雞心形，益顯凸出，饒具趣味；仔細研究本器沁色，即可瞭解：出土古玉，吸引人的神采與風貌。

三、龍螭乳丁紋璧（如圖五十四）：本器同前述雞心佩，亦出於中山穆王 劉暢墓，高約三十公分，璧圓直徑二十四・四公分，厚達一・一公分，如此厚度，使本器特具份量；璧內、外緣，約有近三公分的凸弦紋一圈，中飾乳丁紋，顆粒雖間隔較疏，但均排列整齊，璧

身左、右，各雕一雲龍，一螭虎，似為顯示「四靈」中之「左青龍、
右白虎」，璧上方，亦琢出一隻雲龍，一隻螭虎，扭身相對，共銜一
環，間飾雲氣，似龍、虎均飄浮於雲天之間，兩漢玉雕中，常見「雲
虜紋」玉璧，筆者認為：本器當可稱為代表作。計設之巧妙，造型之
新奇，無出其右者，尤其神獸身上，細陰線的修飾，直如「畫龍點睛
」，表現出神獸的立體感。惟綜觀全器，上端龍身，至璧左緣，呈一
切線，未若螭虎，彎扭自然，顯為「工就料」之作，大大減低了本器
的藝術性，殊為可惜。但本器玉璧部份，內、外圈弦紋的加寬，形成
多層次的圓周，與上端「銜環」相呼應，卻極具巧思。

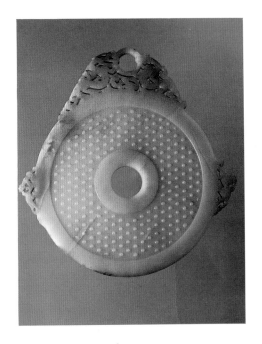

（圖五十四）本器厚達一、一公分，為
東漢難得一見的大型出廓玉璧，尤其璧
內外緣的弦紋，演變成寬達三公分餘的
環帶，亦為玉璧雕作上的一個新變革，
且如此造型，亦增加了全器的美感；本
器左上側至器腰，呈一直條切線，為「
工就料」之作；我國歷代玉工，在玉材
的珍惜、取捨上，常對造型，作了一些
遷就與改變，以此分析，本器雕作，顯
有缺失，大大減低了，其上特別瑰麗「
雲虜紋」的藝術性，殊為可惜。

（圖五十五）本圖所示，爲目前所知，我國第一件玉雕屏飾，係由四塊玉板，鏤雕修飾，嵌合而成；其上紋飾，上屏板刻有「東王公」，下屏板則刻有「西王母」，周圍再飾以宮女、四靈、日月。具體顯示出，東漢時，對神仙世界的生活想像，這種圖形，在許多東漢墓室的畫像磚中，常有出現，似爲表示，藉著修持，人的亡魂，也能進入東王公與西王母的世界。

四、玉座屏（如圖五十五）：本器與前圖二器，同墓出土。係由兩側支架，與上下兩塊玉屏，組合而成；兩側支架，作成雙璧相連狀，惟璧心，作成長方形孔，正足使屏板之長方形榫頭，插嵌合一；而兩片屏板，也正爲本件玉雕精華之所在；上屏板，正中，琢雕一坐姿老者，四周雕出鳥紋、鳳紋、朱雀紋，座位下方兩側，並各有一宮娥，此老者，當爲漢代新興起的神仙人物——東王公；下屏板正中，卻雕一婦女，四周飾以龜、蛇、熊等動物，頭側並飾日、月，兩側，亦各琢刻出兩侍女，此則當爲傳說中之——西王母；漢時，自董仲舒將陰陽之說，納入儒家學說，並稱：「天有陰陽，人亦有陰陽……」之後，始自穆天子傳中西王母的傳說，就被術士配以「東王公」，至東漢時，這種荒誕不經的配對方式，已爲社會所接受，並大爲風行；目

前，出土於東漢墓葬的畫像磚，若有西王母圖像，必相對的有東王公，可見一斑。另有關本器的形制，已往不見，故暫名「座屏」，他的起源，可能源自於屏風，劉承幹在南唐書補注中，曾解釋：「屏風，所以障風，亦所以隔形，古者『扆』之遺象。」，所以，屏風的古名，是「扆」，但本器過小，既不能「擋風」，也不能「隔間」，應是陳列玩賞器。

（圖五十六）為何作成「豬」形，以爲墓主握器，目前有不同家派的說法，但均無法追溯出起源，目前，只知東漢時，已成喪葬禮俗中，一項重要隨葬器用，這類玉雕，用刀極簡潔，亦不作修飾，但亦因爲如此，形成既「寫實」，又「寫意」的玉雕作品，常有令人驚詫的藝術性表現，即如本圖所示之器；「握豬」與漢時另一種喪葬器用「含蟬」並稱，均爲漢時玉雕，極負盛名的代表作品。

　　五、握豬（如圖五十六）：本器全長十一公分，高二‧八公分，寬約二‧一公分，係出土於安徽省亳縣董園村；歷代文獻，常記載，漢墓出土時，有玉雕豬形，出土於墓主手握之處，故名爲「握豬」。究其源起，史前大汶口文化，就有專供喪葬用握器出現，後至商、周，各類握器，時有出土，但以握「貝」居多，至西漢初，出土握器，材質、形制，仍很龐雜，顯示尚無定制，至西漢中、後期，豬形握器，就開始劃一出現，及至東漢，已成爲上層社會葬禮中，重要的

隨葬器用，歷代偶有出土；台北故宮博物院即有一傳世握豬，但因無出土記錄，而早期，我國對古玉形制的研究極缺乏，致使乾隆皇帝，稱之爲熊，並還吟詩頌詠，琢刻於該玉豬下，依筆者觀察，該器當爲東漢後期之握豬。而本圖所示握豬，雕成伏臥狀，捲尾平耳，四足收於身下，其中，豬臉的刻畫，身軀的修飾，用刀雖簡潔，但卻極具藝術性，僅簡單數刀，即把一隻慵懶的睡豬形態，表現無遺，故有人以這類刀工，所作出的握豬，稱之「八刀豬」。本器用刀雖略多，但造型極美，可作漢時握豬的代表。

（圖五十七）本器屬大件玉雕，雖已傷殘，但仍可見，整體的造型美感；本器材質略差，但仍係產自新疆和闐，此類玉種，應爲山玉，而該處山區，冬凍夏寒，雖山上玉礦甚多，採玉工作，卻極爲辛苦，由此大件山玉作品出現，可知，當時塞外民族，已知採玉出售。惟近年，因科技發達，採取山玉，甚爲便捷，此類玉料，已不甚值錢。

　　六、玉辟邪（如圖五十七）：本器高十八‧五公分，長十八公分，寬六‧七公分，出土於陝西省寶雞市北郊東漢墓葬，原出土記錄

，稱：可能係鎮墓用，但從本器頭頂及背部，有柱形插座觀察，本器可能是陳列、玩賞器之一部份，但因全器，殘傷過甚，難以詳予分析；本器由和闐灰玉製成，頭形昂揚，身軀弧彎，似蓄積了極大力量，身側，則飾兩翅，並以細陰線，雕琢獸鱗與垂鬃，爲難得一見之東漢較大型玉雕。另從本器殘足觀察，玉材斷裂，所出現的斷裂紋，均爲凸凹不平的暗色斷紋，此因玉材，係由束狀纖維結晶構成，所呈現的品相，仔細瞭解，可作我們研究出土古玉材質的參考。

（圖五十八）本器雕琢精美，廓然大度，其中出廓部份，有「長樂」二篆字，參考漢時宮廷中，有「長樂」宮，以此分析，本器極可能爲，難得一見的漢時帝王器用，惟因係清宮舊藏，未有出土記錄，一切均已不可考；本器材質精美，且因入土，使部份受沁，呈褐、紫色，益增本器的高貴美感。

　　七、「長樂」穀紋璧（如圖五十八）：本器全高十八‧六公分，璧徑十二‧五公分，孔徑二‧六公分，厚約○‧五公分，本器未有完整出土記錄，爲清宮舊藏，清高宗乾隆帝以本器有「長樂」款識，且字上方，有一鑽孔，故名爲「長樂玉珮」，並曾作詩文一首，刻於璧沿；詩曰：「長樂號鑴宮，炎劉氣蔚虹，如宜子孫式，可匹夏商同。」等名句。乾隆爲我國歷代帝王中，最鍾愛玉器者，但鑑識能力略差，惟對本器斷代，則尚正確，但在命名上，稱「珮」而不稱「璧」，顯有瑕疵，因爲兩漢階段，在重要場合，珮大型玉璧爲裝飾，乃是常態，這已有儒家恢復周道，「戴璧秉圭」的傳統，像圖五十西漢璧形珮，圖五十四東漢玉璧，其上鑽孔，都有珮帶痕跡，都足証明，

絕不是因爲用於佩帶，即只能稱爲「佩」。本器穀紋顆粒，間隔略疏，但形狀飽滿，爲漢雕穀紋璧的特徵，其上「長樂」二篆字旁，鏤雕螭虎，騰浮於雲天，爲漢代神仙思想的具形化，本器斷代爲東漢遺物，當爲正確。

【第三編】不斷分裂的時期──三國時代 與魏、晉、南北朝

　　漢初，「文景之治」的豐富蓄積，促使好大喜功的漢武帝，建立了一個，史無前例的龐大帝國，又屬行中央集權制度，使國力趨於鼎盛，但是，當中央集權式政體的統治能力，逐漸衰微時，地區的自主性，相對提高，常導致國家的分裂與混亂，此即三國演義所敍的：「天下合久必分，分久必合……」

　　而依據歷史經驗，當初所建立的帝國，愈龐大，爾後的分裂，愈嚴重，此一歷史定律，古今皆然，中外皆同；以此觀我國漢、唐之後，與羅馬、波斯帝國的衰亡解體，都走過如此的歷史軌跡；東漢末年，以至隋的再統一中原，就是在這一個定律下的過渡時期；在這個階段，雖有西晉的短暫一統，但亦只不過四十多年，且其後期，國家即已分崩離析，再夾雜其中的「八王之亂」，我們仍可視爲，動亂、分裂現象的延續；所以，不論從歷史、文化、地理的角度來觀察，這一個階段，都是我國分裂、混亂的時期。

　　而從玉器文化演進的角度來看，這一個階段，也是我國玉雕藝術的消沈期，不但技藝上，長期停滯，沒有優秀的作品傳世，就連源遠流長的用玉習慣，也呈現了極特殊的冷淡現象；其實，這是有原因的；因爲，我國自上古以來，玉雕藝術的演進，歷經了不同的階段，工藝技術、型制，也有不同的變化，對每一個識玉的人來說，各朝代，都有不同的形式與風格，尤其對古玉浸淫多年的古文物研究者，對每一階段的風格、特點，也多能朗朗上口；但是，不能否認的，這些變化，都是表象，在其後，推動、促進玉雕藝術的衍化，卻是文化的演進，故而，對於我國這一段，玉器文化的消沈期，我們也應該，從這一個角度來分析：

　　第一、我國玉器文化的形成與延續，雖然有許多，主、客觀的形成條件，但是，史前先民，將「玉」賦與了斂屍的功能，無疑是一項重要的因素，而我國自古，玉器多出土於墓葬，也足證明；但是，在三國以至於南北朝，這種現象，有了重大的改變；主要因爲，早年屬

戰國時代的列國大墓，迭遭盜掘，墓主曝屍，骨骸散落，慘不忍睹，甚或近至兩漢的帝王陵墓，經「綠林」、「赤眉」、「黃巾」的盜擾、汙辱，更使當政者，歷歷在目，這種種身後不幸，源於仇恨、憎惡的原因少，源於豐富墓藏，啟人貪婪的因素多，故而，社會上開始有所領悟，逐漸興起了薄葬的習俗，如曹操的「疑塚」，曹丕的明令「薄葬」，都是在這種社會現象下，所產生的覺醒。例如：魏黃初三年（西元二二二年），魏文帝曹丕，以「古不墓祭，皆設於廟」為理由，毀掉魏武帝曹操陵上的所有建築，泯去後世盜葬的疑慮。而他自己，更是提倡「墓葬，不封不樹。」，依三國志、魏書、魏文帝本紀所記，曹丕遺詔三府：「葬於山林，無立寢殿，無造園邑，不通神道，不封不樹，廢止墓祭，祭於宗廟……。」

這種葬於山林，不封不樹，廢止墓祭的習俗改變，大大改變了，我國始自史前的厚葬形式，墓葬趨於簡約，出土玉器，自然減少了許多。

第二、「玉德」觀念的形成，是使我國玉器與文化，結合在一起的最主要理論基礎，也是使我國佩玉習俗，歷久不衰的主因；尤其儒家士子、學人，佩玉自勵、自勉，更是促進我國玉器，走向世俗化的主要推動力量，所以，儒家學術理論，也成了我國玉器文化的主要理論支柱；但是，在三國以至南北朝這一個時期，國家的用人策略，有了很大的變動，始作俑者，就是魏武帝曹操，在三國志、魏書、武帝紀中，敍述：「……唯才是舉。」，也就是說，個人的道德、操守，並不是選擇人才的標準，而才幹，方是選拔人才的目的，換而言之，就是：不論個人的品德如何，只要有治國用兵之術的人，都可以拔擢、重用，此所以，曹操於建安十五、十九、二十二年，三次徵尋人才的條件，竟是：「……不仁不孝，而有治國用兵之術者。」。玉德的內涵，本在於砥勵士人、君子的德行，在如此政令的推動下，用玉習慣，逐漸消褪，確也是必然的。

第三、因為前述政治措施的推展，使一些薄有能力的人，躍居高位，而敦品力學的君子醇儒，迭受侮辱、打擊，甚或凌辱、喪命，像楊修之死、王粲的被黜，甚或一些名士的歸隱田里，都是這種社會現象所促成的；因之，一種以道家的唯心觀點，解釋儒家經典易經的思想流派——玄學——，在這一個階段，取代傳統的儒學而興起；他們以老子、道德經中所言：

「玄而又玄，眾妙之門。」

　　為綱領，以「貴無」的思想為核心，架構出一個新的思維體系，但仍不脫「老子」、「莊子」、「易經」，所謂「三玄」的範圍，目的在求，精神的放縱與解脫，所謂「玄虛淡泊，與道逍遙。」。所以，我們可以知道，「玄學」是一個極端消極的唯心主義哲學，與積極鍛練、敦品力學的儒家思想，是完全背道而馳，在知識份子思想，產生如此重大的變動下，作為儒家精神象徵的玉器，逐漸式微，也是必然的。

　　第四、起源於印度，自漢初起，逐漸進入我國的佛教，在我國這一個國家分裂、人民塗炭流離的階段，因為道教謀反的被禁，取代道教，驟然興盛起來，這種全然不同於我國本土文化的宗教觀，使大量離鄉背井，流離失所的羣衆，有了精神的依靠與慰藉，尤其，美好完善的未來極樂世界，使嗷嗷待哺的貧困大衆，有了嶄新的盼望。

　　但是，就佛教義理來看，他並沒有將玉器，納入其中，雖然，自漢初起，佛教的進入中原，對我國玉雕藝術的風格、紋飾、形制，都有影響；可是，對我國玉器文化的內涵，卻少有充實；尤有甚者，佛教承認人死的現象（即「圓寂」，又稱「涅槃」），卻對長遠以來，形成於我國玉器文化中，玉器斂屍功能，企求亡者不朽的期盼，在精神上，也有所扞格，這也就是，在我國歷代歷朝，只要是佛教大盛的階段，我國玉器文化的進展，就有滯阻現象的主因。

　　所以，綜前所述，在這一個我國大動亂的時期，玉器文化的演進，停頓不前，玉雕藝術，趨於沈寂沒落，仍是有其文化因素的。但是，在這個變亂中，動蕩的政治，黑暗的社會，混亂的價值，卻又是蘊釀前述文化現象的主因；而這些變亂，黑暗、動蕩，卻起始於東漢末年的政治混亂與腐敗。

第一章 ❖ 三國時代

第一節 ◎ 三國時代的形成

　　東漢末年，自桓帝、靈帝以後，因爲外戚與宦官的長期爭權，使集權的中央體制，處在動蕩與飄搖中，使國家的統治力量，逐漸趨於衰弱，其實，這種政治不安的現象，是有其歷史淵源的；因爲，自漢高祖劉邦定鼎天下後，惟恐與他同打天下的異姓諸王，將來謀反，奪取他兒孫的天下，於是，採用一些「莫須有」的罪名，殘酷的翦除異姓諸王，而這些，當年的親信，喪亡殆盡後，可資顧問、諮詢的，就只剩親屬中的皇后與諸子；所以，漢初呂后當制，及諸呂作亂，就是在這種時空背景下形成的，所幸者，當時還有一些老臣，如王陵、陳平、周勃……等，得以誅呂安劉，而其他皇帝，則沒有如此幸運了；所以，逐漸形成一種特殊的宮庭奪權形態，即皇帝年幼時，太后引進娘家的人，主持朝政，逐漸形成外戚集團，而皇帝漸長，孤立無援，只有求助於身邊的宦官，謀求奪權，奪得中朝大權後，宦官弄權，提供皇帝，逸樂、荒淫的享受，皇帝一死，宦官失勢，外戚又再當政。在如此的惡性循環中，中央集權的制度，如何實施？政令如何推行？故而東漢末年，在「黃巾起兵」之前，漢朝已呈解體，而產生這種結局，在漢初的呂后當制中，就已現端倪。

　　漢靈帝中平六年（西元前一八九年），靈帝在黑山黃巾與靑徐黃巾的造反聲中崩逝，皇后令其兄何進入宮，立皇子劉辨爲帝，即漢少帝，何進並與袁紹密謀，欲誅殺干政掌權的太監，惟因恐宦官勢力過大，不足抵禦，乃密召西涼的一個土豪軍閥，領兵進京勤王，這個人就是董卓，不料事機不密，宦官得知後，提前佈署，誅殺何進，袁紹爲求自保，立刻舉兵入宮，誅殺宦官兩千多人，待董卓領西涼（現今甘肅岷縣一帶）兵入京時，宦官已被消滅，而在「請神容易，送神難」的情形下，董卓與殘暴、蠻橫的西涼部隊，卻成了東漢的終結者。

　　董卓進入洛陽，獨攬朝政，縱容部下，朝綱一片混亂，並廢除漢少帝，另立年僅九歲的陳留王劉協爲帝，即爲漢獻帝；西元一九〇年，各地郡守、州牧，共舉袁紹爲盟主，聯兵討伐董卓，董卓不敵，挾漢獻帝及洛陽百姓數萬人，西走長安，毫無軍紀的西涼兵，沿途燒

役擄掠，使名城洛陽，及附近兩百里地方圓，盡成瓦礫廢墟，董卓西走長安的同時，還令部將呂布，火焚東漢宗廟，並盡掘諸帝及附葬大臣陵墓，蒐取寶物。董卓後死於長安，軍紀更無法維持，長安亦呈一片混亂，漢獻帝乘機逃出，為曹操所收留，此時，各地軍閥割據，天下已分，漢朝已名存實亡。

西元二○○年，漢獻帝建安五年，曹操挾天子以令諸侯，與另一個最大的諸侯袁紹，戰於官渡，爭取中原的主導權，袁軍眾且強，曹軍寡且弱，但曹操卻出奇兵，先燒袁軍補給輜重，繼而側擊袁軍，袁紹大敗後，吐血而亡，此一重要的「官渡之戰」，使曹操奠定了主控中原的基礎。西元二○八年，曹操領兵二十萬（號稱八十三萬）南下，欲奪荊州，入江東，統一全國，與劉備及孫權的三萬餘聯軍，戰於赤壁，曹軍遭周瑜火攻，大敗而返，此一「赤壁之戰」，促使天下三分。

西元二一六年，漢獻帝被迫封曹操為魏王，二二○年，曹操病死，曹丕襲位，並接著逼迫漢獻帝禪位，改國號為魏（史稱曹魏），定都洛陽。次年，據有荊州、江南四郡及益州的劉備，以漢中山靖王後裔的身份，以繼漢統為號召，自稱為帝，史稱蜀漢或蜀，定都成都。至西元二二九年，在江南早已自立稱吳王的孫權，亦僭帝位，國號吳，定都建業（南京）。此一階段，三國互不相讓，呈鼎足之勢，即為史稱的「三國時代」；

第二節 ◇ 三國時代的文化與玉器

早在東漢時期，形成於我國本土的宗教——道教——，就已形成，他們尊溯老子為教主，並摻和自戰國、秦、漢，流傳於世的神仙之術，綜合成道教的教義；在入世傳教時，鼓吹世上有長生不死的仙人，凡人致神仙的方法，可煉丹服食以成仙，在東漢末，聚眾數十萬人，成為反抗朝廷的主要力量——黃巾賊——，其口號，亦有濃厚的宗教意義，謂稱：「蒼天已死，黃天當立」；後雖為官軍所破，趨於消亡，但道教的教義，卻廣為傳播，逐漸為智識份子所接受，後雖有一段時期，遭官府查禁，但氣候已成，在經過藝文的美化後，更為細緻，成為三國時代的重要文化內涵之一。而在道教煉丹服食，可以成仙的概念下，逐漸與我國源遠流長的玉器文化，有所結合，使道家經典上，所敘述的一些紋飾，與玉雕藝術融合，充實了我國的玉器文化。而最特殊的是，因為長遠以來，玉器對國人所建立的崇高價值，使玉

器，也逐漸被融合於道教的教義內，而在煉丹服食，可以成仙的基本信仰中，使玉器，也變成可以服之成仙的仙藥靈丹。

我們若從道教「煉丹」的精神層面分析，丹的靈效，源自於兩部份：

第一、即材質的稀少與難得，就像丹砂靈藥的難以尋覓、採集，屬於物質層面。

第二、「丹」難能可貴的功效，在於「煉」，所謂「九轉丹成」，即形容修煉、精煉的精神培育過程。

而玉器，在物質層面上，長遠以來，就被中原視為高價值的寶物，而又蘊蓄有一些精神層面的特殊意義，在符合「丹藥」的基本條件下，為道教所吸收，乃是必然的；於是，源自於戰國後期，所形成以玉入藥的觀念，隨著道教，「煉丹服食求神仙」的宗教化行為，使玉器逐漸變成，可以服食，使人成仙的「靈丹妙藥」，這是在三國以至於魏、晉、南北朝期間，我國玉器文化，唯一的進展。而漢文帝時，稱玉有「寶玉氣」；武帝時，以「擎天承露盤」，蒐得的露水，和玉屑吞服，都為「食玉成仙」的觀念形成，有啟蒙與推波助瀾的效果。

雖然，前述的現象，是極端迷信，並對我國的玉雕藝術，造成了相當的傷害；但是，我們若從宏觀的角度來觀察：當我國的國家形成階段，商湯以武力取得政權，湯自稱：「吾甚武。」，號曰「武王」，該時特崇尚武力，玉雕中的「玉戈」，就成了商代國家禮器的主要標誌；西周以禮立國，玉製的禮器，就成了西周禮儀用器的代表，及至道教形成，「煉丹服食成仙」的迷信觀念迷漫，玉器亦能隨著時代的變化，融合於道教的教義中，亦成為服食成仙的靈藥。當可如：玉器在我國文化中的特殊性與重要性了，他與我國文化結合之深、之密，直若「形影不離」、「如影隨形」。

但從手工藝發展的角度分析，玉雕藝術在這一階段，雖承襲兩漢，卻是毫無進步；故而，代表這一階段的手工藝藝術品，亦僅有西蜀的漆器與蜀錦，及東吳的銅鏡與青瓷（如圖五十九）。

但是，比較具有文化交流與傳播意義的，乃是東吳與南方各國的海上交通；因為，受制於魏、蜀的疆域擴張，使東吳對南方的海上交通發展，不遺餘力；吳大帝 孫權 黃龍二年（西元二三〇年），曾遣吳將衛溫、諸葛直，率甲士，航至夷洲（今台灣），這是我國有史以來，第一次正史記錄，中原與台灣的連繫；台灣亦為我國少數的玉礦蘊藏區，故而，亦具歷史意義。

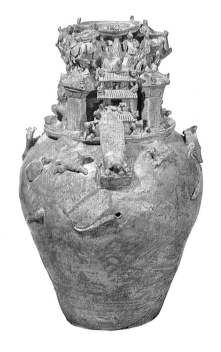

（圖五十九）本圖所示，即為三國時代
，在浙江紹興東吳屬地，出土的青瓷穀
倉罐；三國時代因為玉德觀念的沒落，
政權分裂，玉材來源不穩定……等，諸
多因素，使我國玉雕藝術，毫無進步，
但東吳，因長江天險屏障，政治較穩定
，發展出了完美的青瓷工藝，可作為三
國時代重要的藝術成就。本器造型特殊
，材質美好，堆砌華麗，顯示當時青瓷
手工藝的進步；整體造型，也刻劃出當
時，「道教修煉求仙」的文化內涵。

　　另據，南州異物志記載，大秦（羅馬帝國）的使者或商人，常乘
艨艟巨船（巨帆七張），抵達東吳，而東吳也修造大船，遠航大秦，
考其路線，必是航經我國南海，繞過中南半島，橫越印度洋，方可抵
達，也為我國的航海事業，建立了良好的基礎；在如此發達的海上經
濟交流中，使我國能接觸到一些，境外美石珍材，對我國玉器文化與
雕琢藝術，爾後，都有深遠的影響。

　　三國時代歷時較短，又因曹丕提倡「不封不樹」的薄葬習俗，使
這一階段出土的墓葬極少，偶有，也不見豐富的隨葬品與玉器，明顯
的可看出，繼兩漢玉器文化的燦爛高峯後，在這個分裂時代，玉器文
化趨於沈寂；即以有明確出土資料的這件玉杯為例（如圖六十），係
於一九五八年，在河南省洛陽市近郊，三國時代墓葬出土，洛陽在
當時，為曹魏首都，該墓亦屬大墓，但出土玉器卻不多，像此玉杯，
不但差南越王墓所出土的玉杯甚遠，也不及廣西貴縣羅泊灣所出土
的玉杯（如圖四十），但二者在形制上，卻有一些類似，如：

　　一、二者大小相似，造型相同，顯示兩漢玉雕的形制，仍影響著

三國時代。

　　二、二者雖造型相似，但一者紋飾優美，一則光素無紋，這當然是玉雕藝術，趨於沈寂的癥兆，但也有一部份內涵是，玄學興起，社會傾向於「玄虛淡泊，與道逍遙」的藝術傾向。

（圖六十）本圖所示之器，光素無紋，但打磨精細，形制工整，工料亦佳，係出土於洛陽市郊，屬三國時代墓葬；洛陽爲曹魏都城；因控制北方，玉材來源較充實，不像蜀、吳，仄限四川或江南，也因爲如此，蜀漢的藝術品代表，以蜀繡爲主；東吳則爲越窰靑瓷。

第二章 ◈ 兩晉時代與「五胡十六國」

第一節 ◎ 三國滅亡與西晉的統一

在三國時代，西蜀最弱，惟靠諸葛亮獨力支撐，諸葛亮採用，延續漢統爲號召，以攻爲守的策略，六出祁山，九伐中原，曾使蜀國聲勢大振，但是，這種飲鴆止渴式的國家策略，不但使諸葛亮病死五丈原，後繼無人，也使蜀國，國力大傷；西元二六三年，魏派兩支大軍伐蜀，進逼成都，後主劉禪出降，蜀亡。而在當時，曹魏的政權，已經落在司馬氏家族手中；司馬氏三代，自司馬懿起、而至司馬師、司馬昭，再傳給司馬炎，皆合曹操所云：「不仁不孝，而有治國用兵之術者。」的能員條件，但也都具有奸雄，深沈險詐的個性，他們仿效曹氏父子篡漢的步驟，先掌國政實權，繼而晉位爲王（曹爲魏王，司馬氏爲晉王），然後再逼天子禪位；所以，滅蜀的第二年，西元二六四年，司馬炎仿效魏武帝曹丕，逼漢獻帝禪讓的模式，逼魏元帝曹奐「告禪」，正式登上皇位，國號晉，史稱晉武帝，仍定都洛陽，西元二八○年，司馬炎發兵，大舉伐吳，水師順流而下，燒燬東吳賴爲天險的長江攔江鐵索，進逼南京（俗稱石頭城），吳帝出降；唐詩描述此一戰役：

王濬樓船下益州，金陵王氣黯然收，千尋鐵索沈江底，一片降幡出石頭……。

到此時，司馬氏的晉朝，才算是正式統一全國，但是，這個統一局面，卻只維持了三十年，中原又形成割據的狀況。造成晉朝隨即分崩離析的原因很多，遠因、近因都有：像立國之初的「八王之亂」等，都造成國力的極大損傷。但是，最嚴重的卻是：

第一、自東漢末，繼而曹魏、西晉，對文人士子的價值判斷，完全以利用價值，爲衡量標準，能爲朝廷所合用，即爲人才，否則，德行再高，亦受貶抑；並且，稍有驕倨，即遭凌虐殺害，使士人紛紛以談「玄」爲逃避；形成了這一階段，由文人所帶動，放蕩不羈，使酒任性的社會習氣，這種整體社會墮落現象，使國家的行政系統，趨於癱瘓，此爲西晉衰亡的致命傷，也因爲這種，清談玄學的唯心主義興起，使以「物」爲主體的玉器文化，產生了滯阻，此亦爲我國玉器文化，在這一個階段，趨於沈寂的原因之一。

　　第二、曹氏、司馬氏都以強豪世家竊國，除了造成倫理、道德淪喪的社會習氣外，並且建立了一個，以世家大族為核心的政權體制，例如：家世、門第，變成評定官品的唯一標準，致使這些世家豪族，因為服官的便利，大肆擴充，武斷鄉曲，破壞了農業社會的一些常規，像西晉豪奢如石崇、王愷……等，都是這種政治制度下的產物，史稱此類人物「性豪奢」，而他們得以豪奢的基礎，乃在於生長在，長期聚斂的世家大族；但在這種腐化奢侈的生活中，玉器並不凸顯，因為，玉器長期以來，走向通俗化的現象，已經不能滿足這些豪客的狂奢性格。

　　例如：常與石崇「鬥富」的王愷，家中有一條好牛，石崇所用的駕車牛，不論力氣、神態，都不能及，於是王愷特命名該牛為「八百里駁」，以上好的玉器，裝飾牛角與牛蹄，鎮日出游，以為招搖，日暮，則驅車飛奔進入洛陽城，眾人側目。我國玉器，自西周以來，即為君子比德之器，春秋時代商人、婢妾佩玉，孔子都還不以為然，如今，在這些豪門巨室的狂奢競逐下，居然成了牲畜的裝飾，此所以，竹林七賢會佯狂避世，而我國傳承數千年的玉器文化，此時焉有不衰頹的道理。

　　又如：晉武帝司馬炎的女婿王濟，愛吃由奴婢用人奶，餵食的小豬，吃時，再用人奶蒸煮，名曰：「蒸肫」，據知：「蒸肫肥美，異於常味。」，而王濟平日的生活，更是：「性豪奢，麗服玉食。」，但是，這裡所說的「玉食」，卻已不是「玉製的食器」了，而是當時珍稀程度，超過玉器的琉璃器，但卻假借「玉器」之名。這種種豪門奢侈腐化，驚世駭俗的行為，如何能使西晉王朝持久？

　　第三、自東漢以來，長期實施的和親政策，使漢族與北方各胡族，有了一些融合的契機，漢人的文化習俗、生活習慣，也逐漸的影響了北方胡族，促使這些民族的南遷，而站在統治者的立場，為便於就近管理，這些桀驁不馴的塞外民族，也鼓勵他們內遷，甚至以免除賦稅的方法，鼓勵他們內遷定居，這些大量內遷的塞外民族，包括匈奴、羯、氐、羌、鮮卑，史稱「五胡」；而自曹魏以來，社會連續動亂，再加上漢族官僚、豪門、地主的民族優越感，對這些外族，長期剝削、奴役，甚至掠為奴隸，視為牲畜，故而，這些胡族中的貴族，就常煽動本族間的貧苦大眾，起來反抗，雖都被殘酷的鎮壓而失敗。但卻涵蓄了社會大動亂的根源。

第二節◇「五胡亂華」，西晉覆亡

西晉是一個享年極短的王朝，開國之主晉武帝司馬炎死後，由其白痴兒子司馬衷繼位，這個昏愚的弱主，根本無法治國，而使國政，落在皇后賈南風的手上，賈后權詐多嫉，陰狠殘酷，激起了長達十六年的「八王之亂」，史書評論這一段，司馬氏父子兄弟，迭相殘滅的大混戰，是：「國家之禍，至親之亂。」

並且，對西晉的前途影響，極為深遠，像其後北方各地，羣雄割據，自立為後越的石虎，在即位時，就曾公開的說：

「司馬氏父子兄弟，自相殘滅，故使朕，得至於此。」

在這次長達十六年的「八王之亂」中，司馬氏諸王，包括：兄弟、叔姪，互相合縱連橫，互保互攻，殺伐殘酷，確為「至親之亂」；像趙王司馬倫，就曾殺賈后，自他的姪子晉惠帝手中，奪得天下，登上皇位，但卻濫封爵位，甚至連他的奴、卒、廝、役，都封得高官。

依晉時儀制，部份官爵，需佩「貂蟬」。而「貂蟬」的形制，在古玉器界，流傳一種說法：即「縫於帽冠上的玉蟬，稱『貂蟬』。」，這其中，有一些錯誤的認知，筆者確曾親眼目睹，以蟬形玉雕，作「冠飾」的玉器出土，但似不應稱貂蟬；因為，所稱「貂蟬」者，他包含兩種意義，即是：晉時高官，封得一定爵位後，得在冠帽前，加黃金璫，並附以蟬紋；另再以貂尾為飾，所以，貂蟬以字義解，應是指裝飾用的「貂」尾，及「蟬」形紋飾。

此所以，在司馬倫篡帝位後，當時就有「貂蟬盈座」之語，來形容他封爵的浮濫，與廝、奴皆爵的現象，也因為封爵太浮濫了，竟至市面上，買不到貂尾，只得以狗尾染色替代，此即所謂：「貂不足，狗尾續。」，也是「狗尾續貂」這句成語的起源。

司馬倫之後，又興起數次攻戰、混戰；最後，白痴皇帝司馬衷（晉惠帝），仍被毒死，由皇太弟司馬熾繼位，是為懷帝，「八王之亂」才算結束，也就在這一段，我國有史以來，家族相殘，最嚴重的十六年戰亂中，西晉走向滅亡。

西元三〇四年（永興元年），匈奴族劉淵起兵反晉，聲勢浩大，尤其令人可慮的是，劉淵不同於以往，一般塞外胡人進入中原，僅以掠奪財貨寶物為目的，而他是想趁西晉王朝的腐敗衰朽，建立一個統治中原的政權，例如：他為洗脫胡人的不利身份，甚至公然宣稱：漢

與匈奴曾相約，結為兄弟（故亦姓劉），兄亡弟繼，古史有徵，且正式追尊三國的蜀漢後主劉禪為祖，立國號為漢，西元三一一年（永嘉五年），劉聰攻陷洛陽，晉懷帝、愍帝被俘，太子被殺，這些既有野心，又有權謀的劉氏匈奴族，為不使西晉有恢復的機會，劉聰火焚首都洛陽，百官士庶亡者，達數十萬人，這是我國有史以來，第一次，中原為「胡人」占領並統治，中原士族、百姓，為免蹂躪，大量遷往江南，西晉至此滅亡，中原在兵戎之災中，一片混亂，所有統治系統，完全解體，史稱「永嘉之亂」；當時中原的社會狀況，我們從一些南方出土的古文物中，還可以看出來，例如：在廣州市郊出土的東晉墓磚上，常鐫有一些磚銘，刻曰：

「永嘉世，天下荒，余廣州，皆平康。」

「永嘉世，九州空，余吳土，盛且豐。」

可見當時北方地區，遭胡族蹂躪，工、商、農業，全遭破壞，社會殘破凋敝的情形，尤其當時古文物，目前幾已不見出土；因為，史稱：劉聰入洛陽後，大肆破壞，火焚西晉宮室宗廟，掘發諸山陵，名城洛陽，變成焦土，被禍之深，尚超過董卓的破壞。

第三節◎晉室南遷與「五胡十六國」

相對於北方的紛亂，西晉亡後第六年，鎮守在南京的琅琊王司馬睿，在北方南移的幾個大家族支持下，在江南重建晉室，司馬睿為司馬懿的曾孫，是正宗的皇親貴胄，西元三一七年，續立晉室，正式稱帝，即晉元帝，改年號為「大興」，建都南京，因在西晉都城洛陽的東南，所以史稱東晉。

依據晉書、地理志，及南朝各代史料分析，永嘉期間，至東晉立國這一階段，有官署登記戶籍的南遷人口，大約是西晉北方人口的八分之一，也是南方人口的六分之一，但還不包括，淪為南北士族所屬的部曲、佃客……等，下級勞役；這也就是說，最寬鬆的估計，「永嘉之亂」後，我國北方每八個人，就有一個南遷，南方每六個人中，就有一個是北方遷移的僑民；其中，因為政治上的利害，社會資源的爭奪，甚至生活習慣的差異，造成了一些籍貫的磨擦，致使北方的士族，聚集一處，成為僑州、僑郡、僑縣，像徐州、兗州的北方士族，南遷後的聚集地，就稱南徐州、南兗州，他們不但保有原來的籍貫，更保有西晉原來的文武官職，如此，使東晉的地方制度，變得十分混亂，正如宋書所敘：

「寄寓遷流，迄無定托。」

其中，一些豪強士族，不但占地千里，莊園百里，並且擁有強大的私人軍隊，還享有許多特權，所以，在東晉初期，士族分僑姓與吳姓兩類，都是大地主；「僑姓」，係自北方遷至；「吳姓」，則為原地區土著中的豪門。不夠資格稱士族的地主（但仍有廣大田宅與眾多奴僕），則稱之為寒門或庶族，二者不能通婚，車、服、衣、飾，都有區別，也不能通交往，共座位；二者社會地位，差別極大，更不論一般的百姓了。

也因為這種「舉賢不出世族」，「用法不及權貴」的社會階級制度，使東晉的王朝，幾乎完全由大家族所把持。東晉共歷十一帝，一〇四年，帝系傳承為：

一、晉元帝　　　　　　　七、晉廢帝

二、晉明帝　　　　　　　八、晉簡文帝

三、晉成帝　　　　　　　九、晉孝武帝

四、晉康帝　　　　　　　十、晉安帝

五、晉穆帝　　　　　　　十一、晉恭帝

六、晉哀帝　　　　　　　（禪位於南朝之宋王朝，東晉亡）

其中，元、明、成三帝，靠王導輔政，王氏家族，勢力鼎盛，當時百姓多稱：「王與馬，共天下。」，後成、康二帝，因是晉明帝庾皇后所出，庾氏家族，力量轉盛；穆、哀、廢、簡文四帝，重用桓溫，桓氏家族又盛，桓溫病故，由謝安執政，後謝氏家族勢力遭排斥，「北府兵」將領劉裕堀起，東晉王朝，就已近結束；最後，終於禪讓給劉裕所建立的劉宋王朝，伴隨東晉統治的王、庾、桓、謝四大家族，也就逐漸消散，落得「舊時王、謝堂前燕，飛入尋常百姓家。」

而自西晉滅亡後，我國黃河流域的北方，完全淪落於內徙的塞外民族之手，這些民族，包括：匈奴、鮮卑、氐、羌、羯，史稱「五胡」，在紛擾熙攘中，建立了不同的政權，計有成（漢）、前越、後越、前秦、後秦、西秦、前燕、後燕、南燕、北燕、前涼、後涼、南涼、北涼、西涼與夏。為便於記憶，史家歸納成「一漢、二越、三秦、四燕、五涼與夏。」，即是史稱，與南方東晉對峙的「五胡十六國」，這些國家，因為統治殘暴，多壽命極短，長者，亦僅一、二十年，惟其中前秦，是由氐族的符堅所建，重用出身於貧困之家的寒士王猛，參贊中樞，勵行法治、整頓吏治、獎勵生產，十餘年間，即統一了

北方，當時社會，也趨於安樂穩定；晉書、符堅傳敍述：

「關隴清晏，百姓豐樂，自長安至於諸州，皆夾路樹槐柳，二十里一亭，四十里一驛，旅行者，取給于途，工商賈販于道。」

可是，這種好景，卻沒有維持很久，因為王猛知道，雖然北方已統一，且國力日強，但是，境內民族眾多，恩怨關係複雜，政局還不夠穩定，絕對不宜實施大征伐，所以，在病危時，還亟勸符堅，不得南伐東晉，但王猛死後，符堅卻日益驕橫自大，集兵近百萬，大舉南侵，自稱可「投鞭斷流」，但卻在「淝水一戰」，被晉軍打得大敗，使北方力量，嚴重斲喪，不但使北方統一全國的優勢喪失，更促成了，我國繼續分裂的「南北朝」時期。

在南方東晉，與北方五胡十六國的這一個階段，北方因為塞外民族的連續建國、攻伐，使整個地區，都受到嚴重的破壞；反而南方，在東晉的偏安下，比較能得到長足的發展；而主導這股發展力量的，卻是北方南移的士族。

初期，這些士族，仍有回歸故鄉的打算，所以，東晉初年，一些「僑鄉」、「僑寓」的名詞，就是這種心態下的產物；但自晉明帝開始，陸續實施了「土斷」的措施，把僑置人口，正式編入當地郡縣，使這些流寓於南方的北方士族，較能與當地家族融合，對國家的團結，社會的穩定，都有一些貢獻；尤其是，促進了南方文化的發展，使長期以來，我國北優於南的形勢，有了重大的改變；南、北方的文化步調，漸趨一致、均衡，也因為如此，玉器文化在南方，也稍有進展；但是，受到長遠以來，「安土重遷」、「落葉歸根」的觀念影響，這一階段，墓葬中出土玉器的比例，卻相當稀少；這除了與社會重視「薄葬」，好談「玄學」的文化背景有關外，更重要的是，基於「落葉歸根」觀念，形成了新的墓葬方式；因為，這一個階段，在南方，「二次葬」的習俗，大為興盛，即第一次葬人，葬式極草率，三數年後，再撿骨入「甕」（俗稱「撿金」），俾便亡者骸骨，爾後得回歸故里；這種葬式，使一般入葬的個人首飾，都極難出現，更遑論禮器或藝術品了。此亦為東晉與五胡十六國階段，我國出土玉器稀少的原因。

前述「二次葬」的葬式，在我國歷代民族遷徙，或局部地區開發，移民眾多的時代，都常發生。後揀骨入甕，逐漸為火葬所取代（因為，運骸骨回鄉，仍未若運骨灰回鄉方便），而出土玉器，則更少至幾乎不見。

第三章 ◈ 對峙的南北朝階段

在北方的五胡十六國時期，前秦的符堅，未能謀定而後動，致使「淝水之戰」，大敗而返，喪失了北方統一南方的機會；而立足江南的東晉，連續實施「土斷」等措施，也可看出，無意北伐，規復中原。如此，即延續了東晉與五胡十六國的模式，在政治統治上，循南北兩線發展的態勢，步入了南北朝時期。

第一節 ◈ 南朝的宋、齊、梁、陳

南朝嬗遞的開端，肇因於東晉王室的腐敗與無能，在東晉安帝年間，小字寄奴的劉裕，逐漸掌握了軍隊與朝政，安帝死，恭帝立，劉裕更以輔政的身份，號令朝廷，進用私人，翦除司馬氏家族的外藩，大權在握，恭帝元熙二年，劉裕師法曹魏、司馬西晉的王朝興起方式，由晉恭帝告襌，讓位給他，即為武帝，國號宋，史稱「劉宋」，東晉正式滅亡；也就從此開始，我國南方，進入了南朝階段，連續出現了，宋、齊、梁、陳四個短命王朝，都僅有幾十年命運，最後為隋統一。

在這個階段，父子相弒，君臣相篡的倫理變故特多，政治紊亂，社會黑暗，人民目睹無法改革的現實，只有企盼，未來美好的「極樂世界」，以為心理的安慰，致使佛教大興，除偶而的個別時期外，佛教文化，幾乎完全超越了儒學思想，成為南朝的思想文化主流，而與佛教有關的雕塑、佛像、陵墓、建築，更成了這個階段，藝術的主要特色，而佛教並未將玉器文化，納入其中，反而使南朝的玉雕藝術，趨於更衰微、沒落，相對於當時佛教興盛的狀況，完全不可同日而語。像唐詩有云：

「南朝四百八十寺，多少樓台煙雨中。」

可見一斑，但自南北朝後期起，佛教逐漸走向中國化，與中國文化融合，玉雕藝術也在此時，逐漸的融入佛教文化中，具體的證明，就是玉雕佛像的陸續出現，爾後，也成為我國玉雕中，另一種藝術表現方式。

而在南朝，促使佛教大興的社會背景，卻是政治的黑暗，與倫理的斷喪，像宋、齊、梁、陳四朝，都建都建康（即南京），當時北魏書中，曾有一段，記述南朝政治狀況的歌謠，竟是：

「遙望建康城，小江逆流縈，前見子殺父，後見弟殺兄。」，在如此的政治倫理中，南朝終將為北朝所滅，已經可以說是註定了。

第二節 ◈ 北朝統治的我國北方

基本上，北朝階段，是與十六國時期相連貫的，前秦符堅意氣風發的率軍南伐，淝水一戰，卻落得「風聲鶴唳，草木皆兵」，倉皇北返；不久，前秦各族首領，即乘機反秦自立，符堅被殺，我國整個北方，又變成一片混亂；自「淝水之戰」（西元三八三年）後，到北燕局部統一北方（西元四〇九年），短短的二十六年中，北方就先後出現了十二個國家，可知當時混亂的狀況。在這一個階段，由鮮卑族拓跋氏建立的代國，在幾代英主的經營下，逐漸強盛，到了拓跋珪繼位，即改國號為魏，建都平城（即今山西大同），自稱道武帝，此即史稱的「北魏」，講文修武，陸續消滅了夏、北涼、北燕，使自西晉滅亡後，我國北方，五胡十六國的混戰狀況，又歸於統一，也就是從北魏滅北涼，統一北方的西元四三九年起，我國的歷史，正式進入北朝時期。

北魏建國後，整頓吏治，並大力實施「均田」、「戶調」、「三長」等制度，使社會趨於安定富足，到西元四九四年，北魏孝文帝把首都，自山西大同遷到洛陽，並易胡服，用漢語，改漢姓，而在這個北魏皇室漢化過程中，胡、漢共通的媒介點，就是佛教，此所以，北魏早期所遺存，山西大同附近的雲崗石窟，與晚期的洛陽龍門石窟，都成了我國極重要的佛教藝術寶庫。

但是，佛教在北方的興盛，也有波折，像十六國時期的赫連勃勃，就曾滅佛殺僧，北魏太武帝，也曾全面禁佛……等，這其中，雖有佛教被稱「胡教」，妨礙北魏漢化，或胡人自稱漢人，有意排斥佛教的政治因素，或道教興起競爭的宗教因素……等，但主要的一點，就是佛教強調「出世」的觀念，對國家強種強兵的政策，有所對立，每當宗教與君權有所扞格時，宗教必然成了被犧牲的對象；此所以，自北魏孝文帝開始，佛教出現了一個新的理論，即：「皇帝就是當今如來」；如此，方奠定佛教在中原的興盛，而大同雲崗與洛陽龍門石窟中，諸多大型佛陀造像，其實根本就是北魏帝、后面形的塑、雕像，只不過引用佛陀的身軀，與佛教的紋飾而已。（如圖六十一）

北魏統治我國北方的一百多年中，不但在藝術上，引導我國，進入一個新的階段，在許多民族融合，與土地開發上，也有重大的成果

（圖六十一）本圖爲北魏早期，開鑿於山西省大同縣附近的「雲崗石窟」造佛；因爲，在這個階段，佛教出現了：「皇帝即爲當今如來」的理論，致使皇室，亦開始鼓勵信奉佛教，據知：本佛佗造像，即爲北魏孝文帝的面容。但此時，佛教尚未將我國玉器文化，涵納其內，致使這一階段，玉雕藝術，反趨沒落。

，對長遠以來，即已發展定型的黃河流域再發展，有不可磨滅的貢獻；但到了北魏後期，因爲統治階層的爭權奪位，連續發生了骨肉之禍，終於導致分裂成東、西魏，後東魏爲高歡所篡，改國號爲齊，史稱北齊（或高齊）；西魏則爲宇文氏所篡，改國號爲周，史稱北周（或宇文周）。西元五七七年，北周滅北齊，再度統一北方，但隨後，卻又爲大丞相楊堅所篡，改國號爲隋，號稱文帝，我國熙攘紛擾的北朝階段，方正式結束。

第四章 ❖ 兩晉至南北朝階段，影響玉器文化發展的因素

　　自東漢末年，至隋的統一，這一個我國嚴重分裂的時期，特別熙攘混亂，但與東周時期，春秋、戰國時代的各國分立形態，卻截然不同；因為，東周時期，雖然各諸侯，已自立或稱王，但大體上，仍在周禮的有形或無形規範下活動；而這一個階段，卻因為外來佛教文化的衝擊，北方胡族的統治，及自魏、晉以來，領導階層對傳統倫理的踐踏，使社會的價值觀，完全改變，對我國玉器文化，影響極大，故而，自漢末以至隋，這三、四百年中，雖然我國各類文化發展，都有極大的進步，國土的擴充，東西方貿易的暢通，藝術的交流……，都有助於玉雕的發展，但玉器文化，卻明顯停滯不前。滯阻他的原因很多，例如：

第一節 ◎ 玄學與道教的風行

　　在時代背景中，自漢末宦官，曹魏、司馬……等家族，對讀書人的荼毒、戕害，使以道家義理解釋易經的玄學，逐漸形成；這支學派，與世無爭，淡泊名利，崇尚清談，早期，僅是士人、君子的避世之道；但長期發展後，卻演變成，反對名教，放蕩不羈，使酒任性，消極頹喪的人生態度。及至變成社會崇尚後，使社會形成了，以玄學思維體系為中心的道德觀，這種「唯玄是務」，「有晉中興，玄風獨盛。」的思想體系，是我國哲學史上的一大轉折；後來，這種唯心主義的哲學，在滲入道教與佛教的思想領域中，本身逐漸消逝不存，但對我國民間思潮的影響，卻是極為久遠；尤其，與文化結合最深的玉雕藝術，也深受其影響。

　　基本上，道家的哲學涵義與道教的宗教教義，是有極大的差別，但是，老子卻長期以來，被供奉成道教的教主，後經「黃巾之亂」，道教雖因謀反而暫時消匿，但卻更深入民間，揉合了一些流傳民間，巫術中的禮拜、符咒……等，發展的更具體。而道教揉合「神仙之術」的燒藥、煉丹，宣稱「服食求神仙」的謬理，卻在玄學大盛時，滲入了避世清談的文人社會，這些士大夫，潔身避禍之餘，書符、寫經

、採藥、煉丹，增添了俗世對他們的神祕觀感。於是，一些不明的怪藥，也就隨著這種現象興起；例如，在南朝階段，出現一種，號稱為「五石散」的道家靈丹（又名寒食散），據稱：久食，可以轉弱為強，變得長生；食用的風氣，風靡當時，可是吃這種藥，也很麻煩，因為食後，會藥性大發（俗稱「散發」），要趕快活動（俗稱「行散」），常有不會服用，或過份服用的人，被毒死或毒成殘廢；這明明是一種烈性的毒藥，並帶麻醉性，但當時的知識份子，卻不明就理，樂此不疲的服用，尤有甚者，一些買不起「五石散」的窮讀書人，為求時髦，以示自己也是修煉中人，找一個人多的地方，往路邊一躺，佯稱「散發」，也可傲人；由此可知，這一階段，修煉求仙的迷信與愚蠢程度了。也就在這種環境下，我國道教中，具體教人煉丹的專門著作出現了，就是葛洪所著的抱朴子，分內、外篇，共八卷；其書主旨，以教人煉丹，服藥成仙為目的，像以汞為例（我們目前已知，是對人體有極大傷害的重金屬），葛洪敘述採得丹砂後，加熱，可煉得流轉的金丹，再經多次「還」煉，所煉出的「還丹」，服之，可以成仙；我們現在已知道，煉丹砂的化學作用，為：丹砂的成份，是紅色硫化汞，加熱後，硫汞分離，硫成份蒸發，液態的金屬汞，就可分離出來，金光閃閃，圓轉流動，若再加硫黃，就化合成，初期呈黑色的硫化汞，再續加熱，則恢復成原來的丹砂。從這個例子，我們就可知道，當時對服丹藥以求仙的非理性態度了。近年，在南京 象山出土的東晉 王氏墓葬中，出土有，大小若綠豆的丹丸兩百多粒，經化驗，它們的主要成份，就是硫化汞。

在我國古玉收藏家的理論中，有水銀沁的說法，略謂：入土古玉，遇到水銀，可使玉形成黑色沁斑，故名「水銀沁」，沁浸嚴重者，使玉器呈全黑色，又名「黑漆古」；依筆者經驗，這個理論，有一半正確，筆者觀玉多年，尤其從剛出土的古玉觀察，筆者可以確定的說，各類金屬、重金屬，在長期入土埋藏中，對玉器形成沁色，是不容質疑的；但是，在沁色形成過程中，掩埋地屬的環境，玉器材質結構的不同，本身所含有機金屬的多寡，都會造成沁色的差異；所以，水銀能否促成黑色的玉沁形成，筆者是不敢確定的，因為如此，我們也不可能表列，何種金屬、何種環境入土，可使玉器，變成何類沁色。

民國時期，古玉辨的作者劉大同，在其著作中，談及許多古玉特徵，並不十分正確。但筆者在多年鑑玉過程中，卻發現，許多黑色玉（玄玉），或黑、白色玉共生的玉材，被歸類為水銀沁，則是舛錯的過

於離譜。

　　也因為前述，食丹求仙的不科學與不理性，形成在神仙之術中的「食玉求仙」行為，因而大盛；從各類文史資料中，我們可以得知，當時，許許多多煉丹服食求仙的藥方中，常有食玉的處方，這是依據道家理論，演繹出「食玉者，壽如玉」的說法；初期，這種風氣，還不是很盛，食玉的材料，也以「新玉」為主，不論佩飾、陳設器，都可入臼搗碎，糊成玉丸食之，可是，自西晉中期始，服食「古玉」的理論，也出現了，出土玉器，成堆搗碎，眾人共食，配以黃酒，自認已有「仙風道骨」之氣，這的確是一件極悲哀的事，我們都知道：玉器的原材質，是「矽化」的礦物，雖然沒有毒性，食用後，消化系統卻難以消化，長期大量的食用，對正常的營養攝取，必然會有影響，人為求得長生，竟迷信至戕害自己的健康，以至於此，實在可悲；也就在這種迷信的大環境中，對當代的玉器藝術品，造成了極大的損失，甚至流民所盜掘出土的高古玉器，也幾乎被破壞殆盡；所以，這個階段的玉器傳世品，極少極少，乃是必然的。

第二節 ◎ 佛教的盛行

　　我國玉器文化，自上古得以流傳，斂屍的迷信用途，具有相當大的影響；所以，歷代玉器出土，多出於墓葬，而少出土於遺址；這多少都有一些，企盼墓主不朽的渴望。可是，我們研究佛教的教義，可知，在對人形體的保護，佛教是相當不重視的，他們認為：這只是靈魂暫時棲止的「臭皮囊」，人可以透過洞徹的體悟、認識、修行，甚或行善、去惡，使靈魂達到「極樂」的世界，而此時，軀體則為毫無價值的廢物，所以，佛教的教義，對我國玉器文化的廷續，是有些扞格的。

　　也因為如此，在這一個階段，隨著佛教的盛行，火葬的禮俗，也開始興盛起來。在我國，火葬的起源也很早，從史前遺址的出土資料中，有「火燒葬玉」的現象，就是一個明証；但是，在一波所興起的火葬習俗，不但有堅強的宗教理論支持，更有百姓流離，士族流寓的社會環境；故而，很快的，火葬變成我國主要的葬式之一，並流傳至今。而這種葬俗的變化，也必然造成，玉器出土的減少，這也是我國南北朝階段，玉雕藝術品，傳世極少的另一個原因（如圖六十二）。

　　但也在這個階段，開始出現了玉雕佛像的新形制，為我國玉雕造型藝術，添加了新的成份，這是南北朝期間，對我國玉雕藝術，及玉

器文化延續，最重要的貢獻。

（圖六十二）本圖所示，爲出土於唐代大慈恩寺遺址的「善業泥」，爲信徒火葬後，以骨灰和泥，用模作成，以宣揚佛教義理；由此可知，因佛教盛行，所引進的火葬儀式，對我國玉器文化的延續，影響極大，我國古玉器，絕大多數出土於墓葬，多少都有一些，企盼墓主不朽的信念；卻因爲佛教對人體肉身的看法不同，使我國這一階段，出土玉器大減。

依據描述北朝首都洛陽風光，旣傳眞又寫實，楊衒之所著的洛陽伽藍記中，敍述當時極負盛名的永寧寺，陳設狀況：

「佛殿一所，……中有丈八金像一軀，中身金像十軀，繡珠像三軀，金織成像五軀，玉像二軀，作功奇巧，冠於當世……」

「門有四力士、四獅子，飾以金銀，加以珠玉，莊嚴煥炳，世所未聞。」

這是我國最早的，玉造佛像記錄之一，但從金、珠、玉都能造像，以及「力士」、「獅子」，「飾以金銀、加以珠玉」的描述分析，

以玉材造佛像，乃是單純取玉材的珍稀，並未賦與玉佛像，特殊的宗教意義。

第三節◎對外交通，所造成的文化影響

在漢以前，不能否認的，我國北方的發展，優於南方，但自三國時代的東吳起，以建康（南京）為中心的區域發展，已經逐漸展開，及至東晉、南朝宋、齊、梁、陳壇遞而成的「六朝」，接續發展，南方的繁榮與進步，已非往昔可比。尤其有於地理位置的侷限，及政治的對立，使與西方交通的陸上絲路，幾乎已經斷絕，不但物質上的交流，已經停頓，文化上的相互影響，也無法溝通，於是，促進了所謂「海上絲路」的興起；依據太平御覽所引南方異物志記紋：當時大型海船，長達二十多丈，高兩、三丈，望之似樓閣，可載六、七百人，貨運一萬多斛，另由於西方航海業的進步，大秦（羅馬帝國）的使者、商人，也都常到東吳或南朝，當時的番禺（廣州），是主要的口岸，南朝自南亞、西亞與南洋，輸入的商品，品類眾多，包括象牙、犀角、琥珀、瑪瑙、玳瑁、珍珠、琉璃，這些美好材質的裝飾品，與首飾材料，有些是第一次在中土出現，對當代人士而言，件件都是前所未見的珍寶，自然而然，取代了一些傳統玉材的珍貴性，對我國玉器文化的發展，也有阻滯的作用；例如：一九七〇年大陸在南京市新民門外的象山，發現了一批東晉王氏家族的墓葬，其中七號墓，出土有一些金、銀、銅器、瑪瑙、琥珀、水晶材質的隨葬器，更出土了一件，鑲嵌鑽石的金戒指，該鑽石直徑約一‧五毫米，磨成八面體，顯係西方輸入；我們都知道，東晉時，王導一族的勢力、財富與文化素養，所出土墓葬寶物，卻以舶來品居多，顯示當時，因為海上交通的發達，使大量西方、南洋奇珍，進入中土，對我國傳統上，長遠視為珍稀之物的玉器，有所貶抑，也因為如此，始自上古傳說的珍稀玉材，逐漸被淡化，玉德之說，也因為倫理淪喪，而逐漸消褪，玉器從不可多得的極珍貴物質，漸漸變成一般的貴重首飾，這種貶抑現象，雖然暫時抑制了，我國玉雕藝術的發展，但從長遠來看，卻使我國用玉更普及，促使我國玉器文化，步入了更廣大的社會層面。

在三國、兩晉、南北朝時期，我國對海外的交通，到底發達到什麼程度？我們可以從東晉高僧法顯，西行求法，浮海東歸所著的佛國記（又名佛游天竺記或歷游天竺記傳）中，得知一二。

自漢中期，佛教就已在中土傳播，但是，天竺或西域東來的僧侶

，因為對中國文化的瞭解不夠深，致使佛經的傳譯，多有失眞，使中土人士，在研究佛學時，發生一些無法解決的問題，也影響了佛學教義的流傳，於是，有人開始發願，西行求經，但都沒有成功。

可是，俗姓龔的法顯，於西元三九九年（后秦姚興弘治元年，東晉安帝隆安三年），開始自長安，西行取經，當時法顯已經六十多歲，他經張掖，過敦煌，穿戈壁，渡蔥嶺，經北天竺、西天竺（即今阿富汗與巴基斯坦），終於到達中天竺（即今印度），其後，他又游歷東天竺與南天竺（即今尼泊爾與孟加拉），共計五年的時間，他學梵書、梵語，求得一些經書。然後，乘船浮海東歸，他從多摩梨帝國（約爲現今孟加拉的一部份），搭船往西南行進，先抵達獅子國（今斯里蘭卡，即錫蘭），住了兩年，繼續學經求律，有一天，他看到供奉在無畏山僧伽藍的青玉像前，一把自中國輸入的白絹團扇，起了思鄉之情，他即乘船西行，曾到達耶婆提（約現今印尼羣島一帶），後遇暴風雨，船未能入廣州，經漂流過台灣、硫球，一直到山東半島的青州牢山（即現今青島嶗山一帶），才上岸；爾後，法顯在南京，陸續翻譯完成，一些重要的佛教經典，對佛學在中原的傳播，貢獻很多。

我們從法顯佛國記中所敍，在斯里蘭卡看到伽藍的青玉佛像，可知：我國以玉作佛像，雖是起源於南北朝階段，但仍是受到印度地區，所造佛像的影響。

第四節 ◇ 繪畫、書法、詩歌的發展

在這一個階段，雖然因為前述各項原因，玉雕藝術，並沒有明顯的進展，但是，一些重要的藝術門類，卻在這一個民族融合、宗教勃興的大環境中，逐漸興起，而這些藝術門類的進展，對爾後我國玉雕藝術的影響，卻是重要而長遠的，例如：

一、雕塑與繪畫：在兩晉、南北朝時代，因為佛教的興盛，起源於印度，開山鑿窟，雕塑佛像供養的信仰方式，已經產生，並且形成了整個時代的藝術主流，這類起於漢代後期的雕塑佛像藝術，到兩晉階段，就已由樸拙，逐漸顯現出超羣的藝術性；其後，大同的雲崗石窟、洛陽的龍門石窟，各類佛像，不但造型優美，而且雕塑生動、自然，尤期可觀的是，工程浩大，宏偉壯觀，均為數萬人，窮數十年心力，分代逐漸造成，為我國偉大的藝術寶庫。

也就在這一個雕塑佛像工藝，蓬勃發展的時期，我國的繪畫，也

有發展；三國時代 東吳 孫權 赤烏十年（西元前二四七年），康僧會
攜帶佛像、經典入吳，並在南京，受到孫權的禮遇，特爲他建寺、建
塔，名曰建初寺；當時最有名的大畫家曹不興，亦「儀範寫之」，成
爲我國繪畫史上的範本，因爲他的繪畫線條，極柔和優美，像穿著輕
綺羅衣，出水後，綺羅附於身體的線條，所以又稱「曹樣」，或「曹
衣出水」。這是目前有史所記，我國最早的，佛教繪畫藝術記錄。自
此以後，東晉的顧愷之、劉宋的陸探微、蕭梁的張僧繇，迭有佳作，
尤其張僧繇所畫雲龍，據傳：經點睛後，即會破壁飛去的傳說，不但
形成了「畫龍點睛」的成語，也顯示當時繪畫的進步與神妙。

　　而在早期，我國玉雕藝術，以造型取勝，其上紋飾，也以裝飾紋
爲主，自我國繪畫藝術興起後，迅即與玉雕融合，不但立體圓雕的佛
像出現，平面淺浮雕的佛像、飛天……等圖案，也開始出現，並且，
這些佛像圖案，在玉器中，已不再是裝飾圖紋，而成了玉器的主體，
這種玉雕技藝，與雕塑、繪畫結合的現象，不但增加了玉雕的表現方
式；也更在我國的傳統繪畫，在步向文人畫後，促使了玉雕風格的改
變。

　　二、書法：我國早期的文字，以實用爲主，從字風分析，少有藝
術傾向，但自六國古文，李斯小篆，以至於漢、魏朴質的隸書，就逐
漸顯露出，藝術表現的傾向，這時，我國的文字，就已經不再是單純
的實用傳達工具，他本身，就具有藝術性了；在這一階段，代有名書
法家出現，但以東晉的王羲之、王獻之父子，最爲有名；王羲之雖曾
師法多人，但卻能合衆家之長，發展出流暢、妍美的新字體，史稱「
書聖」，對我國爾後書寫藝術的啟蒙與發展，有不可磨滅的貢獻。

　　我國玉雕藝術中，在玉器上，刻有類似文字的符號，約可追溯到
良渚文化；到了殷商，在一些玉戈上，也偶見文字，但似以記事爲目
的，尚不見藝術表現的傾向，自魏、晉之後，因爲書寫藝術的蓬勃發
展，使玉雕藝術，逐漸與書法結合；自此，玉雕上的文字，就逐漸不
再是記事的目的，也不是合符、玉符的符信目的，更不只是「厭勝」
的粗糙剛卯及書，其上文字，所欲表現的，就是玉工藉著琢刀，顯示
書寫藝術之美；這種現象，更加增了我國玉器文化的藝術性，一件玉
雕，雖然材質不佳，但其上文字，雕琢已近名家，仍爲美好的藝術收
藏品。

　　三、詩歌文學：三國初期的曹操，本身就是一流的詩人，以其爲
中心，所形成的建安文學，對我國爾後唐、宋的藝文發展，影響很

大。繼而，兩晉時代，有所謂田園詩與山水詩的產生。像有名的陶淵明，他生性淡泊，在他的許多詩歌中，表達出對政治黑暗的不滿，既不願同流合汚，更不願追逐名利，隨波浮沈，寧願辭歸鄉里，寄居田園，過恬靜、幽閒的生活，爲當時田園詩人的代表。而同時，也有名爲「山水派」的詩人出現，像東晉名將謝玄之孫謝靈運，因爲曾任永嘉太守、臨川內史等職，又係顯赫世家，故渠所表現出來的詩文風格，與陶淵明明顯不同，他雖也以崇尚自然爲主，但卻用欣賞的角度，描述、刻畫山水，獨成一格，例如他的名句，有：

　　　　　　「池塘生春草，園柳變鳴禽。」

　　像這種描寫景物的詩，將詩人所感受的主觀心情，與客觀風景，融合在一起，成爲南朝詩壇的一大特色，對爾後唐詩的發展，有很大的影響。此外，不少名詩人，用玉作比喻，甚具特色；例如：石崇所作的王昭君辭中有：

「……昔爲匣中玉，今爲糞土英。……」

又如梁元帝 蕭繹的名句：
　　「柳絮時依酒，梅花乍入衣，玉珂逐風度，金鞍映日暉。……」

　　自三國以至魏、晉、南北朝這一個階段，雖然，玉雕藝術並沒有特殊的成就，且影響了我國玉器文化的發展，但是，與文藝相關的繪畫、書法、詩歌，卻都有重大的成就，並啟迪後世甚深；而在前述的各門類藝術，發展到一定的成熟階段，逐漸與玉雕藝術相結合，像書法、繪畫、詩、詞、歌、賦，琢於玉器，以供文士、君子把玩，繪畫、書法琢於鑲嵌器上，供高官、豪富、地主，陳列清玩……等，我們也不得不承認，是在這個階段，逐漸涵蓄形成的。

　　此外，在這一個國家分合激烈，社會動亂，家族流寓的大時代裡，許許多多，動人的傳奇故事，長期沈積於基層百姓心底，爲民俗匠人所攝取，也成爲玉雕藝術中的新題材，像：「桃園結義」、「赤壁鏖兵」、「文姬歸漢」、「東吳二喬」、「陶潛歸田」、「羲之愛鵝」、「竹林七賢」……。也是這個時期，除了佛教紋飾、佛陀造像外，另一類較具文化素養的玉雕題材。

第五章 ✤ 兩晉至南北朝階段的玉器

（圖六十三）從本器傷殘處觀察，已有
入沁，當為殘件入土。近年，玻璃製造
業進步，可仿玉色與硬度，至肉眼難以
分辨的程度，但自傷口觀察，玉器殘傷
面，呈暗色，不反光。而琉璃仿品，殘
傷面，則呈平滑有反光，極易辨識。

　　一、螭虎紐印（如圖六十三）：本器高約一・七公分，印身長二
・六公分，寬二・二公分，係出土於江蘇省南京市中央門外，郭家
山墓葬，南京古稱建康，為東晉都城，考此墓，應屬東晉早期，玉材
白中略帶青色，細觀此印，雖略作長方形，但大小，仍與圖八「皇后
之印」相彷彿，惟其印紐刀工，則差前編所敍兩漢玉器甚遠，此一階
段，為我國玉雕技藝消沈期，確是可信。另本器螭虎紐部份，明顯有
傷殘；但從斷裂口觀察，仍有入沁品相，應是原傷殘器入土；由此亦
可知，東晉仄避江南，玉材來源，似相當缺乏。
　　二、龜紐印（如圖六十四）：本器高三・五公分，印長二・八公
分，與前圖螭虎紐印，同一地區墓葬出土，但本器沁蝕，似較嚴重，

此二器，爲玉印無疑，但卻均無印文，顯非實用器，恐係原墓主典藏玉器，後隨葬入墓；兩晉時，談玄避世，服藥煉丹，以求成仙的風氣特盛；所以，在這個階段，紋飾崇尚靈、玄神物，而玄武、靈龜，都有這種含意，故常爲當時所採用。

註：未刻用之玉質印材，在漢初墓葬中，即有出土。

（圖六十四）本器與前圖之印，同一墓葬出土，但二印，均無印文；除可能爲墓主藏器外，亦因當時，佛、道兩敎盛行，而出家人，均另取法號，以示出世，並與俗世斷絕，如此，引申出，人至他世，亦可能另有法號，不同現世，故而隨葬未刻的印材，以爲備用；至後世，則隨葬未刻印材，變成葬俗；但刻有名諱私印，亦常伴隨墓主入葬。

（未刻玉印隨葬，最早，約出現於漢初。）

三、哈蟬（如圖六十五）：本器長六・三公分，寬三公分，厚一公分，亦出土於南京市中央門外郭家山墓葬；以玉作唅，可追溯到，史前新石器時代的江浙地區崧澤文化，後至殷商，含貝、含石……等，含器品類甚多，顯示：在亡者口中含物，已是葬禮中的一部份，但所含之物，尚無定規，惟也在這一個階段，供亡者含用的蟬形器，開始出現，後經西周、春秋、戰國的近千餘年演變，到初漢時，含器尚有玉石、玉印、玉珠等……不同形制，但隨著神仙之術的大興，從

西漢中、後期，到東漢初期，這一個階段，含器作成蟬形的數量，開始增加，並逐漸普遍化，但因僅供墓葬（佩蟬、帽飾除外），故雕工極簡潔，形制也趨於定型，因而，史均稱「漢蟬」或「三刀蟬」；從此墓屬東晉早期，卻有含蟬出土，顯示東晉初期，南渡君臣，仍保有中原衣冠、習俗。

（圖六十五）本器造型甚佳，蟬形均勻、寫實，陰線刻紋，也柔和優美，爲哈蟬中上品，這種期望墓主，可如蟬蛻再生的冥器，爲我國文化所特有；但形制甚多，此器仍具漢蟬造型，大小、風格、刀工，也都相似，顯示東晉初年，南渡君臣，仍保有中原衣冠習俗。

　　四、握豬（如圖六十六）：本器與前三器，同一墓區出土，長約十一公分，寬二‧五公分，全器圓雕而成，作俯臥狀，以細陰線修飾口、鼻、眼、尾，形相宛然，但整體造型，與前紋圖五十六，卻不能相比，這種藝術性的技巧，非關刀工、材質，而係個人技術修養，與時代背景，共同涵養出來的；以此看這一時期的玉雕，確是走向沒落；筆者相信，「永嘉之亂」，不但對北方中原膏腴精華地區，造成重大的破壞，人民道路流離，也造成一些工藝技術的失傳，「永嘉世，

九州空⋯⋯」，確爲我國歷史上一大浩劫。

　　本器頜下與耳後，各有一穿，似可穿繫，參考以往出土握豬資料，首或尾的穿繫，並無定制，恐爲玉工的作工習慣，但用途，則仍是供隨葬的握器。

（圖六十六）本器雖作圓雕，且以陰紋，略作一些修飾，但從整體觀察，即可知本器，爲專供墓葬用的「握器」；目前，從已出土的握豬形制分析，有的，尾有一鑽孔。有的，均無鑽孔。有的，則首尾各鑽一孔（即如本圖）。故而有人倡言，有鑽孔者，非握器，而係佩飾器，此論絕非正確，以本器言，即可確定，僅作握器，並無其他用途。

　　五、**雙螭雞心佩**（如圖六十七）：本器長七・一公分，寬四・六公分，厚約○・四公分，亦出土於前述墓葬，本器中心主體，仍作雞心形，但中孔，雖沿續東漢雞心佩的造型方式，但已予放大，四週環以流雲，並琢刻一大一小，兩隻螭虎，穿梭、翻騰其間，本器雕工尚佳，仍有兩漢遺風，但螭虎形態，卻已無法表現出，昂然有力的動感；本器入土後，沁蝕嚴重，呈灰白質變，在玉沁分類中，俗稱「雞骨白」。這類玉沁，常遭僞古玉器混雜，其實二者，仍可分辨，本器的

受沁品相，即可供比對、參考。

（圖六十七）本器入土後，受沁蝕嚴重，使全器呈「雞骨白」沁，筆者在前文中曾言，玉器呈此類沁蝕，硬度已降低，約僅有二至三度，稍有不慎，即可能造成殘傷，本器部份表面，呈較白色澤，即爲「新傷」，如此品相，甚難見到，可作我們鑒識雞骨白沁，「新殘」的比對資料。

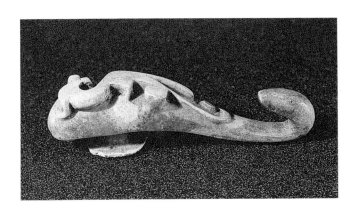

（圖六十八）本器從鈎側「開窗」觀察，原材質應爲青白色玉，但鈎鈕邊緣，卻顯出新傷，當知遭沁蝕的嚴重。此即爲「玉沁之原，不宜深究」的道理，同一批玉器入墓，入沁的差別，卻有很大的差異。但均可作我們比對研究的參考。

六、鳥首鳳紋帶鈎（如圖六十八）：本器全長約七‧五公分，屬小鈎形玉雕，鈎首作成似鳥首形，喙口比例不當，極不寫實；鈎腹略寬，其上凸雕一鳳，但刀工粗糙，與戰國、兩漢時期帶鈎相比，差若雲泥。前文中，提及南京象山地區東晉墓葬，曾出土我國第一件鑽石戒指，與一些海外進口的奇珍首飾，即與本帶鈎，同一地區墓葬出土，惟整體觀察，代表我國正統藝術文化的玉器，卻雕作如此粗礪不整，顯示這一階段，不但玉器較不受重視，甚至玉雕技藝，也因爲人民流徙的亂離，而有失傳。

（圖六十九）自六朝連續建都南京，促進了南方的繁榮，雖然，當時政治黑暗，但南方與海外經濟交流的發達，仍使社會，趨於富庶，這種現象，促進我國劍飾的改變，而開始崇尚鮫皮劍鞘，使玉具劍，自唐朝後，逐漸沒落、消失，本劍首，出土於遼寧北燕墓葬，顯示，當時我國北方，還偶有玉具劍使用。

七、玉雲紋劍首（如圖六十九）：本器直徑約四公分，厚約一‧四公分，於遼寧省北票縣西官營子，馮素弗墓出土，遼寧省在五胡十六國時期，屬北燕政權，本器出土，爲我們研究五胡十六國階段，我國北方玉雕藝術的重要實物資料；本器作成略圓凸形，底面削平，中有一方槽，槽中再鑽一圓孔，可納嵌劍把；本器出土時，原鐵劍，尚未完全銹蝕，故可確定爲劍首；以玉飾劍，始於西周後期，到戰國與兩漢階段，逐漸變成社會時尚，雖以裝飾爲目的，但已有往禮儀器發展的傾向；自魏、晉、南北朝起，因爲海外貿易的興起，海外珍奇

寶石的輸入，逐漸改變了裝飾佩劍的習慣；玉劍飾，即逐漸走向沒落，本器為我國玉劍飾，走向消失前的實物資料，甚具參考價值；由此器的出土，亦可使我們知道，飾劍習慣的轉變，在地理上，應是由南向北，逐漸影響。而這一時期，北方一片混亂，南方則較繁榮，溫州、杭州、廣州，都是馳名的國際港口，各類奇珍，不斷湧入，為主要原因。

（圖七十）本器修整極薄，刀工犀利，依筆者觀玉經驗，愈薄玉雕，入土後，愈易入沁，係因入土後，兩面入沁，較易達到玉心之故；但細分析本器色澤，盞體黑色斑點，為原玉料所有，此類玉種，經常可見，當非沁色，而黃褐色處，略顯下凹，當為受沁所成色澤。

　　八、玉盞（如圖七十）：本器高約三‧三公分，口徑八‧六公分，與前器一墓出土。原器係由，含黑色斑點的玉料琢成，入土後，受沁，呈黃褐色沁斑，古意盎然；全器呈圓形，下底作淺圈足，口沿則作一道粗弦紋，及數條細陰線紋；綜觀本器形制，似不見傳承，可能係吸收陶器的碗形，轉變而來，用途當為盛器，故暫名「玉盞」；從

本器雕工觀察，整體修琢極薄，弧圓亦柔合，造型均勻，顯示當時，玉雕藝術性，雖已降低，但刀工，卻仍犀利。

（圖七十一）本器屬小件玉雕，刀工略差，藝術性亦不足，但卻爲難得一見的六朝階段玉器；「永嘉世，九州空；予吳土，盛且豐。」，寫實的描述了，當時南方六朝繁華；其政治中心南京，秦淮河畔，夜夜笙歌，紙醉金迷；但出土玉器，卻未見美好，此一階段，玉雕藝術，確是趨於沒落，造成這個現象的原因，除了南北對峙的區域分割，使玉材難以南運外，亦有一些文化因素。

　　九、馬頭形嵌器（如圖七十一）：本器長約四‧七公分，寬一‧三公分，出土於江蘇省南京市光華門外墓葬，該批墓葬，可能屬東晉後期；本器形似圓雕，大耳、圓目、平嘴，構成一似狠、似狗、似馬的動物，既不寫實，亦顯粗糙，尤其刀工，弧彎頓折、線腳不整，打磨亦不完全，藝術性甚低，因原出土資料，記爲馬首，故筆者亦暫從衆；惟從本器頭後，作成六角形觀察：本器整體刀工，均顯粗糙，絕不可能再有意，作成毫不寫實的六角形馬頭，作成此形，當爲便於嵌接，惟其餘複合部分，業已湮滅，難以判斷，但從嵌合部份觀察，

與竹、木、陶、泥接合的可能性高，而與銅、鐵、銀器……等金屬，嵌合的可能性低，因為，玉器與金屬嵌合入土千年，嵌接之處，幾乎都會生成褐黑色沁。

（圖七十二）本器高四、七公分，杯口呈橢圓形，口徑在十公分至十七公分之間，應為當時「羽觴」，但係以玉雕作。本器入土，沁蝕嚴重，耳部有黑色沁，其上又有土蝕現象，從沁處觀察，入沁自然，這種歲月流過的痕跡，停駐在玉器上，絕非染色偽器，可以模仿。

　　十、玉羽觴（如圖七十二）：本器高四·七公分，口徑九·八至十七公分，出土於安徽省蕪湖地區，六朝時代墓葬，全器整體，呈闊口淺腹的橢圓形，底作圈足，上緣兩側，各作出一隻，對稱的半月形雙耳；自東晉大書法家王羲之，寫了一篇「蘭庭集序」後，全文各項有關資料，都經歷代文史學者，考証出來，惟該文中，所敘「曲水流觴」中，「觴」的形制，則因長遠失傳，迭有爭議，及至近年，各類意見，方逐漸趨於一致，本器造型，即為羽觴，是六朝時，文人雅士所用的酒器，材質不定，陶、木、漆、琉璃……等，均有製作，因

其造型，上有雙耳，形似飛鳥之羽翼，故名「羽觴」，又因其具雙耳，亦有稱爲「耳杯」者。

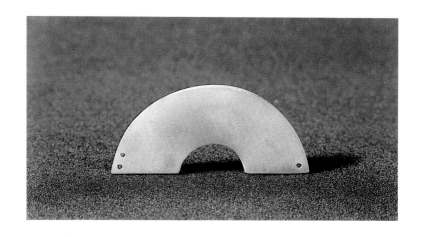

（圖七十三）本器玉料甚佳，故入沁不深，但仍現少量沁蝕，左端角鑽兩孔，右端角鑽一孔，應爲佩飾器，但全器，卻作成半璧形，南北朝階段，士、大夫南移的原因，是避免受胡人荼毒，在此心態下，佩玉形制，有復古的傾向，此爲一般玉器專家，所少言及。

十一、玉璜（如圖七十三）：本器橫寬約七公分，係一九七一年，出土於江西省南昌市郊，屬南朝時期墓葬，本器呈半璧形，一側，有一圓孔，另一側，則作出兩孔，可能爲佩飾器，本器光素無紋，不見紋飾、刀工；璜，爲我國傳統玉器形制，自史前以至明、清，歷代均有製作，亦有平面光素，筆者實言，本器若無明確出土記錄，僅憑實物，筆者絕不信有任何玉器專家，僅憑眼力，即可斷代此器；此非能力、學養問題，而係相關資料不足；而由本器的出土，亦可知：當時玉雕工藝，確趨於衰微；但亦因士、大夫南遷，懷念故土，玉器形制，亦有復古的傾向，因本器，尚有「禮器不琢」的韻味。

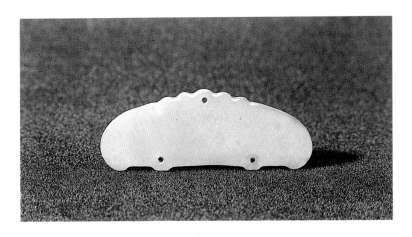

（圖七十四）本器形制，當爲組玉佩中的珩，與前器相同，亦有模仿西周時代，禮器不「琢」的復古傾向；但整體造型的弧彎、凸出，卻使全器顯露出，佛教紋飾中，雲紋的圖案，佛教在南北朝階段，盛極全國，故玉雕，亦不自覺的流露出時代風尚。

　　十二、雲形珩（如圖七十四）：本器與前圖所示璜形器，同一墓區出土，橫寬亦相近，均約七公分，不知是否有關聯？惟從本器，上有一圓穿，下方兩側，亦對稱作出兩穿，使三孔連線，幾可連成完整的等腰三角形觀察，本器當可確定爲，玉佩中上層的橫佩飾，古名「珩」，但整體，卻利用兩側與穿孔部份的隨形修飾，使全器呈現似雲形，此一造型，已完全跳脫兩漢通行的「雲虁紋」，漢時雲紋，我們細予分解，都是由一些，極具動感的弧彎線條構成，組成後，當然動感十足；而本器，也是弧彎線條組合，但卻流露出，如禪定般的靜態美；筆者認爲，純就造型言，本器當爲南北朝玉雕中第一器，因爲，他已經完全跳脫了，漢代紋飾的窠臼，這其中，影響最大的，當是佛教藝術，本器祖形雖似璜，但僅以幾個小弧，就組成了一片雲形，且與佛教雲紋相似，這也顯示，當時，佛教的興盛，古詩云：「南朝四百八十寺，多少樓台煙雨中。」，確爲實況。

【第四編】 又趨一統的短命王朝──隋

　　東晉、五胡十六國及南北朝的形成，原因很多，但最主要的，卻是北方民族的入侵，并建立政權，致使原北方漢族大戶、士族，舉家南遷避難；在經過四百多年的分裂、動盪中，原又逐漸形成了一統的條件，因為：

　　一、南朝在經過長時期的望族主導政治，政、經的結合，使這些大家族，莊園千里，富可敵國；尤有甚者，長期把持政治、經濟利益，父子相繼，兄弟相襲，這種現象，逐漸為社會所厭惡；尤其在南朝的梁朝時期，發生了一次「侯景之亂」，侯景本為梁朝大將，受封為大將軍，欲自立而作亂，并曾於梁武帝太清三年三月（西元五四九年），攻破首都建康，在侯景圍困建康城的一百多天中，城中原有居民二十多萬，除商人、居民外，還有很多，都是各大世家的菁英，後陸續在圍城中被餓死，城破時，全城只剩兩、三仟人，梁武帝也遭餓斃；依據北齊書所敍，自此後：「江東百譜，覆滅略盡。」，這些主導南朝政治發展的望族門閥，趨於沒落，也顯示南朝的繁華，走向「曲終人散」的尾聲。

　　二、五胡十六國與北朝的產生，在於早期的胡、漢雜居，雖然，長時期都是胡人建立的政權，但是，因為中華文化博大的包容性，與豐富內涵，使這些少數民族，逐漸融入漢文化中，不但生活、習慣、風俗，有所改變，甚至語言，也都以漢語為主，四佰年下來，氐、羯、羌、鮮卑……等各族，已與漢族，泯滅到毫無區別，這也是促使全國，再趨向一統的有利條件。

第一章 ✧ 隋文帝統一全國

在南北朝末年，因為南朝歷代君主的窮極奢侈與荒淫腐化，所以，北強南弱的大環境，已經確定了；尤其到了北周武帝，不但滅了北齊，并整兵秣馬，欲「定江南」；但是，周武帝早死，壯志未酬，而便宜了隋文帝楊堅。

楊堅，本身也有相當好的歷史條件，家世好，地位高，在周武帝時，就已經是宰相，而且，他的女兒，嫁給周宣帝為后，所以，算是周靜帝的外祖父，周靜帝即位時，年方八歲，北周大權，完全由楊堅掌握，受封為隋王，次年，北周大象三年，楊堅即迫周靜帝禪位，建國為隋，年號開皇，此即隋文帝。

而在江南的南朝，經過了宋、齊、梁、陳的嬗遞，當時，正由陳後主當政，卻不修武備，崇尚奢華，他的寵妃張麗華擅歌舞，陳後主特為其作名曲「玉樹後庭花」，終日沈緬於歌舞酒色之中，隋文帝開皇八年，派五十萬大軍南下，伐陳，一舉破首都建康，陳後主黯然出降，中國又歸一統。

從陳後主所作「玉樹後庭花」之曲的名稱分析；稱之「玉樹」，顯示南朝玉雕工藝，雖曾趨於沒落，但玉器，仍有其形而上的精神意義。

第二章 ◈ 隋的建設，及對後世的影響

從隋文帝建國，到隋煬帝楊廣被絞死，這個皇朝，只延續了短暫的三十八年，在我國歷史上，算是少數短命的王朝，可是，他卻是我國歷史上，最重要的朝代之一，這不僅因為他，結束了中國四百多年的分裂與紛亂；更由於國家機構，在重新建立的過程中，許多政治體制的建立，與重大建設的設置，影響後世甚遠。例如：

一、隋文帝破除，以往大地主、士族、名門，一家即莊園數百里的田地不均現象，厲行實施均田制，按口授田，男丁授田八十畝，婦女授田四十畝，并減低田賦徭役，使得很短時間，即達到社會富足的環境，也因為這項均田的措施，使農作物的生產量大增，國家儲糧，也趨於富足；例如，在隋煬帝初即位的大業二年，各地官倉所儲糧食，已充溢到糧倉不敷使用，故而大建官倉，史紋：大業元年所建的「洛口倉」，內有三千窖，每窖可儲糧八千石，由此可知，隋文帝後期，天下富足的情形，另依史述，貞觀十一年（西元六三七年），馬周對唐太宗所說：

「……隋家洛口，而李密因之；西京府庫，亦為國家之用，至今未盡……」

當時，隋朝已覆亡二、三十年，但隋文帝的糧食儲積，居然還沒有用完，可見隋初國力之一斑了。

二、隋書曾記有：何稠利用綠瓷製成玻璃（琉璃），但卻語焉不詳，因為瓷與玻璃，根本是兩種不同材質的物質，所以，有關這段記述，難以使人相信（筆者相信，應是「綠瓷釉料」才對），直到近年六十年代，大陸出土了，有確實記年的李靜訓墓（時為大業九年），在隨葬物中，居然有綠色玻璃瓶出土，卻不似國外進口，似可証實，隋書記載，當有所本，我國在隋朝，已可完全自製玻璃器皿了。

三、架設於河北省趙州洨河上的「趙州橋」，雖長期有兒諺稱：「趙州橋，魯班造。」，但他卻是，有確實記載的隋代建築，起造人是李春，自隋大業年間完工，迄今已達一千三百五十多年，是目前所知，全世界最古老的一座石拱橋，隋朝建國，僅三十餘年，後天下大亂，文物幾已不存，但此橋，卻巍然獨存，除顯示該橋的堅固外，亦足可知，該橋的珍貴。

趙州橋，不但橋身堅固，而且美觀，尤其一些建拱的力學原理，

比西方足足早了一千多年，足証：在隋時，我國科技進步的情形。例如：全長五十點八二公尺的橋面，是由二十八道，厚約一米的石砌拱圈組成，在建橋時，一道道拱圈，逐一組成，使橋面逐漸加寬，這種建造方式，不但可增加橋的堅固程度，更可使施工木架，多次使用，節省工料；但是，這種施工方法，卻需要極高的精密度，如此，在二十八道拱圈砌完成後，再在各圈之間，嵌上腰鐵，使整橋合為一體，也便於以後的維修。又如：在大橋拱兩側，各再設計出一小拱，不但節省石料，減低橋基的壓力，使橋更能穩固耐久，且在水泛時，旁側兩拱，也可渲瀉水流，減低水流對橋側的衝擊；這些設計，都足顯示，造橋者李春的智慧，也凸顯出，隋時工藝科學的進步。

此外，趙州橋完工後，并在兩側石欄、望柱上，精心雕琢了一些紋飾（後曾有一部份，長期被掩埋於橋下淤泥，但現已復原），在前文中，我們曾提到，隋代建國時間甚短，文物幾均不傳，所以，趙州橋上的一些石雕紋飾，對我們瞭解隋的藝術紋飾演進，更是彌足珍貴，像圖七十五所示，欄杆望柱上的裝飾紋，柱身上半段，作成竹節型，已明顯有吸收西方，希臘式圓柱的一些特點，其上龍汶，龍身糾結扭曲，龍頭上伸昂揚，整體造型，由漢代的豐滿、力感，走向削瘦、挺拔、冷峭，這種造型，開啟了唐代龍造型的特色。

（圖七十五）趙州橋，不但是建於隋代，更是目前，碩果僅存的隋代古建築，其上裝飾紋，對我們比對玉器紋飾，是最重要的參考資料，本圖所示龍形石雕，龍頭、嘴、眼、角，甚至龍身的麟紋方式，都顯示出，隋代藝術造型的特有風格。

（圖七十六）本圖所示，爲趙州橋上欄
板龍形石雕；龍首與身軀的比例，明顯
較小，但卻在削瘦、冷峭的風格中，透
露出猙獰的相貌，與戰國時代中，一些
「喜龍」的造型，明顯不同。

　　又如圖七十六，這件橋欄板，其上龍紋，作成對立雄峙，交身，
虬足，尾繞後足，而龍頭造型，與前圖完全相似，整體龍身、尾、足
的配置方式，明顯受到西方波斯藝術的造型影響，顯示：隋時，回教
已經在中國傳播開來，而當時世界上，超強的波斯王國，所蘊育出來
的藝術文化，也曾對我國的造型藝術，造成一些影響，也豐富了我國
玉雕藝術的內涵。

　　另隋、唐，各類玉雕人物、動物造型，都趨向豐潤飽滿，惟獨龍
的造型，卻反其道而行，走向削瘦、挺拔、冷峭，爲這階段，藝術造
型的特色之一；趙州橋除了具有工藝、工程價值外，渠對藝術紋飾的
比對貢獻，亦在於此。

　　四、我們提到隋的各項科學進步，就無法不提到，大運河的建造
，雖然，他在交通、經濟各方面的貢獻，是毫無置疑的；但是，他對
藝術的推動助力，卻常爲人所忽略；因爲，早期我國的文化發展態勢
，北優於南，工藝與藝術，伴隨文化發展，也呈相同的趨向，雖然，

南北朝時代的分裂過渡，促進了南方全面的發展，且到了南北朝後期，我國南方的發展，已經非常繁榮與成熟，但是，地理的阻隔，卻仍是南北交流的一大障礙，也就在這個大環境下，貫穿我國南、北的大運河，於焉產生；雖然，隋文帝、隋煬帝兩代，修築大運河的主要目的，是在汲取南方富饒的糧食與財富，但是，藉著這條便捷渠道的交流，使我國藝術、文化，得以在全國，更均衡的發展。

我國自北至南，在黃河與長江的兩道天塹間，還有淮河、海河、錢塘江等大河流，造成了交通的不便，隋煬帝自大業元年，陸續徵集，數以百萬的民工，花費數年時間，鑿通了貫穿我國南北，南抵浙江杭州，舉世聞名的大運河，全長達兩千七百多公里，是世界上最古老，也是最長的一條人工運河。

以玉器文化言，自殷商起，新疆白玉，就成了我國玉雕藝術的主要材料，但是，玉材的難覓與難運，都約制了我國玉器的普及，使他長期以來，大多都為統治階層所獨享，大運河的完成，不但便於玉材的南移，更具體的是，工匠技藝，不再限於北方，或玉材原產地附近，我們從隋、唐後，我國的玉雕工藝技術集中地，不論是蘇州、鎮江、揚州、杭州，都在大運河的沿岸，就可知道，大運河的興建，對我國玉雕藝術的提升，與玉器文化推展的重要影響了。

可是，也是因為開鑿大運河工程的浩大，再加上隋煬帝的好大喜功，荒淫驕侈，過度役使民力，使隋朝步上暴秦的覆轍，急速走向衰亡。

第三章 ⊹ 隋煬帝的滅亡

　　在前文中，我們曾簡略提到，隋文帝的一些富國利民措施，但隋卻僅只二代即亡，綜其原因，其與秦之所亡，完全相同，就是：「役使民力過甚」。其中，除開鑿大運河所耗費的人力、財力、物力，可與興建萬里長城比美外，隋煬帝兩伐朝鮮，所動用的民力，更遠超秦始皇的北伐匈奴、南征百越，據隋書記載：大業八年（西元六○八年），隋煬帝第一次征高麗，發兵一百多萬，號稱兩百萬，連征集運糧的民伕，近三百多萬人，佈署完畢後，每天出發一軍，各軍間隔四十里，四十多天，部隊才出發完畢，首尾連綿一千多里；另在水軍方面，更早就起造巨艦數百艘，被征之民伕，因為長期在水中工作，使腰下生蛆而死者，達十之三、四；但是，這次征伐，卻大敗而返，幾乎全軍覆沒；而隋煬帝卻又極任性的，於大業九年，再度興兵伐高麗，各項征斂，更過於前次；據記述，第二次伐高麗，征兵時，大運河永濟渠段的沿岸村落，幾乎已找不到男丁，這顯示：整個社會，已經無法負擔，這樣無休止的暴斂橫征，所以，第二次征高麗的大軍，方抵前線，全國各地飢民，就已蜂湧揭竿而起，隋煬帝只得自高麗，急速調軍回京，據稱，大軍回京時，丟棄的輜重、車輿、被服、糧食，沿途堆積如山。

　　隋義寧二年（西元六一八年），隋煬帝南逃江都（揚州），欲學南朝，維持半壁江山，但是，他所帶領的剩餘部隊，卻多是北方人，懷念家鄉，無意南居，終至發生兵變，窮極奢侈的隋煬帝，遭所屬右屯衛將軍宇文化及絞殺，隋祚告終；唐詩人李義山（商隱），譏諷隋煬帝，欲學南陳偏安一隅的心態，與眾叛親離的淒涼下場，詩曰：「……地下若逢陳後主，豈宜重問後庭花！」

　　筆者讀隋史，常掩卷而嘆，隋能繼承北魏、北周之盛，一統分裂四百多年的中原，而隋文帝的一些措施，也使隋的立朝，建立了很穩固的基礎，卻遭隋煬帝耗費殆盡，隋文帝有子五人，就數煬帝最荒唐，但卻由其爭得王位，方造成國破家亡，千萬蒼生蒙難，此真是「天地不仁，以萬物為芻狗」！

　　總結言，隋朝之興、之亡，極似秦朝，隋煬帝的好大喜功，喜好巡遊，甚至役使民力的方式，也都與秦始皇相似，而二代亡後，所造成的社會分崩離析，也極相近；尤其接續的漢、唐，也都開啟了，我

國歷史上有名的盛世。

第四章 ◈ 隋朝的玉器

　　隋煬帝亡後，各地義軍、盜賊蟲起，素質良莠不齊，在六、七年的動亂中，隋代文物，幾遭掠奪、摧毀殆盡；筆者觀玉多年，常聽說「三代不斷夏」、「南北朝無玉器」……等，古董俚語，但筆者卻認為：我國玉器，自史前以至明、清，各朝各代的形制，所構成的脈絡，雖尚不十分清晰，但已略有軌跡可尋，惟到了隋，卻戛然而止，可是，我們從正史分析：以隋文帝時的社會富裕，重建官制，及隋煬帝時的驕誇豪奢，用錢如泥沙，在玉器上，必有可觀，但卻不見傳世；甚至，一些正史所紀敘的禮儀佩玉形制、名稱，也都失傳；實為我輩研究古文物之遺憾。

　　像初唐名臣魏徵所修撰的隋書，在禮儀志中曾敘述：

　　「古者，君臣皆佩玉，尊卑有序。」

　　但是，如何以佩玉來分辨尊卑呢？這些玉器形制，是源自周禮嗎？魏徵也明言：

　　「五霸之後，戰兵不息……秦乃采組，連接於綬……漢末又亡，……魏侍中王粲，識其形……今之佩，粲所制也。」

　　所以，西周時「分尊卑，辨等列」的禮儀用玉形制，在隋、唐時，已完全失傳；當時所制定使用，只是魏、晉時，建安七子之一王粲，依據記憶，所整理出來的；而這些記敘資料，我們目前，卻難知一二。如魏徵記有：

　　「貴妃、貴嬪、貴姬……佩于闐玉。」

　　「淑儀、淑媛、淑容……九嬪，佩采瓚玉。」

　　「皇太子妃，配瑜玉。」

　　「艮娣，配采瓚玉。」

　　「保林，配水蒼玉。」

　　「諸王太妃、妃、諸長公主、公主，配山玄玉。」

　　「開國公、侯太夫人，配水蒼玉。」

　　「官品從二品以上，小綬得施玉環。」

　　「一品，玉具劍，用山玄玉。」

　　「二品，金裝劍，佩水蒼玉。」

　　前文所敘，瑜玉、采瓚玉、水蒼玉、山玄玉……，應是隋時，以玉質、玉色，所作的細分類，否則，不致有采、玄、蒼……等代表顏

色，及瑜、瀆、山、水……等，代表產出地點的文字；但其確實全義，我們已難窺究，更遑論玉器形制了；所以，我們只有從極少、極少數的民間出土器用中，去找資料。

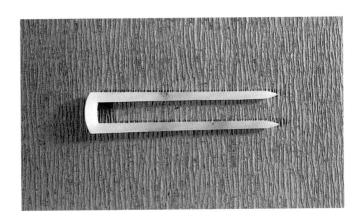

（圖七十七）本件玉釵，形制特殊，未見端飾，但卻作成圓形的兩股釵，收尖工整，幾未見傷殘，爲當時的髮飾。本器所顯兩處沁漬褐色，此種玉沁，品相極眞，亦難僞仿。隋、唐時，頭飾並不僅限玉釵，亦有他種金屬材質的釵、笄，入土後，因墓主法身逝蝕，頭飾疊壓一處，才會形成如此玉沁品相，不像一般僞作，以整釵燒、烤或浸酸，沁蝕品相，卻較均勻。

　　幸而近年，出土了一座，屬於隋大業九年的李靜訓墓，有一些玉器與墓葬品（即前文所敍，出土硫璃小瓶的墓葬），對我們認識隋代玉器的風格，有啓蒙作用。據考証：李靜訓爲隋時貴族之女，亡時，年僅八、九歲，因受父母疼惜，墓中隨葬品特多，其中，較具代表性的玉器，有：

　　一、玉釵（如圖七十七）：本器出土於陝西省西安市郊，隋代李靜訓墓葬；隋代立國極短，墓葬出土玉器極少，此墓玉器，對我們研究隋代玉雕藝術，極具價值。像本器，長八・一公分，頂寬一・八公分，作成雙股，頂寬下窄，釵身作圓形，下端收尖，整器由上好白玉雕成，作工精細，略有沁蝕，雖僅爲頭飾，但卻爲極具藝術性的小件收藏品；我國玉雕頭飾中，有笄、簪、釵……等名詞，市面文物典籍，隨意訂名，造成一些形制上的爭論，依筆者之見，笄、簪二字可互

通，爲飾於頭上，安髮與固冠的實用器，而笄，則偏向女子專用，可是，都必定是一挺者；如若二挺，或二挺以上，則名之爲釵，因爲釵的字義，就是叉枝，因而本器，名之「玉釵」，確爲正確。

（圖七十八）本件玉雕，玉質美好，打磨精細，使全器，更顯溫潤質感，玉工作玉，必須切、磋、琢、磨，磨爲最後一道工序，用革、瓠、皮，沾珍珠漿，細予打磨，磨工愈深，愈能顯現玉質的溫潤美感，也愈能掩飾，前三項工序的缺點，但這項工序，卻最費時間；本件雖僅爲小型玉器，但已可見，在磨工上所下的功夫。

　　二、玉兔（如圖七十八）：本器長二‧七公分，高二公分，與前器同墓出土，玉料潔白溫潤，用圓雕手法，雕出一挺胸、昂首、尖口、大耳、短尾的動物，蹲伏於地，本器腹部，有一橫穿，可穿繫佩掛，當爲佩飾器，本器原記錄，稱之爲玉兔，但從造型上的挺胸、昂首，與前肢特長分析，均不似「兔」的特徵，筆者未睹本器實物，不敢遽作論斷，故暫從原名。

（圖七十九）本器即「金扣玉盞」，亦可稱「金稜玉盞」；在前文中，筆者曾言及，金既不朽、不銹，亦不會燒銷成爐，爲目前所知，最穩定的貴金屬；但細觀察本器口沿，金扣與玉材接觸部份，略顯黑褐沁色，此乃黃金中，銅成份造成；本器金圈，應有百分之二十左右銅料。

　　三、金扣玉盞（如圖七十九）：全器高四‧一公分，口徑五‧六公分，圈足直徑二‧九公分，亦出土於李靜訓墓，本器玉料，選材艮好，作工精細，圓體、直口、平底、實足，通體光素，不琢紋飾，但打磨精細，造型雖簡單，卻在杯口沿，鑲一圈金邊，使金器更顯高貴。我國玉器與金屬鑲嵌，最早約起源於商朝，其中「銅內玉戈」，最爲馳名，其後至戰國，玉鑲的銅鏡，亦有發現，顯示這門鑲嵌技藝，迭有進步；我國自古，金、玉并稱，但金、玉鑲嵌的實用器，卻甚少出現，後至宋代，以金、銀鑲嵌瓷器口沿，或圈足的手工藝，開始發達，以金嵌之，稱爲「金扣」或「金稜」，以銀嵌之，則稱「銀扣」或「銀稜」。故本器援用此名，名之「金扣玉盞」，爲唐、宋時，風行以金、銀裝飾實用器皿的起始之器，實爲難得一見的珍品，及至盛唐，社會富裕，以金飾玉、瓷實用器的風氣極盛，故唐時，曾多次頒令禁之，并稱：「非四品以上、及宗室近戚，器不得用金稜。」，致使金扣玉器，急速消失，而銀扣玉器，則歷代尚迭有出現。

【第五編】 繁榮的大唐帝國，與紛亂的「五代十國」

　　有唐一代，共二十一君，自唐高祖李淵在長安稱帝（西元六一八年），到朱全忠篡唐，建立梁朝（西元九〇七年），開啟五代嬗遞為止，計享國二百八十九年，但也只有唐太宗貞觀時期，到唐玄宗天寶時期，「安史之亂」爆發前，才算是太平盛世，其後，即逐漸演變成藩鎮割據，國力日衰；但是，卻因為整體社會的進步，經濟、貿易的發達，使有唐一代，成為我國文治、武功，甚或文化發展，都極重要的一個歷史階段；例如：

　　我國名聞於世界的四大發明，有兩項，都是在唐朝出現的；又如：唐詩中的李、杜，古文運動中的韓、柳，書法中的「蘭庭八柱」，都直接証實，唐時文化的進步，但是，推動這些進步的力量，卻是社會的富裕與政治的安定。

　　也因為如此，在這個階段，我國玉器文化，得到廣泛的滋潤，而更形深廣；這其中，包括：

　　一、對外貿易的頻繁興盛，使我國玉器文化，涵蓋了更多材質的美石。

　　二、對海外交流的密切，使玉雕藝術，融入更多的西方題材與造型。

　　三、「佩玉比德」、「佩玉自美」的傳統，也因為社會的富足，國家疆域擴大，使玉材來源充足，而更形普遍。

　　詩人儲光羲所寫的五言絕句洛陽道，忠實描述出了盛唐時期，社會的富裕，王孫公子的悠閒，以及佩玉風尚的延續：

　　「大道直如髮，春日佳氣多，五陵貴公子，雙雙鳴玉珂。」

　　而造成盛唐富裕的原因，卻是初唐時，所建立的一些思想觀念。

第一章 ✤ 盛唐的興起

隋末，因隋煬帝的徵斂不止，促使各地流民，紛紛揭竿而起，其中隴西望族李淵，在晉陽起兵，逐漸吸納彙集，各地反隋的力量，并次第削平群雄，於西元六一八年，在長安稱帝，改國號為唐。在唐朝的建朝過程中，李家父子，廣為結交天下各地豪強，所謂：

「傾財仗施，卑身下士，逮乎駔僧博徒，監門廝養，一技可稱，一藝可取，與之抗禮，未嘗云倦，得士庶之心，無不至者……。」

因為，他們深知，隋朝自極強、極富的盛況，十數年間，迅即消亡的原因，就在於百姓，全面的揚棄了隋的治權；所以，唐在建朝之初，就在這方面，作了許多調整，像改善吏治，減少賦稅……等一系列措施。在貞觀政要第一卷君道篇中，曾具體的敘述：

「為君之道，必先心存百姓。」

而這也就是，自隋末天下大亂，唐建國後，能迅即開啟「貞觀之治」與「開元之治」的原因。

此外，李淵父子，堀起於隴西，吸收不少胡人作風，豪邁大度，不拘小節，也為南北朝時，消頹的官吏治事風格，有所改變。因而，許多研究唐史的學者，認為李氏父子一族，出於夷狄（惟至今仍未有定論），筆者認為：李唐氏族，當為李虎之後，應為漢族，但因久處西涼，胡、漢雜居之地，可能曾娶胡女，使這支家族，有了胡人血統，這也就是，唐初，雖為盛世，但依儒家標準，歷任君主，卻多有私德之玷的原因。例如：

唐太宗在「玄武門之變」後，納其弟元吉之妻。

唐高宗所納之武則天，曾為唐太宗之侍妾（即「才人」）。

唐玄宗所恩寵的楊貴妃，為其子壽王之妃，亦即原為玄宗的兒媳。

這些現象，雖為漢儒所不容，但在胡地，卻多是舊俗，這也顯示，李氏一族，完全不同於南北朝時的舊士族，崇道好玄的保守作風，他們較能吸收新觀念，開啟新作風，不拘小節，為我們始自於漢初的僵化儒術，注入了新的生命；像貞觀政要中所敘，許多唐太宗接受魏徵諫言的小故事，若依漢初，「君為臣綱」的標準，已經接近「大逆不道」了，這也是唐代能夠強盛，文化、藝術能夠創新的主要原因。

唐代的帝位傳承如下：

1. 唐高祖 李淵（西元六一八年）
2. 唐太宗 李世民
3. 唐高宗 李治
4. 唐中宗 李顯
5. 武則天改唐爲周
6. 唐睿宗 李旦
7. 唐玄宗 李隆基
8. 唐肅宗 李亨
9. 唐代宗
10. 唐德宗
11. 唐順宗

12. 唐憲宗
13. 唐穆宗
14. 唐敬宗
15. 唐文宗
16. 唐武宗
17. 唐宣宗
18. 唐懿宗
19. 唐僖宗
20. 唐昭宗
21. 哀宗（西元九〇七年，朱全忠篡位）

第二章◈「貞觀之治」與武則天代唐

唐初,雖經多次征戰,方統一全國,而且還經歷了,兄弟閱牆的「玄武門之變」,但是,李世民確是足智多謀、心胸開闊的英主,使他在位的二十三年,開啟了我國歷史上,最有名的「貞觀之治」,史家論及「貞觀」,能致盛世的原因,多認爲係天下富庶,少見兵災所致;其實,形成的主因,還是治國精神的調整,首先,李世民注意到人才的吸附與培養,因爲他深知:「天下之大,非一人所能獨治」,但協助他治天下的人,必須是眞正的賢能之士,否則,曲附阿諛之輩倖進,使在上位者,驕矜自用,不聞其過,何異於一人獨治天下,此即爲貞觀政要卷七崇儒篇所紋:

「爲政之要,惟在得人」

因爲,得一君子,則君子皆至;用一小人,則小人競進;而「得人」之後,爲君者,更應虛衷以聽,否則,得人材而不用其言,無異未得人材;這才是形成「貞觀之治」的主要原因,換而言之,就是「任賢與納諫」,翻開新、舊唐書,貞觀之時,良吏、能吏,多如過江之鯽,個個都具有安邦定國之才,而唐太宗又能調和爭論,察納諫言,如何不致盛世?

也因爲唐太宗的開闊胸襟,使他在對外關係上,也能抱持開放的態度,師夷之長,而不閉塞,這也是「貞觀之治」,形成的原因之一,像懷柔吐蕃,使西藏歸附中原,通暢時斷時續的絲路……等,都直接、間接的,促成了盛唐的繁榮;初唐時,對外的開放措施,包括:

一、促使西藏歸附:隋末之時,居住於西藏高原的吐蕃,日趨強大,形成了一個異族的生活圈,這就是綿延至今日的藏胞祖先;再往上追溯,吐蕃原屬「五胡亂華」時,羌族的一支,逐漸西遷,占領西藏高原所形成,後則建國爲吐蕃,南北朝時,吐蕃與天竺(即印度)及中國,這兩支世界古文明,都有接觸,這也是西藏文化的主要內涵。

唐太宗時,採用懷柔、寬大的和親政策,遣嫁文成公主與吐蕃國王松贊干布,使西藏與中原往來,漸趨密切,不但使吐蕃的文化,有所提升,藏族生活,有所改善,更因爲文成公主的進藏,使西藏漸成中國的藩衛;例如,貞觀二十三年,唐太宗崩逝,松贊干布以女婿身份,到長安吊喪,唐高宗封他爲「駙馬都尉」、「西海郡王」,奠定

了中原與西藏的宗屬關係。

二、玄奘取經：自法顯赴天竺取經後，中原對佛教義理，已有完整的概念，但因佛經眞本的缺乏與舛錯，仍爲習佛的障礙；於是，對佛經極有認識的玄奘，再入印度求經，他與法顯取經，最大的不同是：他并不只是單純的學術汲取，而更有某種程度的文化交流。因爲，盛唐時，佛經研習鑽研，在中原已經相當興盛，而且是用中國固有的哲學思維方式，來研究佛經，此所以，玄奘在天竺後期，能在天竺的僧伽大會上，主講大乘論，也能在戒日王的請求下，主持「無遮大會」；更具體的証明，則是：玄奘把道家的道德經，譯成梵文，流傳於印度。

三、**暢通絲路**：在初唐時，西突厥占領西域，强迫收稅，使逐漸暢通的絲路，又呈塞阻，而當時，整個社會的進步與富庶，對西方文化與物質，都有强烈的需求，絲路上的障礙，阻撓了這一方面的發展，其中，雖有南方海上絲路的流通，但侷限於「季節風」的天然困境，仍不若陸上傳統絲路來的便利，於是，唐太宗發大軍，降突厥、滅高昌、平龜茲，得到了西域的主控權；尤其高明的是，唐太宗早已觀察出，絲路時通時塞的原因，在於中原武力的强弱，要保持這條重要道路的通暢，僅靠武力，決非長久之計；因此，他對降服的突厥貴族，多封官職，以促使民族交流，唐詩中李白曾吟唱：

「風吹柳花滿店香，胡姬壓酒勸客嚐……」

不但忠實描述了盛唐時，首都長安，繁榮綺妮的風光，更証實，該階段，東西方人民交流的頻繁，當時，在長安市肆酒店中，確已有不少胡姬麗人，周旋其間，斟酒陪客。可是，這類大規模的民族交流，也爲「安史之亂」，種下了禍因。

唐太宗崩逝後，身邊侍妾寵姬，都依例送庵爲尼，其中有一「才人」，名武則天，被唐高宗召回還俗，後并晉封爲后，高宗死後，武則天當政，廢太子、凌大臣，天授元年（西元六九〇年）改國號爲周，自稱神聖金輪皇帝；這一階段，雖國號已改，但制度、大臣，仍依唐時，再加上「貞觀之治」的餘蔭，在武則天當政的階段，仍是國力强盛，社會富庶；後武則天老邁，李唐舊臣，乘機擁立唐中宗復位；但是這批舊臣，仍然沒有否定武則天的政績與地位，他死後，仍得以合葬於唐高宗之墓——乾陵。

　　武則天執政四十多年，且曾一度自立，使唐祚中斷，但仍能獲得一定的歷史地位，主要在於，她仍舊忠實的執行，唐初所訂定的一切制度，像科舉拔擢人材的方式，藏富於民的政策……等。又如史籍，他與大臣的對話，顯示她任賢與納諫的胸襟，處處都可証明，她是我國歷史上，難得一見的女政治家；惟其晚年，則漸驕奢，寵信面首，放縱逸樂，使這段女主當令的盛世，因爲後繼無人，而無法延續。（如圖八十）

（圖八十）在南北朝時，興起「皇帝即爲當世如來」的理論，促使佛教大興，信徒增加，並在各地，廣建石窟，本圖所示，爲龍門石窟中的「光明大佛」，亦即「盧舍那大佛」，建於唐初，據傳：即爲武則天命令，仿照自己的容貌，雕塑而成，爲我國歷史上，這位難得一見的女政治家，留下了記錄，及衆多傳說、神話。

第三章 ✦「開元之治」與安、史之亂

唐長安四年（西元七○五年）冬，武則天崩逝，唐中宗繼位，七年後，唐玄宗李隆基續位，即為「開元之治」的開始。唐玄宗不但精通書法、音律，為有名的書法家與音樂家，在即位之初，更銳意革新，講求吏治，所謂：

「有善必賞，所以勸能；有罪必罰，所以懲惡。」

當時名臣如：姚崇、宋璟、張九齡、張嘉貞……等，一時俱進，人材鼎盛，不亞於貞觀之時；在這些名臣的輔佐下，更在地方上，大興水利，不但肇開當代盛世，也更澤及後代；據筆者研究，我國有史以來，開鑿水利工程，最密集的階段，就是開元時期。尤其難能可貴的是，開元君臣，對政治上的高瞻遠矚，例如，他們多是信佛之人，但卻難得的，對佛教作了一些抑裁；因為，他們發現，各地廟宇僧眾，不但不事生產，尚可以免除賦稅，甚且崇尚奢華，變成社會進步的累贅；這個現象，在唐太宗後期，就已經逐漸顯現出來，佛教在唐初社會的強勢發展，已經逐漸影響到國家的進步，誠如舊唐書所敘：

「天下之寺，蓋無其數，十分天下之財，而佛有七八……。」

這種情形，歷中宗、睿宗，都無法解決，因為，這種牽涉到全國性的信仰問題，最是棘手，開元之初，這個現象，更形嚴重，於是唐玄宗下詔，裁汰天下僧尼，促使一萬兩　千多人還俗，并嚴禁新建佛寺，他運用溫和，但有效率的手段，抑制了佛教的過度發展，不致虛耗國家資源，而又不致對民間信仰，造成打擊，蓄積民怨，其手段，確是高人一等。

此外，開元之時，文化發展上，也多有建樹。例如：這一階段，也是我國歷史上，編書最盛的一個階段，唐朝以前，書籍所分類的六藝、九種、七略等總目；自開元始，才劃分為經、史、子、集四類，并一直使用，延續於今。另在新、舊唐書中，禮樂志與音樂志中所蒐錄的一些作品，有些就是玄宗所修纂；他也曾親自撰文，祭天禮地，處處都顯露出，他獨特、高超的藝文才華。但是，也因為玄宗的藝文修養，使他過於偏重文治，而種下「安史之亂」的禍根。

史家均以「安史之亂」，作為盛唐的治衰關鍵，這是一個事實，自「安史之亂」後，朝廷大量任用胡將以制胡，這些握有重兵的外族，一旦有功於朝廷，輒要求或強占地盤，雖未封得王侯爵位，但在各

藩鎮的節度使治下，多已形成半獨立狀態，中央政令，已不能到達，而朝廷略施壓力，更以兵戎相見爲要脅。如此，促使這一個龐大帝國，逐漸走向衰亡解體。

「安史之亂」的起因很多，在地方，是由於封建割據的勢力，逐漸形成；在中央，則是由於主上，怠於政事，只知游嬉；尤其可悲的是，玄宗後期，耽於逸樂，不修武備，甚至取消了，始自北朝周文帝與名臣蘇綽所建立的「府兵制」，而過份依賴胡將；安史之亂乍起，中央出府庫兵器，其中多已銹蝕不可用；如此，只得以西幸之名，倉惶逃蜀，西元七五六年，在靈武主持軍務的太子李亨，被擁立即位，是爲唐肅宗，次年，規復長安，唐玄宗以太上皇的身份回京，結束了由盛轉衰的「開元之治」。

大家都知道，盛唐的治衰關鍵，是在唐玄宗的天寶年間，寵信楊貴妃及其兄妹，荒怠政事，致引起「安史之亂」；可是，我們從楊貴妃的一些事跡，也可略知，唐時玉器文化，仍在延續發展；像這位影響大唐王朝的美女，依明皇雜錄記載：她小字太眞，名爲玉奴；長恨歌傳跋，則稱：「楊太眞生而有玉環，在其左臂……故小名玉環。」，這位「回眸一笑百媚生」的美女，她的一生，經小說、傳奇敍述，已成神話，但卻都與玉器有關，尤其他名玉奴，字玉環，亦爲正史所記，相當可信。

第四章 ◈ 唐朝的衰亡

安史之亂，經過八年的動亂，毀壞了唐王朝的根基，尤其是北方社會，被禍最烈，朝廷所控制的人口，減少達三分之二以上，政治上，也由內重外輕的中央集權，變成藩鎮割據的混亂局面。尤其在平亂的階段，這些胡兵蕃將，紀律極差，不論安史叛軍，或中央軍隊，均如一丘之貉，即如通鑑所敍：

「安祿山步騎散漫，人莫知其數，所過殘破……」

而中央軍隊，則：

「肆行殺掠，死者萬計，火累旬不滅。」

在這種嚴重的兵災蹂躪下，再穩固的國家根基，也會崩塌的，當時，在我國北方的村野，經過軍隊掠奪後的殘破景象是：

「比屋蕩盡，士民皆衣紙。」

「東周之地，人煙斷絕，千里蕭條。」

自此，大唐的生機，已斲喪到所剩無幾，後雖陸續有郭子儀、柳宗元、李吉甫等人，隻手支撐起「永貞革新」與「元和中興」，但也只能延續大唐王朝於苟延殘喘。

到了唐代後期，中央朝廷的掌權者，產生了兩派，就是史稱的「牛、李黨爭」，此二派，各有人材，各有作為，但卻如冰炭般，不能相容，使朝廷的施政，因為力量抵消，而大打折扣，使國力更衰，到了唐懿宗後期、唐僖宗初期，不但朝廷政爭激烈，更有宦官專政，而在地方上，也因為政治的腐敗，使水利失修，農田荒蕪。唐僖宗乾符元年、二年間，黃河以北的廣大區域，發生旱災，莊稼不收，哀鴻遍野，餓屍遍地，次年，又遇到罕見的蝗災，赤地千里，廣大的農民，根本無法生存，於是，各地都發生了，流民聚集而成的流寇，所到之處，戕官搶糧，社會已然失序，其中勢力最大，名氣最響的，當屬黃巢。

我國有史以來，若論流寇、闖賊，都以黃巢為第一號人物，號稱「殺人八百萬」，這是作為統治階層附庸的儒士，強調君權，有意的醜化，此姑不論，但若從黃巢流竄的區域作比較，則確是前無古人，後無來者。

黃巢原是山東曹州人，世代販鹽，這類人物，處於正邪之間，行事較不中繩墨，但黃巢，卻略具文武之才，因為他既好擊劍武術，也

曾參加科舉進士，卻未高中；乾符元年，因為，地方苦於天災，黃巢
起事後，各地飢餓的農民，成千上百的投入其麾下，聲勢大振；他率
領徒眾，自山東，經河南、湖北、安徽、江西，再入浙江、福建，在
攻下福州後，休養整補一段時間，連陷泉州、漳州，於乾符六年，攻
下當時最大的國際港廣州，掠得財寶無數；繼而進入廣西，攻克桂林
，自此始，黃巢自稱「百萬都統」，發表檄文，再出兵北上，進湖南
，占長沙，廣明元年（西元八八〇年），攻破兵家第一要地潼關，隨
後即占領大唐首都長安，唐僖宗率嬪妃逃往成都，同年十二月，黃巢
在長安稱帝，國號大齊，改元金統，但是，黃巢卻沒有統治基礎，因
為，他攻一地，掠一地，繼而放棄的作法，使他永遠只能率領百萬徒
眾，占領一小塊區域，久居之後，財、餉兩缺，只得率眾，再肆竄
掠。而在這一個時期，唐朝廷商借了沙陀人李克用的兵馬，圍攻長安
，黃巢只得棄長安，繼續流竄，途經河南，進山東，在萊蕪東南的狼
虎谷，兵敗而亡。

　　黃巢起兵僅十年，但卻流竄了山東、河南、安徽、湖北、江西、
浙江、福建、廣東、廣西、江蘇、陝西等十二省，往返達一萬六仟多
公里；若以蹂躪面積言，幾乎涵蓋了全國膏腴之地，後雖兵敗，自殺
死於虎狼谷；但大唐，經貞觀、開元所建立的錦繡江山，已被攪和得
殘破不堪，後終為朱溫所篡。

第五章 ◈ 唐時文化發展，對玉雕藝術的影響

第一節 ◎ 唐時的宗教發展

　　據許多名史學家研究，李淵家族，本身就有胡人血統，此所以，玄武門之變後，唐太宗敢納弟之妻；唐玄宗也敢娶其子壽王之妃楊玉環，因為，這都是胡人習俗，但是，在定鼎天下後，李氏家族卻有意的，提升自己的身份，他們藉用姓氏相同，追崇老子。

　　道教尊奉老子，供為教主，所以，李淵起兵之時，就不斷利用這個同宗之便，來鞏固自己的領導身份，并曾在終南山，建立老君廟。到了唐太宗時期，更公然詔告天下：

　　「朕之本系，起自柱下（即老子李耳）……道士、女冠，可在僧尼之前。」

　　這種說法，使唐朝帝皇的身份，提升了不少，且也有抑佛崇道的作用；所以，到了唐高宗時期，不但正式追封老子為太上玄元皇帝，并明令道德經與論語，同為科舉必考的經典，而唐玄宗開元期間，不但搜求道教經典，修成道藏，名曰三洞瓊綱，更令兩京、諸州，都須建造玄元皇帝廟。於是，這支以符籙、煉丹為內涵的民間信仰，雖在東漢末，被認定：經三張（張角、張寶、張梁），摻雜偽法，是妖言惑眾，但在摻入玄學經典後，到唐時，已儼然成為「國教」；其後，唐玄宗又再封老子為大聖祖玄元皇帝，令生徒，必須學習老子、莊子、列子、文子等經典，使道教思想，對唐文化的形成，影響極深。

　　而自唐以後，隴西李氏宗祠，常掛的一幅對聯是：

　　　派衍唐宗三百戴，

　　　家傳道德五千言。

　　可知，唐朝李氏，確是以老子李耳為共祖，并號稱以道德經為家訓，所以，道家思想，在唐朝，有重要的支配作用。

　　但是，道教在唐初的主導地位，也曾受到抑制，那就是武則天的干政。尤其武則天在自立後，大力提倡佛法，卻有政治作用；首先，她有被遣入寺為尼的淵源；其次，儒家經典明訂，婦人不得干政，不利於她的統治地位，而佛教大雲經中，卻有女身受記，成為轉輪聖王，成佛的教義；所以，武則天才以佛教的符讖依據，自稱為「神聖金輪皇帝」。

近代名史學家陳寅恪，曾說：初唐時，僧徒有意藉武則天，恢復唐朝開國後，所喪失的權勢，而武則天則假借佛教教義，以鞏固其政治地位；確爲智者之言。

而也因爲如此，唐朝宗教，自武則天後，雖朝廷有「道士、女冠，在僧尼之前」的詔命，但卻是佛、道分庭抗禮的狀況。

此外，因爲唐時對外貿易的興盛，以及政治領導人物的包容性較強，使西方當時各種宗教，都在這一階段，傳入中土，像摩尼教（明教）、祆教（拜火教）；回教（伊斯蘭教）、景教（基督教的一支）……等，都在各地，建立了一些宣教據點，所以，在盛唐時期，也是我國各類宗教，最蓬勃發展的階段；但是，對玉器文化而言，這方面的影響，卻不是很大；因爲，佛教對軀體的觀念，視之爲「臭皮囊」，不是十分重視，而且廣泛宣揚火葬（如圖八十一）；道教，雖與玉器文化，有一些程度上的結合，但仍以煉丹、符籙、食玉爲主，對玉器文化的推展，作用也不大；至於其他西方傳來的宗教，或主張薄葬，或主張裸葬，根本沒有玉器斂屍的觀念，對長期出土於墓葬的玉器而言，也都沒有太多助益。可是，伊斯蘭教信徒所建立的波斯帝國，在薩珊王朝階段，所發展出來的「對稱圖紋」造型方式，在隋、唐時，傳入中土，對我國玉雕工藝的造型，影響極大。

（圖八十一）據傳：唐代，平康坊附近，常有一老僧，攜草一束，乞睡於街廊下，當地人，不知其名，故稱之爲「束草師」，一日，該僧以束草自焚，衆人方知爲佛；由此故事，可知，佛教火葬的習俗，早已傳入中原。而本圖所示，即爲佛教信徒骨灰，和泥作成的「善業泥佛像」背面，模印文字爲：「大唐善業泥，壓得眞如妙色身。」，這種火葬習俗的形成，使我國多出土於墓葬的玉器，減少了傳世的機會。

　　但是，因爲唐時明經取士的科舉制度，已經發展的很完備，以儒家思想爲中心的玉德觀念，在傳統上，已根植於知識份子內心深處；所以，達官、士子佩玉的習慣，仍上承兩漢，繼續發展；可是，在玉器形制、玉雕風格上，這些以佩掛爲主的首飾，已經因爲藝術的多元化，而產生了變化。

第二節 ◇ 唐時的雕塑藝術

　　我國的雕塑藝術，在殷商時，就已經發展的很完備，自漢初起，因爲絲路的交流，使中亞、希臘、羅馬的一些藝術概念，進入中土，而這些區域，都以雕塑，爲最具代表性的藝術成就；所以，對我國雕塑工藝的影響也最大，繼而，三國、兩晉及南北朝時期，大量建造寺廟、佛窟，塑刻佛像，更使我國的雕塑工藝，融入了相當多成份的天竺與鍵陀羅（爲古希臘藝術風格與佛教結合，而成的佛教藝術）風格；及至盛唐，我們從當代雕塑藝術品，造型的圓柔、成熟，都可看出，西方文化在唐代，逐漸與中原藝術，融合完成的現象，這也就是說，唐時的雕塑作品，雖可確知，受中亞、印度與西方的藝術影響；但是，從藝術品本身的完美，我們已經難以具體的分辨，何者源自於西方，何者起源於中土。這也就是唐代雕塑藝術，引人入勝的地方，也是西方藝術家重視，亟欲瞭解的原因。

　　長期以來，長安近郊與洛陽邙山一帶唐墓中，常出土一些模製的明器，其上，塗以青、黃、藍……等彩色釉（主成份爲矽酸鉛），即所謂的「唐三彩」，雖造型生動，但因係冥器，以爲鎮墓之用，所以，歷代盜墓者，爲求免厄，均多不取，棄置、荒廢，以至殘敗的現象，非常嚴重（以明、清兩朝皇室爲例，均不收唐三彩器，此所以台北故宮博物院，不見唐三彩，近年，方有日人捐贈），及至清末民初，西方古文物蒐藏家，湧入中國，因爲國情背景不同，他們對明器，較不忌諱，而唐三彩昂然生動的造型，淋漓盡致的彩釉，都足以代表盛唐的文物特色，故而，極受西方收藏家的喜愛，以致在國際古文物市場中，價格日高，目前，幾已至天價，如若這些收藏家知道，唐三彩在我國歷代，不受重視的情形，當會瞠目結舌。

　　也由於唐時雕塑藝術的進步，啟發了我國一項，影響世界文明最大的發明——雕版印刷術——。這種技藝的源頭，若再往上追溯，應是起源於殷商的印章（即商鉨），初期以符記、徵信爲主，繼而，春秋時代的石鼓，漢的剛卯，兩晉的「黃神越章之印」，都可看到傳承

的影子，到了唐朝前後，正式刻本的印刷術出現了（因為印刷術是逐漸形成的，所以，各家考証出不同的年代，筆者較傾向於唐）。例如，民國初年，出土於山東嵩里山的「唐玄宗禪地玉册」，係由十五條美石（白石），以簡的形式刻成，刀工犀利，線條整齊，字形工整，在在顯示出，雕版印刷的字形與風格，也足証明，印刷術的形成與風行，應在唐代。（如圖八十二）

（圖八十二）本圖為唐玄宗禪地玉册拓片，字體為隸書，運筆中鋒，字形端莊；尤其可貴的是，刻工精細，用刀犀利，每一字，均作成陰紋，且係用刀斜刻，交會於底槽，在在顯示，有雕版的風格；故筆者相信，唐時，已經發明了，影響世界文化發展，最重要的「雕版印刷術」。

第三節◎唐詩的興盛

　　唐代的詩歌，不論題材的廣泛，數量的眾多，乃至於藝術的成就，都可以作為唐代文學的代表，尤其一些抒情的描述，夾雜了我國傳統的浪漫主義情懷，與現實主義的抱負，為我國文學史上的瑰寶。

　　識者多將唐詩，劃分為初唐、盛唐、中唐、晚唐四個階段，各有時代特色，但總的分析，唐詩的成就，在於盛唐、中唐之時，因為，整個大環境是：社會富裕，國家強大，吏治清明。而這種大環境的正常發展，滌濯了源自於南朝，齊、梁的浮艷詩風，引導唐詩，進入了一條健康、正常的道路，而李、杜、白、元⋯⋯等名家，就在這個艮

好的環境中，各有發揮，各展所長，開啟了我國，最具文學藝術特色的唐詩時代。

　　在本書第二冊中，曾提到詩歌文學的產生，在西、東周時代，許多不知名的詩人，用玉歌頌品德，用玉形容美好，收集在詩經中，對我國玉器文化的延續，有極重要的推動作用，但是，我們從詩經觀察，這些以玉為形容的詩篇，不論是：

　　國風、召南篇中：「……白茅純束，有女如玉。……」

　　國風、鄘篇中：「……瑳兮瑳兮，其之展也。……」

　　（說文解字云：「瑳，玉色鮮白。」）

　　大雅、文王之什篇中：「……追琢其章，金玉其相……」

多是用直接描述、形容的方式，來表達玉器的珍貴；可是，到了我國詩歌文學，集其大成的唐朝，用玉作形容的方式，就多了很多。

　　我們從全唐詩所錄的四萬八仟餘首作品，及兩千三百多家作者研究，唐詩在當代，確是雲蒸霞蔚，大放異彩，名家輩出；而我們從玉器文化的角度分析，詠玉，或以玉為比喻，甚或忠實描述玉器的詩歌，更是多得不勝枚舉，從其中，我們不難窺出，這個階段，玉器文化進步的情形，以及玉器形制的演變，例如：

　　一、藉玉的材質，描述人物、器物的高貴：

　　「玉滋花紅發，金塘水碧流，……。」

　　「玉階生白露，夜久侵羅襪，……。」

　　「鳴箏金粟柱，素手玉房前，……。」

　　「下馬奠椒漿，迎神白玉堂，……。」

　　「玉顏不及寒鴉色，猶帶昭陽日影來，……。」

　　「千點斑爛噴玉驄，青絲結尾繡纏鬃，……。」

　　「玉輦升天人己盡，故宮猶有樹長生，……。」

　　「破額山前碧玉流，詩人遙駐木蘭舟，……。」

　　「膩如玉指塗朱粉，光似金刀剪紫霞，……。」

　　「王母清歌玉琯悲，瑤台應有再來期，……。」

　　「月入東窗似玉輪，未央前殿絕聲塵，……。」

　　「二十四橋明月夜，玉人何處教吹簫，……。」

　　二、以玉製作的實用器，直接用於詩中：

　　「盤龍玉台鏡，唯待畫眉人……。」

　　「玉作彈碁局，心中最不平……。」

　　「誰家玉笛暗飛聲，散入東風滿洛城……。」

「熏籠玉枕無顏色，臥聽南宮清漏長……。」

「水邊垂柳赤闌橋，洞裡仙人碧玉簫……。」

「行到中庭數花朵，蜻蜓飛上玉搔頭……。」

「禪思何妨在玉琴，真僧不見聽時心……。」

「世間第一風流事，借得王公玉枕痕……。」

「葡萄美酒鬱金香，玉碗盛來琥珀光……。」

「羅帳四垂紅燭背，玉釵敲著枕函聲……。」

　　除了前述，信手拈來的一些以玉形容，或以玉製作的玉器外，白居易用「大珠小珠落玉盤」，來形容清脆美好的琵琶聲，而張祜則用「萬顆珍珠瀉玉瓶」，來形容箜篌聲的蕩人心靈。此外，更有無數的詩人，把酷冷霜寒的邊關，名之為「玉塞」、「玉關」、「玉門關」，很顯然，是指運玉入中原的關隘孔道，這種種現象，都告訴我們，在盛唐時，因為國家的強盛，社會的富庶，用玉極為普及，各類玉器的製作，幾乎毫無限制，後雖因安史之亂，而逐漸走下坡，但玉器所代表的高貴精神價值，卻絲毫不減。

　　尤其，在玉材種類的選用上，因為與西方貿易的往來，與藝術的交流，明顯受到西方使用大理石（羅馬石雕），或其他美石的影響。

　　有唐一代，特崇白石，甚至其價值，超過新疆玉，成為當時玉材的新寵；從物以稀為貴的觀點來分析，大理石明顯不及白玉，但是，色澤純白的大理石，當時在中土，所見者，卻是不多，如此，方形成我國玉器文化中，這種比較特殊的現象。前文所敍唐玄宗禪地玉冊，即為白石所製，用之於皇帝祭地，可見此種材質的名貴。

　　本件玉冊（如圖八十三），初回國時（一九七一年），典藏於台北歷史博物館，筆者徘徊流連，一日三看，首先認為，他的材質，是白色大理石，參考宋張世南所著的游宦記聞，記有：

「階州產石，品第不一，白石明潔，初琢時可愛，久則受垢色暗……」

　　其中，「……初琢時可愛，久則受垢色暗……」，確為白色大理石，入土受沁後的中肯描述；另宋會要、封禪篇，敍宋丞相王旦答宋真宗：

「唐明皇玉冊，亦止階玉。」

　　以此考階玉，即指產於古階州的大理石；階州為唐時所置，州治在現今甘肅武都縣，附近產大理石，純白色者，為世人所寶；另參考熊孺登所作，送準上人歸石經院的七言絕句中，有：

「旃檀刻像今猶少，白石鐫經古未曾⋯⋯。」

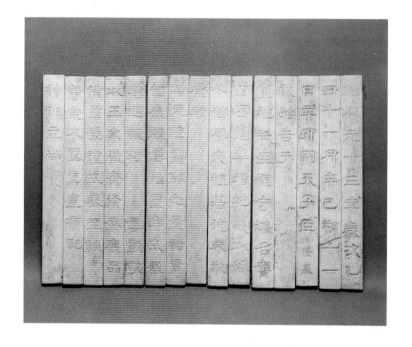

（圖八十三）本圖所示，即為唐玄宗禪地玉册的圖片，其出土品相，明顯與和闐玉不同，張世南所云：「⋯⋯白石明潔，初琢時可愛，久則受垢色暗。」，確為識者之言，可作為我們，鑒識唐時白石（階州玉）的參考。

　　其中所鈙的「白石」，也應是前述階州所產的白大理石，宋丞相王旦，能知唐玄宗所用禪地玉册的材質，是階州白石，確是博學，但上用一「止」字，似指階玉價值，低於和闐玉，其實不然，唐時，對階州石崇好的程度，過於和闐玉，這除了大唐帝國，與新疆的貿易暢通，眞玉不缺外，階玉乳白、微現磷光的質感，特合唐代時尚。（如

圖八十四）

（圖八十四）本圖所示之器，即為白石材質，出土於唐代都城長安的大明宮遺址，原記錄，稱之為「白玉兔」，筆者從已蝕去的嘴、耳所留刻紋，及身上所飾雙翅觀察，應係「辟邪」，其下有座，當為營建時，埋入地基，作鎮宅用；唐代玉雕，常有白石（階州玉）材質作品傳世，為我國玉器文化所少見；但許多人與「漢白玉」相混淆，致常斷代錯誤。

　　此外，有關翡翠在我國使用的時間，有許多人認為是清末，也有人認為是宋代，但筆者相信，在秦通五尺道於雲貴時，必定已有雲南硬玉屬的玉材，進入中原，只是未予命名，所以名聲不彰而已。因為，以秦始皇當時搜刮之能，與千辛萬苦平滇越的耗損，是不可能放棄這種珍貴的美玉。

　　而到了盛唐，正史雖尚不見使用硬玉的資料，但筆者相信：當時，硬玉所製的飾品，已是長安大戶閨閣中的上品珍飾了，因為：

　　第一、受西方藝術欣賞的影響，唐代對綠色，極為崇尚，「唐三彩」中的綠釉，可足證明。另失傳千年，近年才出土於法門寺地宮遺址的唐代秘色抱青瓷，參考唐時陸龜蒙所作「秘色越器」詩中，是如此歌頌的：「九秋風露越窰開，奪得千峯翠色來……。」，也說明了翠色，在唐朝受歡迎的程度。

　　第二、在令狐楚所作的五言絕句中，有：「玳織黃金履，金裝翡翠簪……。」，其中，所提到的翡翠簪，決不是新疆碧玉之誤，因為，在唐詩中，有「洞裡仙人碧玉簫」之句，「翠」與「碧」，是兩種不同的玉材，唐代已能明確分辨，「黃金履」與「翡翠簪」并稱，對仗工整，也可看出，「翡翠」應指玉材。而白居易所作，膾炙人口的長恨歌，描述楊貴妃死於馬嵬坡，有：「花鈿委地無人收，翠翹金雀玉搔頭。」之句，「翠」、「玉」并列，不但證明：翡翠當時在中原，已相當風行，而「翠」色愈足者，亦愈受衆人喜愛。

　　第三、另一個旁証是，唐代的傳奇故事，「霍小玉」中：敍述士族子弟李益與霍小玉交往定情，後李益變心他娶，是一則悽惻纏綿的愛情悲劇；故事中，將女主角善良純眞，相思成痴的性格，作了很深刻的描述，尤其爲他取名爲小玉，更增加了讀者對他的愛憐；在這篇傳奇中，曾提到李益送給霍小玉的定情之物，是一支美好的紫玉釵，所以這篇故事，又名「紫玉釵」；在我國有史所記，美石中，少見紫色，若有，亦僅水晶中有紫晶而已，但我們從唐詩中，有：

　　「卻下水晶簾，玲瓏望秋月。」

　　「水晶如意玉連環，下蔡城危莫破顏。」

　　可以確知，唐人對水晶的材質，已經能分辨的很明確了；所以，霍小玉所得之釵，不可能是「紫水晶」，除此之外，則只有硬玉屬中的「紫玉」了，在緬甸硬玉屬中，我們目前稱色綠者爲「翠」，色紅者爲「翡」，多色具備者，俗稱「三彩」，其中，通體泛紫色者，相當名貴，俗稱「紫羅蘭」，其質優色純者，身價不在「翠」之下；筆者相信，李益與霍小玉定情的紫玉釵，就是硬玉屬中的「紫羅蘭」，這也足間接証實，硬玉屬的玉器，在我國盛唐之時的中原，已經相當普遍了，且其色澤純正者，身價更在和闐玉之上。

第六章 ✦ 五代十國

　　唐朝自太宗李世民的「貞觀之治」，到唐玄宗的「開元之治」，啟發了唐朝的盛世，國力強盛，社會富足，甚至超越盛漢時的「文景之治」，影響之大，遍及世界各地，影響之久，以至於今，像目前，國外華人聚集區，仍多以「唐人街」稱之。而在這個國力擴充階段，漢、唐最大的不同，在於，漢是以強勢的武力，對犯邊的匈奴外族，施以驅逐，像衛青、霍去病等名將，動輒逐敵數千里，可見一斑；但唐的政策，卻比較溫和，顯然是懷柔多於兵戎相見，尤其文成公主的下嫁吐蕃松贊干布，對西藏的歸附，起了決定的影響；此外，唐時，對境外歸附的各族，也多持平和接納的態度，如此，不但使大唐，建立了一個多元民族的大帝國，更為唐太宗博得了，「天可汗」的極大榮譽尊號。

　　這其中，當然有始自南北朝的歷史環境因素，也更有日月推移，各族人口蕃衍，造成的區域人口壓力，但更重要的，卻是整個世界，商業貿遷的往來興盛，所造成的大環境因素；而當時在東方，以中國最強盛，於是，不同的民族，逐漸變成，以唐朝首都長安為中心的內徙態勢；在不知不覺中，大唐帝國的周邊，都為塞外民族圍繞，當盛唐繁榮、強盛，在商業貿遷的往來中，各取所需，各得其利，還能維持和平共處的平衡環境；但是，一旦中原窮厄、削弱，這些環存在中原的異族，必將蠢蠢欲動，欲求得利；而唐玄宗後期的「安史之亂」，則應視為一個重要的警兆。

　　另因為，源自於北周的府兵制，在唐初，已趨於式微，唐玄宗未能振蔽起衰，卻改弦易轍的起用胡族蕃將，如此，不但加深了安史之亂的傷害程度，更可慮的是：平定安史之亂的朔方軍，仍然是以蕃將為主幹，此所以，中興名將郭子儀、李光弼……等人，亦不得不遷就那些胡族蕃將。幸而這些名將，尚能以威名，震懾這些外族，但是，盛唐氣數已衰，爾後，既未再出過，強如太宗的天子，亦未再出現，如郭子儀般，能主控全局的名將，反而各朝多有宦官當權、黨爭，使政治更形腐化，尤其僖宗時的「黃巢之亂」，黃巢裹脅數十萬游民，流竄十餘省，幾乎全國膏腴之地，均遭蹂躪，這種流寇之禍，并不只是單純的，地方遭遇刀兵之災，而是「寇如梳，官如篦」的全面性擄掠；因為，這類到處流竄的匪寇，需要極大的物質，以供支援補充，

而尾隨緊追的官軍，也必需從地方，大量征集、搜刮，方足維持，如此，黃巢之後，大唐江山，已被荼毒、糜爛到不堪聞問。

所以，始自盛唐，外族內遷的歷史環境，以及自安史之亂後的藩鎮割據現象，再經黃巢的流竄攪和，大唐王朝，已分崩離析，逐漸步入「五代十國」階段。

第一節◇「五代十國」的形成

在唐末，藩鎮割據的現象形成後，大唐江山，卻未形成南北對峙的局面，也未若兩漢的嬗遞，他變成另一種分裂的狀態，就是在中原精華區域，仍繼續維持著，一朝一姓的帝制，像走馬燈似的輪迴替代，此即所謂梁、唐、晉、漢、周的「五代」，而在中原以外的周邊，則陸續出現了吳、南唐、吳越、閩、荊南、楚、南漢、前蜀、後蜀及北漢，十個區域國家，這就是所謂「十國」。在這一個國家分裂的階段，延續的時間，并不是很長，但征戰頻繁，各地均被禍甚深，使唐朝建立的基業，幾至毀損殆盡，中原國力，亦斲喪過鉅，間接的造成了南、北宋的積弱，對我國文化的延續與發展，都有久遠的影響。

「五代十國」的確實起訖年代，是始自於西元九〇七年，唐哀宗遜位，朱全忠（朱溫）稱帝，國號梁，建元開平元年為起始；到西元九六〇年，後周顯德七年，趙匡胤在大梁（開封）城北陳橋驛兵變，稱帝，國號宋為止；在這五十多年中，犬牙交錯的各地割據政權，及更迭頻繁的中原小朝廷，顯示出社會的動蕩與紛亂，在舊五代史中，對這一階段，有深刻的描述：

「……毒手尊拳，交相於暮夜；金戈鐵馬，蹂踐於明時。……」
（此語，典出於「李襲吉為晉王貽梁祖書」）

此外，在新五代史、義兒傳中，歐陽修曾嘆稱：

「鳴呼！世道衰，人倫壞，而親疏之理反其常，干戈起於骨肉，異類合為父子，開平、顯德五十年間，天下五代，而實八姓，其三出於丐養。蓋其大者，取天下；其次，立功名位將相，豈非因時之隙，以利合而相資者耶……」

這真是一言道盡五代十國，這五十多年亂世中，君臣、父子倫理的不正常，尤可悲者，是這些領導者，文化的貧乏，他們佩玉的目的，在炫耀，在表現豪奢，對「比德」於玉的觀念，卻蕩然無存。也就是在這個大環境中，造成佩飾用「玉帶」的大興，他不同於周朝儒士的佩玉徵身，也不同於漢朝佩剛卯、司南佩以厭勝；這一波佩玉的習

慣，倒極像春秋、戰國時代組玉佩的興起，因為，他已不以佩一玉為滿足，而以一整串、一整套，才足壯觀，才足炫耀。

像五代史記述，後唐勇將萇從簡（後降後晉），在許州時：

「……許州富人有玉帶，欲之而不可得，遣二卒，夜入其家，（欲）殺而取之……。」

又如，吳越王錢鏐，遣使向後梁朱溫稱臣：

「……太祖（朱溫）嘗問吳越進奏吏曰：『錢鏐平生有所好乎？』，吏曰：『好玉帶、名馬。』，太祖笑曰：『真英雄也！』，乃以玉帶一匣，打球御馬十匹，賜之。……」

這些片斷史實，不但顯示，自唐後，玉帶風行的狀況，更間接証實，這些君臣、帝王，對美好玉帶的迷戀。這也是促使爾後，兩宋、遼、金、元，玉帶飾更為興盛的主因。

可是，在這個割據政權林立的時代，因為政治的對立，也阻絕了部份地區的交通，使玉材的運輸，產生了前所未有的壅塞現象，例如，依十國春秋記敍：

往來於洛陽、廣州的大商人沈甲，在「汴、洛間，買得玉帶一，乃奇貨也，回經湘潭」，被馬希聲派人殺死，奪得玉帶，後才得知，該條玉帶，是沈甲代南漢國君購置的。

由此可知，在這一個階段，割據政權的對立，嚴重的影響了，玉材的流通，貴如南漢之君，欲求一玉帶，亦只有委托商人，自洛陽代購；惟從代購的過程，與侵奪命案的發生，除了顯示，當時在我國南方，玉器珍貴的程度外，更告訴我們，在「五代十國」階段，君主、貴人、達官，仍崇尚佩玉；因為，南漢原是唐朝清海軍節度使劉隱的封地，後唐朝覆亡，劉氏兄弟，正式稱帝，國號漢（史稱南漢），首府在廣州，而當時廣州，卻是我國海外貿易的中心，北來商人，都到廣州蒐購珍寶，而國君，卻自北方，購買玉帶，可見當時玉器文化，並未因政治的阻隔，玉材的難覓，而有停滯，反而更激化的續有發展；如此，也開啟了，始自兩宋，民間大量用玉的風潮。

另，玉帶，也是我國玉器中，比較特殊的型制，他起源於早期的銅帶飾，後玉器最珍貴，才開始以玉飾帶。到了唐朝，就已經演變成正式的官服裝飾了，像新唐書、輿服志中就記載：

「……其後（自唐高宗之後），以紫為三品之服，金玉帶，銙十三；緋，為四品之服，金帶，銙十一；淺緋色，為五品之服，金帶，銙十；深綠，為六品之服，淺綠為七品之服，皆銀帶，銙九；深青，

為八品之服；淺青，為九品之服；皆瑜石帶，銙八；黃，為流外官（不入流之官吏）及庶人之服，銅鐵帶，銙七。」

這其中，裝飾束帶的銅、鐵、瑜石（詳如註）、銀、金、玉，都作成方形片狀（或圓形、半圓形），背後有四個或六個小孔，用以鑲釘在革鞓上，統稱為「銙」，尾端一塊，呈一邊方形，一邊橢圓，又稱「獺尾」、「撻尾」或「鉈尾」；早期，雖以實用為主，但自唐起，則已成為，正式代表品級的官服飾器，具有品級與裝飾的雙重意義，其中，金、玉最貴，所以，也是最高等位的官服，而到了五代，各國交錯蠭起，雖仍保有唐朝用玉的傳統，但品級限制的嚴格規範，卻已崩潰；所以，唐時三品以上，才能服用的金玉帶，在北方，較易獲得玉材的諸國，已經開始普遍使用玉銙，來裝飾腰鞓帶；但在南方興起的各國，則因取得玉材不易，尚是極珍稀之物。

註：「瑜石」，為黃銅的別稱，又名「黃瑜」。

一九四三年，考古學家曾經挖掘出五代十國中，前蜀開國君主王建的陵墓，出土了一整條玉銙帶，為我們研究玉帶飾，最完整的實物，且又係一國之君的御用玉器，特具價值。

首先，我們先瞭解前蜀的建國，王建原是由唐所封的西川節度使，後朱溫篡唐，自立為梁；王建也在四川稱帝，國號為蜀，建都成都，史稱前蜀，王建在治蜀期間，不但大力反對後梁王朝的正統地位，并收留重用唐朝的遺臣世族，所以，在十國春秋中，記述他治前蜀時，尚有好評，稱：

「故典章文物，有唐之遺風。」

但他的繼承者，卻只知淫樂，致二世即亡，享國僅十九年。

所以，我們從王建墓所出土的玉帶型制，應仍可看出，唐朝官服玉帶的佩掛方式；這條玉帶，分兩部份，束帶是由皮革製成，又稱「鞓」，分兩段扣接，雖出土時，均已朽蝕，但仍可看出，一段有玉銙飾，共七塊，其上飾龍紋，革帶兩端，各有銀扣；另一端鞓帶，則僅在一端，鑲有「玉鉈尾」；在鉈尾背面，刻有銘文（正面亦飾龍），曰：

「永平五年，乙亥，孟冬下旬之七日，……是夜火作，翌日，於烈焰中，得寶玉一團，工人皆曰：『此經大火，不堪矣！』，上曰：『天生神物，又安能損乎！』，遂命解之，其溫潤、潔白異常，雖良工，目所未睹，製成大帶，其銙方闊二寸，獺尾六寸有五分。夫火炎崑崗，玉石俱焚，向非盛德所感，則何以臻此焉，謹記！」

　　王建墓又稱永陵，雄踞於四川省成都市郊，封土高達十五米，圓丘直徑八十米，其下長方形的墓室，進深二十三・五公尺，分三進；出土資料明確，而玉帶中鉈尾，又有一百多字的銘文，是我們研究，這一階段玉器文化的重要史料；像永平五年，時為西元九一五年，距唐亡僅八年，他告訴我們，唐、五代時期玉帶的特徵，為

　　一、帶板上飾花紋（亦有光素），僅作淺浮雕，尚不見鏤空雕法。

　　二、帶板習慣上，作成正方形，或接近正方形（但亦有圓形者），銘文中：「……其銙方闊二寸」，亦可供參考。

　　三、鑲玉帶板於䩞帶上，是用銀釘，一般用帶，則多用銅釘，因為，銀、銅延展性強，易鑲嵌。

　　但更可貴的是，這條玉帶鉈尾上的銘文，也提示了我們一些，唐、五代時期，對玉器精神層面的認知：

　　一、筆者曾在本書史前篇中提到，以火燒玉，對玉材的傷害極大。從銘文中可知，五代時，玉工已知這種現象，顯示當時玉工，對玉材物理性質的瞭解，已經有些深入；但所幸者，此玉石，遭火焚程度，并不是很嚴重。

　　二、「火炎崑崗、玉石俱焚。」，而此物猶存，王建認為，是盛德所感，隱示自己治德的良好，與帝位的上合天意。顯示，以玉為符命之器的觀念，仍然為這些君主所深信，并以此蠱惑臣民。

　　三、解得玉材後，以「溫潤、潔白異常，良工目所未睹……」來形容，顯示，當時品評玉器材質的標準，仍是上襲春秋、戰國、兩漢，以觀察玉材的溫（柔和）、潤（光澤）、潔（雜質）、白（色澤）為主要標準。（如圖九十六Ａ、Ｂ）

第二節◎「五代十國」階段，藝術與文學，對玉雕藝術的影響

　　五代階段，不論舊唐書的編纂，唐詩的延續……等，各類文學與藝術，都頗有可觀，但最足以代表這個時代，且又與玉器文化有關的，卻是花間派詞人的產生，與董、巨、荊、關等大畫家的出世。

　　一、花間派詞人的產生：詞，是繼唐詩的過度發展，趨向衰微後，一種新的文學方式，除了具有文學藝術的欣賞價值外，也可以詞牌，和曲唱出。在當時，是官宦、士人，交際應酬的主要餘興節目之一

；後蜀文人趙崇祚，於後蜀廣政三年（西元九四○年），編出一本詞集，計收錄自晚唐以至後蜀的十八家詞人，五百首作品，名爲花間集，自此，出現了花間派詞人的名稱；這些作家的作品，多描述夢幻、綺麗的閨閣情思，與花間樽前的奢侈生活，故用字多華麗、香艷，但也因爲這派詞人，多講究創作技巧與音韻運用，使詞遠離民俗色彩，而進入文學藝術的領域。

在這一個詩、詞蛻變的階段，一些有名的花間作品，都提到了玉器，這其中，固然有許多是當時社會，用玉、佩玉的忠實描述，但也有更多，是詞人以他的文學素養，創造出來的形容詞句；對我國整體玉器文化的推展，這些文人雅士作品，所作的貢獻，絕不低於蒐玉、愛玉的王侯，與琢玉、瑳玉的玉匠。花間詞中，以玉爲吟詠的詞句，茲略錄數句於後：

溫庭筠，菩薩蠻中：「……雙鬢隔香江，玉釵頭上風……」

南歌子中：「……簾卷玉鉤斜，九衢塵欲暮，逐香車。」

女冠子中：「……寒玉簪秋水，輕紗卷碧煙……。」

牛松卿，菩薩蠻中：「……門外柳花飛，玉郎猶未歸……。」

毛希震，臨江仙中：「……玉爐煙斷香微，正是消魂時節。」

馮延巳，謁金門中：「……鬥鴨闌干遍倚，碧玉搔頭斜墜。……」

在五代詞中，花間派詞人，用詞遣句，崇尚綺麗、濃艷，常運用「玉」作形容，似乎是當然的，因爲早在殷商，「玉」就已經成爲高貴、美好的代表；但是，當時其他的詞人，也常用「玉」來作引喻，而不只侷限於形容高貴。「玉」，在我國文學藝術中，已經具有多重的性格，像：

南唐中宗李景，山花子中的名句：「……細雨夢回雞塞遠，小樓吹徹玉笙寒……。」

「……手卷珍珠上玉鉤，依舊春恨鎖重樓……。」

南唐後主李煜，虞美人中的名句：「……雕欄玉砌應猶在，只是朱顏改……。」

這些名句，除了顯示，在五代時，「詞」的風格、韻味，都已趨於完美、成熟，開啟了爾後「宋詞」，大放異采的先聲；可是，筆者也相信，在這些衆多詞人，吟詠玉器，或以玉爲形容的詞句中，隨著詞曲的通俗化，到了「有井水，就有柳永詞」的時期，也是促使我國用玉，在北宋階段，更走向世俗化、普遍化的主因。

　　二、繪畫的興起：五代時期，也是我國繪圖史上，自專業畫工、畫匠，走向文人畫的一個重要過渡時期。我國自戰國以至唐，不論帛畫、壁圖，都有很大的成就，但是，不能否認的，在這個階段，繪畫卻以畫工、畫匠爲主；所以，不論大同、敦煌、龍門等地，南北朝以至五代的佛窟壁畫，都頗有可觀，可是，這些畫家，明顯的表現出來，技巧高於意境，換而言之，這些作品，都流露出一些匠氣，自唐的王維，發展出文人畫的風格後，自五代起，名家輩出，對盛唐所逐漸分道揚鑣的南、北畫派，都作了一些修正，使兩派的畫風，互有模仿，珍域也漸漸泯滅，影響之大，冠於歷朝；而自五代以後，我國玉雕作品中，有一些文人玩賞器，不論仿效田園瓜果，或花、鳥、雀、竹……，都有濃郁的寫生色彩，與藝文風味；與以往偏重雲虁紋、鈎連紋，或辟邪、龍、鳳、四靈……等神物的題材，大相逕庭，也都可以看到，文人畫興起，對我國玉雕藝術的影響。

第七章 ◈ 唐、「五代十國」階段，玉材的來源與通路

　　在早期，因爲中原與產玉地區的隔閡，使新疆和闐一帶，被幻化成神仙的故鄉，我們從周穆王與西王母的故事，可以明顯的看出來，像西王母的住居地，稱爲「羣玉山」，她的宮殿，爲「瑤台」……等，都是因爲玉材在中原，是極珍貴之物，被富有想像力的文人，所營造出來的；而自唐起，因爲對邊疆民族的懷柔與經營，使中原對玉的原產地，普遍有了更深的瞭解；其中具體的証明，是「玉門關」名稱的普及，很明顯的，這是源自於，西域運玉材進入中原的孔道，所形成的名詞，可是，在萬千戍邊的征夫、戍卒，離鄉背井，忍受塞外苦寒時，大家逐漸認識到，產玉的邊塞，既不是神話中的宮殿，也不是神仙的居所。已往，文人所幻化出來的美麗仙境，完全被粉碎了，所留存的，只是：「羌笛何需怨楊柳，春風不度玉門關」的喟嘆。可是，這也証實，在這一個階段，中原對產玉材的新疆地區，已經有充分的瞭解，甚至對玉材的產出區域，也都有了完全的認識；像新五代史、四夷附錄第三，提到于闐國：

　　「……其南千三百里，曰玉州，云漢張騫所窮河源，出于闐而山多玉者，此山也。其河源所出，至于闐分爲三，東曰白玉河，西曰綠玉河，又西曰烏玉河，三河皆有玉而色異；每歲，秋水涸，國王澇玉于河，然後國人得撈玉……」

　　這裡所敍述的，相當翔實，地點、位置，也都正確，其中綠玉河、白玉河、烏玉河等名稱，一直延用至今，可見當時，對產玉地區的環境，中原已經認識的很完全了；惟後世，專心讀史者不多，再加上商人的附會與渲染，反而使大多數人，對和闐產玉的實際情形，有許多誤解；像近年，古玉市場中，被渲染極爲神秘的「沙玉」，只不過是前文所敍：「……每歲秋水涸，撈玉於河……」的產玉方式而已；但卻以訛傳訛的托稱，此類玉材，極不易得，需夜間自山上遠觀，見有反光，即插竹爲記，至天明，才挖出……等，都是不正確的傳言。

　　但是，在唐至五代的階段，因爲地區政治勢力的消長，控制產玉區域的勢力，常有變化，例如，前書同卷，提到當時，中原最大的外族禍患——回鶻（即吐厥的一支），與中原王朝往來的狀況：

「……回鶻自明宗時，常以馬市中國，其所齎寶玉，皆鬻縣官，而民犯禁爲市者，輒罪之；周太祖時，除其禁，民得與回鶻私市玉，價由此倍賤；顯德中，來獻玉，世宗曰：『玉雖寶而無益！』，卻之……」

從這裡，我們也可以瞭解，塞外民族，已經知道，利用玉材這種特產，與中原交易，賺取利潤，但到五代後期以前，卻仍僅限於官方的交易，一般百姓，與塞外民族販買玉材，是有罪的，也因爲壟斷，所以玉材價格很高，到了周太祖時，正式允許民間，與回鶻販買玉材，自此「……價由此倍賤……」，也因爲這種大環境的政策改變，才啓發了兩宋民間，大量用玉、賞玉、玩玉，促使我國玉器文化，步入另一個高峯。

而後周柴世宗，對回鶻遣使獻玉，居然能說：「……玉雖寶而無益，……」，這種我國歷代帝王，從沒有講過的名言，顯示他的英明。而五代十國到了這個階段，也已明顯看出，世宗已有統一天下的威望與能力；因爲，他當時已經開始伐楚、伐越，都已取得大勝，史稱：「取秦隴，平淮右，復三關，威武之聲，震懾夷夏。」，可惜天不假年，盛年而亡，由七歲的嗣子即位，在後繼無人的狀況下，才便宜了「祖上無德，本身無才」的趙匡胤，自後周柴家孤兒寡婦手中，揀得天下。

第八章◈唐及「五代十國」階段的玉器

從初唐魏徵修隋書時，在禮儀志中明敍：

「古者，君臣佩玉，尊卑有序……」

顯示唐時，在官爵佩器上，是用玉器來顯示尊卑，但形制，已不同於兩漢，例如，在舊唐書、職官志中，記有，令近戚顯宦佩魚符，「左二右一，太子以玉，親王以金，庶官以銅，佩以為飾。」，後武則天當權，改佩魚為龜，後武則天死，又再改回佩魚符，但是，我們要知道，這些更改，卻與兩漢以前的佩玉形制，完全無關，中原經五胡數百年的蹂躪，舊制已被滌蕩殆盡，但這反而有利於唐時，玉雕藝術的發揮。

又如，唐代正式將玉帶，列為代表爵位等列的禮器，這也是三代、兩漢時所不見，唐高宗顯慶時，喻令：紫為三品之服，金玉帶銙十三；緋為四品之服，金玉帶銙十一；這種以玉來裝飾束帶的起源，目前尚無定論，但可確知，其形制，是起源於游牧民族的「蹀躞帶」，帶身所垂蹀躞，可繫佩刀、弓、礪、囊，為游牧民族所必備，唐朝李氏，世居西涼，自然對這種佩飾方式，不排斥，像曾破蕭銑有功的初唐名將李靖，就曾受賜和闐玉帶十三銙，「七方六圓，銙各附環，用以佩物。」

又如新唐書、五行志中記敍：

「高宗嘗內宴，太平公主紫衫、玉帶，具紛、礪七事，歌舞於帝前。帝與武后笑曰：『女子不可為武官，何為此裝束？』」

我們可以明白知道，唐代已把玉帶，列為辨等列、分尊卑的禮器，其後銙的數目、形式，雖有變更，但玉帶的禮儀用意，卻沒有改變。這種起源於北方游牧民族的玉帶，居然進入我國玉器文化，演變成禮器，當為五胡十六國及南北朝時朝，數百年民族融合，所孕育出來的。

不但如此，在用玉習俗上，唐朝也曾戢止民間用玉；例如：開元時期，社會富裕，家家衣足食飽，一片繁華，詩仙李白，吟唱當時酒館飲酒的風情，是：

「蘭陵美酒鬱金香，玉碗盛來琥珀光……」

以玉碗盛蘭陵美酒，當是色、香、味俱全，盛唐社會，的確富饒繁華，但唐史書記載：

「開元二十五年令：『諸一品以下，食器不得用純金、純玉；六品以下，不得用純銀。』

但是，在社會一片奢華的風氣影響下，官府似已無法有效的，禁止民間富豪用玉，後「安史之亂」，演變成藩鎮割據，中央令稱：「……一品以下食器，不得用純玉。……」，更是形同具文。

就目前所知，具有明確出土記錄的唐代墓葬中，隨葬品并不是以玉器爲大宗，而多有漆、鐵、木、陶、金、銀等，各類材質作成的器用，呈平均分配狀況，這也可以顯示，唐、五代的各類手工藝，都呈均衡的發展。

但這些唐代陵墓中，卻沒有帝王陵寢；因爲，唐代李氏王朝諸陵，在唐末，就已遭到身後之辱。

唐末，已形成藩鎮割據，這些軍閥，對中央王朝，毫不尊重，其中鳳翔節度使李茂貞，轄地在長安西方，其手下蕃將溫韜，据耀州，而唐朝歷代帝、后諸陵，都在這個區域，溫韜覬覦地寶，逐一掘之，一代英主唐太宗的昭陵，亦難倖免。

故而，目前已不太可能再見到，唐代帝王專屬玉器。

一般墓葬，所出土玉器，較具代表性的是：

一、組玉佩（如圖八十五）：這組玉佩，共有六件，出土於陝西省禮泉縣興隆村，唐代越王李貞墓葬；右上大件玉器，呈雲形，顯然是繼承南朝雲形珩的形制（如圖七十四），但曲線更優美，且又作出雲形鏤空，使全器更具藝術性，與左下角，小件雲形飾，都具有相同的造形特點，并與圖左上的似梯形玉片，都可作爲，鑒別南北朝至唐後期，這一階段玉佩的參考資料，這類形制，自唐後，已不再出現，甚具參考價值；其餘三件小型玉飾，既爲光素，亦無特色，較不具參考價值；但全器的組合，可使我們瞭解，唐代仍有佩組玉佩的習慣，但已去西、東周的形制甚遠，此爲吾輩分析唐代玉器，所必須瞭解。

二、玉豬（如圖八十六）：本器長約五公分，出土於廣東省韶關地區夢源洞，張九齡墓葬，張九齡爲盛唐名相，輔佐唐玄宗李隆基，開啓了「開元之治」的盛世，後世嘆詠玄宗晚年，荒怠朝政，寵信楊氏兄妹，導致「安史之亂」，毀壞了大唐帝國的根基，曾有：「……九齡已老韓修死，明朝無復諫書來。」之句，可知張氏之名聲；本件玉雕，當爲喪葬握器，但玉質不佳，刀工簡略，且器形甚小，頗符合

（圖八十五）經過魏、晉、五胡十六國
、南北朝的戰亂滌蕩，西周「分尊卑，
辨等列」的禮儀用玉形制，早已失傳，
隋、唐用玉儀制，只是參酌傳言所訂，
故而已去古制甚遠；從本圖所示組玉佩
觀察，其造形，只有濃郁的六朝風格。

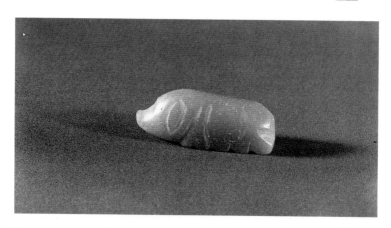

（圖八十六）本件玉雕，刀工粗糙，但
卻能顯示造型之美，為難得一見的斂葬
握器，尤其，略微上噘的豬嘴，藝術的
表現出家豬形象。本器較特殊者，為玉
材呈青色，已略近，俗稱「菠菜青」的
碧玉；唐時，因為吸收了許多西方的藝
術觀念，所以，對色澤，都能廣泛的接
受；筆者就曾親見「碧玉」帶板，出自
唐墓。

張九齡清正崇儉的個性；但從本器修整的刀工，與豬吻上噘的造型，仍可使我們看出，唐代藝術的進步，尤其本器，整體身軀，給人一種飽滿充實的感覺，爲唐代玉雕、雕塑造型的重要特點。

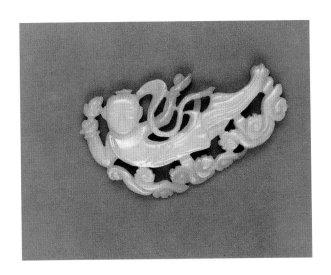

（圖八十七）飛天，即「乾達薄」，又譯成「香音神」，因在佛敎紋飾中，均作飛翔於天的造型，故而名之「飛天」，其後，這位專探百花香露，散向人間的仙神，被我國民俗藝術吸收，即俗稱的「天女散花」，各類戲曲、年畫，均有造型，但已完全中國化，不再見天竺風格。

三、玉飛天佩飾（如圖八十七）：本器高四‧六公分，寬八‧六公分，厚約〇‧六公分，沒有明確出土資料，但從造型風格與刀工觀察，斷代爲唐代器，確是正確；本器作鏤空透雕，其上，琢出一飛天仙女，身著長衣，手持鮮花，其身下，則雕出似花般祥雲，旣可作陪襯，亦可顯示仙女，飛翔於雲天，尤其仙女的衣袂飾帶，均作飄動狀，曲線優美。「飛天」，原是佛敎神通，傳入中原後的俗稱，梵文原名「乾達薄」，翻譯佛經時，多譯爲「香音神」，是佛敎中所傳的「天龍八部」之一，「天龍八部」，意指：形貌似人，而實際上不是人的衆生。南北朝時，北朝開始風行造窟供佛，在諸多佛窟壁畫中，常在主體佛像的四周，畫出「香音神」，依佛經所云，該「神通」收集

香露百花，供自己滋養，亦散向人間；因香氣與音樂，均為無形，且捉摸不定，梵文中「乾達薄」的文意，即指「捉摸不定」，故而方有「香音神」的譯名，但中土人士，多有不諳佛經，見此類仙神，作飄然飛於天際狀，故名之曰：「飛天」，目前，已成正名，其他原名，反而不彰；其實，在早期佛教壁畫中，飛天多作男子像，後為強調，飛翔於天際的飄逸婀娜之姿，因為藝術的需要，逐漸演變成女性。本器雕工精美，造型柔和，參考唐時壁畫中「飛天」造型，當為唐時作品。

（圖八十八）本器未有出土資料，但可斷代為唐，係由刀工與風格，分析而來；唐時，我國生活習慣，受西域影響，常使用「胡床」為座；胡人坐姿，不同中原早期的跪、踞，獨成一格；以此分析本器，唐代風格，特顯凸出。

四、騎象胡人圓雕（圖八十八）：本器高五‧三公分，長七‧三公分，無出土資料，原屬清宮舊藏；全器雕一胡人，騎於象上，象作彎鼻曲足，跪伏於地，象牙前伸，狀似溫馴，其上坐一胡人，一腿盤曲，一腿下垂，左手置於腹前，右手後舉，狀似搔背；本器刀工，雖略粗糙，但形像宛然；尤其特殊者，本圓雕人物，著窄袖長袍，及膝長靴，高鼻環眼，為一外族人物；盛唐時，以首都長安為中心，東西貿易極發達，不但外籍使節、商旅，絡繹於途，仰慕中土繁華的外籍

傭工、樂伎……等，各類人士，也穿梭於各大城市；出土於盛唐階段
的唐三彩，常以外籍俑人作主題，形象肖似逼眞，與之比對，本器確
爲「騎象胡人」。

（圖八十九）本器所飾雲紋，爲標準的
唐代紋飾，可作比對參考資料；全器端
莊、大方，刀工精細、優美，尤其把手
上的飾紋，作成尾端飄向後方的流雲，
動感十足，爲目前所知，唐代玉雕中的
最佳作品。

　　五、雲紋玉杯（圖八十九）：本器高五‧八公分，最寬處約二十
公分，口徑呈橢圓形，約在十五至十二‧五公分間；本器亦無完整出
土記錄，但綜觀全器，以橢圓形口，作出淺矮杯體，又作成平底無圈
足，側身出一環形手把，造型來源，不似中原陶或銅器，而似中亞文
化中的金、銀器；但紋飾，卻係中土所特有。漢時，玉雕中風行，雲
氣與螭虎等異獸，組合而成的「雲虞紋」，經南北朝的過渡，至初唐
，形式爲之一變，即本圖所示的雲紋，雲頭似如意、似靈芝，藝術性
極高，且又多作成，較凸出的似高浮雕，明顯受到，西方雕塑造型的
影響。本器尤其在把手上，亦飾以，呈流動狀的立體雲紋，使全器更
具幻覺之美；參考唐明皇曾詔令：「諸一品以下，食器不得用純金、

純玉……」，本器雖無完整出土資料，但從其造型、玉質、刀工觀察，本杯絕非泛泛之器，可能為宮中器用。

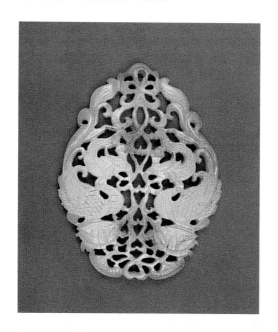

（圖九十）本器紋飾，作對稱狀，有中原特有的鳳鳥、荷花，亦有自西方傳入的凌霄花，造型並已跳脫，我國玉器傳統形制中的環、璜……等，而趨於流線型，我國玉雕佩飾器，從這一階段開始，不再侷限於少數的固定形制，開始邁入多樣化，爭奇鬥艷，以「美」為尚。

六、**鏤雕雙鳳佩**（如圖九十）：本器高六‧三公分，寬四‧八公分，厚約○‧四公分，在一扁平的玉片上，作出雙面雕，紋飾主體，為兩隻對立的鳳鳥，足踏荷花，尾羽向上飄起，糾結於器端的裝飾紋；荷花之下，則飾以凌霄花，使全器流露出，對稱之美，據知，本器係花鳥紋結合，飾於玉器的最早實物；本器并無出土記錄，亦為清宮舊藏，斷代於唐，確具慧眼，因為：

　　㈠唐代造型紋飾，受波斯帝國薩珊王朝的藝術造型影響，常作成對稱、對立的形制。

　　㈡荷花為亞洲所獨有，西方并不見，而凌霄花，則自西方引進，

這兩種花卉，飾於一器，顯示唐時，東西方文化、藝術、經濟交流的頻繁，這種雕作方式，爲唐代造型藝術的常用題材。

㈢本器雖爲佩飾器，但造型，卻已脫離，我國古玉器的璧、環、璜、琮……等傳統形制，而走向西方造型中，趨於左右對稱的流線型，此亦爲唐代玉雕的特徵之一。

從前述各點分析研判，本器斷代爲唐時玉雕，應屬正確。

（圖九十一）本器圖紋，雖僅作陰線雕，且人物造型，多用減筆，但所鈎勒出的人物，或談、或飲，舉手投足間，風韻十足，此爲玉雕中，較難表現的一種方式；另本器，除了部份，呈褐色沁的品相外，亦有部份，呈白色質變，已往，玉器行家，稱這種玉器沁色爲「飯糝」，意指玉器中，有似熟透的米粒狀質變斑，此爲玉器入土後，經地熱、地壓影響，使結晶纖維結構組織，產生變化所致。

七、人物紋玉杯（如圖九十一）：本器高不足五公分，僅四‧九公分，杯口呈橢圓形，徑爲十四‧九公分至八‧五公分，全器似羽觴，但無耳；爲唐代酒器，繼承魏、晉形制的變體。唐時，中、日往來密切，東瀛日本，曾派遣大量「遣唐使」、「遣唐僧」至中土，學習唐文化，這種酒器的形制，即隨之傳入日本，迄今尚偶有製作使用，

而在我國，卻已失傳；本器從杯口俯觀，呈扁圓狀，杯腹下收至底；側視，則底有一圓紐似圈足，杯身外緣，以陰線，琢刻四人物，原記錄稱「四逸」，但自南北朝起，人物圖形，有「竹林七賢」及「六逸」，獨不見「四逸」，筆者認為：圖中人物，應係漢初，為高祖所敬重的「商山四皓」，衣紋柔合，用減筆，作出人面，卻生動活潑，或跪或坐於蒲席上，舉盅而飲，狀極悠閒；本器紋飾最特殊者，為以紐足作中心，四周再飾以卷草式雲紋，這部位，因近底部，一般均不作裝飾，而本器，卻細予雕琢，與其上人物合觀，則似人物，飄然作神仙狀，由此亦可見，圖紋設計的巧妙。

　　（本器形制，亦有人稱之為「蓋」，故而紐周才飾以雲紋，筆者未見本器實物，尚不敢確定，因本器若真為殘存的器蓋，本器周邊，當可見磨痕！）

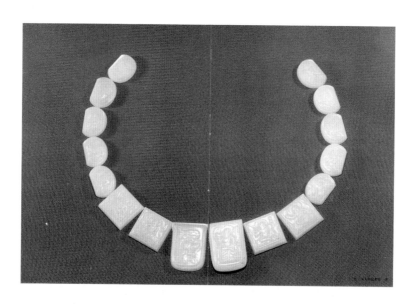

（圖九十二）本圖所示，前方最長兩塊，即為「鉈尾」；其餘四塊正方，十塊弧圓者，即為鑲連於革帶上的「銙」；本條玉帶，具體表現出，唐時的玉雕風格，尤其，其上所琢刻的奏樂胡人，或坐、或立，姿勢不同，所奏樂器，亦不相同，但均寫實生動，似為描述，一組胡人樂團的演奏，這是唐時，所興起的新玉雕題材。

八、人物紋玉帶板（如圖九十二）：帶板計十六塊，方形四塊，半圓形十塊，鉈尾兩塊，最長五‧四公分，係出土於陝西省西安市何家村的唐代窖藏，此窖共出土玉帶十條，為最正確的玉帶實物，其時代下限，最晚也在唐朝。新、舊唐書、輿服志中，曾多次提到，玉帶中有十三銙者，為最高品級，此所以，破蕭銑有功的名將李靖，才被破例賞給七方六圓的和闐玉帶十三銙；以出土實物比照，史籍記載，與出土實物間，確有相當大的差異；此亦顯示，唐官服的儀制，似不足約束民間。

　　本圖所示十六塊帶板，背面均光素，但有穿孔，可與革鞓釘結；正面，則以淺浮雕方式，作成形態不一的奏樂胡人，并以陰線，修飾衣袂；唐代玉雕，常作成浮雕，但刻琢間，使主體略有膨脹的感覺，并以細陰線，予以修飾，為唐代玉雕的主要風格，本器當為最正確、權威的比對資料，因為，在十六個奏樂胡人中，樂器不同，姿勢各異，用刀方向，修飾線腳……，在在均具重要參考價值。唐時，對外貿易，極為發達，外藩胡人，亦多有進入中原謀職，共享大唐繁榮，渠人種與中原迥異，膚色、髮式、衣食、習慣，亦與中原不同，所到之處，甚受中土人士側目，因而，亦成為藝術描述的新題材，不但唐代詩文中，時有敍述，一般生活用器，甚或唐三彩、壁畫……等，也常出現這類題材，具體表達出，盛唐的繁榮，與民族融合過程中的和諧。

九、獸紋玉帶板（如圖九十三Ａ）：本圖示器，與前圖所示帶板，一同出土於西安何家村，唐代窖藏，本帶共有玉銙十五塊，包括方形玉銙十三塊，略似正方形，邊長三‧五公分；鉈尾兩塊，略長，約五公分。史籍所記，亦不見十五枚玉銙的玉帶，顯然，史書所敍，仍有不全之處。這些玉帶，背面均光素，僅略作修飾，以求平齊，惟均鑽有，與鞓相接合的穿孔；正面，則以淺浮雕方式，琢出不同的動物，或立或臥，或攀或爬，狀極寫實、生動（如圖九十三Ｂ、Ｃ）；但細予分辨，有些動物，特徵相似，難以確定為何類動物；大唐盛世，中原富庶，人文薈萃，各種珍奇動物，亦多在此時，進入中原，唐人小說、傳奇，偶有敍及，但筆者相信，其中，必有一部份已絕滅，故不可考，本批帶板紋飾，亦有前述情形；但以風格論，略顯膨脹的造型方式，與陰線修飾的刀工，都顯露出唐代玉雕的特色；後代少有模仿，且亦不易模仿，為唐代玉雕的獨特之處。

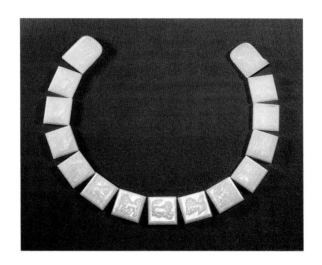

（圖九十三 A、B、C）圖九十三 A 所示，爲全組玉帶實物，尾端兩塊弧圓者，爲「鉈尾」，近方形玉銙十三塊，都在正面雕琢出，不同姿勢的動物，仔細分析，有不少動物，爲中原不見，顯爲唐時，自中亞、西方傳入，但近年已絕；惟其上刀工，卻爲我們鑒識唐代玉器的重要比對資料，即如圖 B、C，詳予觀察，自然對唐代玉雕，刀工與風格，了然於胸。

（圖九十四）本圖與前九十二圖，所示人物方式，刀工不同，但風格相似，唐時，稱「胡人」，是泛指一般的外蕃民族，其實，所包括的種族很多，但按比例，則以中亞的阿拉伯民族爲最多，除官、商身份，進入中土外，亦有投身於豪門爲傭，唐人傳奇，則統稱爲「崑崙奴」，因渠語言、習慣，與中原不同，常爲文士幻化成，身具武功的奇材異士。

十、獻寶胡人紋帶板（如圖九十四）：本器無出土記錄，爲清宮舊藏，原記錄爲，唐代玉帶板，應無舛錯，此器高約六‧二公分，寬六‧五公分，厚一‧三公分，略呈扁方形，背面光素，四角各有一個，兩邊對穿的鑽孔，可與革帶紮連；正面，則雕出一胡人的略側全身像，一足彎蹲，一膝跪地，面容嚴肅、謙卑，頭髮蓄留、綣曲，高鼻、闊嘴，大眼圓睜，但眼眶凹陷，胡人特徵明顯，且此人亦作胡服，短衣窄袖，長褲著靴，雙手擎托一盤，盤上有一似桃形寶物，全器顯露出，外邦胡人，臣服進貢的圖案，再配合四周、衣紋，以陰線修飾，更使全器，趣味盎然；唐時，中國富強，四夷來朝，確非虛言，本

器亦足證明。

　　本器在陰線下凹處，有土染的痕跡，古玉入土，若玉質緊密，則常自未修飾的陰線刀痕中入沁，但卻可能入沁不深，形成類似土染的現象；由此亦足証明，本器應曾入土。

（圖九十五）筆者嘗言：玉質的優劣，影響玉器入土後，受沁的程度，玉質較差者，纖維組織結構，較不縝密，較易入沁，本器極薄，且玉質較差，故入沁情形較嚴重，其上斑點凹陷，即為古玉收藏家所稱的「砂水坑」，從這些小凹陷觀察，沁蝕自然，與偽古玉器的浸強酸蝕成，完全不同。

　　十一、玉佩（如圖九十五）：本器長九‧二公分，高四‧一公分，厚〇‧一公分，出土於江蘇省南京市牛首山南唐二陵，本器玉料材質，呈略不透明的綠色，底邊平直，兩側直腰內收，使全器呈梯形，惟上邊，則依形作出雲山狀弧凸，且左右對稱，正中，則鑽出一孔，可以佩飾，因本器薄至僅有〇‧一公分，故受沁蝕較嚴重，除有沁色、質變外，亦有傷殘，玉古受沁後，常產生搜空質變現象，此受沁部份，硬度降低（依筆者經驗，有時可能只有二至三度），稍一不慎，即可能造成傷殘，其中，偶有玉器與土垢結合，在祛除積垢時，亦常傷及玉器；本器雖造型簡單，上無紋飾，且有殘傷，但卻為，有正式出土記錄的南唐玉器；五代十國時，南唐地處長江以南，因有長江天

陵，武備甚差，但文風極盛，并設有「畫院」，為我國宮廷設置畫院之始，以這種藝術風氣，但出土玉器，卻僅如本器，顯示這個階段，南唐受制於地理位置，玉材來源，相當缺乏。

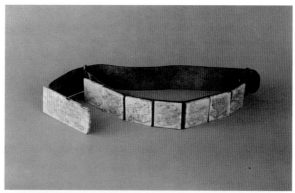

（圖九十六Ａ、Ｂ）本圖所示之器，即前文所介紹前蜀王建墓，所出土的玉帶，為極有名的一件五代文物，且因鉈尾刻有銘文，益具價值；其正面紋飾，均雕以雲龍，形體彎扭自然，頗有可觀；Ｂ圖鉈尾，龍紋的右下角，有一雲形，此種造型，亦為唐、五代時，發展出的玉雕紋飾，值得我們參考。

　　十二、玉帶（如圖九十六Ａ）：本器即為前章所述，前蜀王建墓所出土的玉帶，各玉銙長約七・八公分，寬八公分，厚一公分；惟鉈尾，則長達十九・六公分，寬八・二公分，厚亦近一公分，依鉈尾

背面所刻銘文，知：本器原材質，已經火灼，但卻未毀，依筆者經驗，火燒，對玉石材質的傷害極大，亦爲作僞玉者，常用的手段；古人所云：「火炎崑崗，玉石俱焚。」，確爲正確，也因爲經火後，此玉材未見毀傷，方被前蜀王王建，視爲祥瑞，雕成隨身所用的玉帶，但從本器玉質觀察，仍可見到材質枯乾，似經火燒的痕跡（如圖九十六B）。圖A實物，則爲考古學者，依據玉帶出土相對位置，與原出土銀扣一對，重新結綴而成，對我們研究，我國玉帶的發展，提供了最正確的資料。此外，本玉帶，計有近方形銙七方，長鉈尾一方，其上均飾有龍紋，其上造型、刀工、修飾紋線，都可作我們研究這個時期，玉雕藝術的重要資料。五代十國階段，君臣相篡，迭續發生，社會不安、兵荒馬亂，大型帝王墓葬，一俟亡國，即遭盜掘，主持盜墓者，不論帝王、大吏或宵小，均爲貪圖墓主隨葬寶物，而常使墓主骸骨，曝於荒野，慘不忍睹，至今，各類墓葬，幾已無存留；王建墓玉帶，不但因爲墓主爲一方帝王，且其來龍去脈，詳刻於鉈尾，確爲我國五代十國階段，最重要的文物資料。

【第六編】 兩宋與遼、金

　　宋朝的歷史，可分為兩個階段。

　　自宋太祖趙匡胤開國（西元九六〇年），到靖康二年，徽、欽二帝被金所擄（西元一一二七年），計一百六十七年，這一時期，雖稱強盛，但亦僅能維持，全國局部性的統一，因為，北方一直有遼、金的騷擾，但政局仍是穩定的，史家稱這段，奠都開封的階段，為「北宋」；「靖康之難」後，泥馬渡康王，即宋高宗，經過一段時期的流離，最後定都杭州，到元軍破臨安，後陸秀夫背帝昺投海，時在宋祥興二年（西元一二七九年），宋祚滅絕，史家稱這階段為南宋。

第一章 ◈ 北宋開國，及與遼的對峙

　　我們都知道，「陳橋兵變，黃袍加身」，使趙匡胤即帝位，建立宋朝，史紋：當時趙匡胤尚不願意，多為其弟趙光義與趙普等人所擁戴；其實，這是對不知史的人，有意的隱瞞，源自於宋代儒士，為帝皇洗刷，奪人孤兒寡婦天下的障眼法。有首名詩，一語道盡其中玄機，曰：

　　「千古奇案陳橋驛，黃袍加身即罷兵。」

　　史稱：周世宗病亡後，七歲的幼子即位，五個月後，軍報稱，北漢勾結契丹入侵，殿前都點檢趙匡胤，奉命北征，行軍到距京城四十餘里的陳橋驛，三軍發生兵變，才使趙匡胤，在迫不得已下，黃袍加身，隨後，即回京即帝位。我們對古史、古文物略有認識的人，都知道，「明黃」為天子專用顏色，大臣、民間，不敢使用，如若史書所云正確，在陳橋驛兵變混亂中，何來黃袍？這很明顯的，是一件預謀。

　　此外，趙匡胤出兵的目的，是北漢勾結契丹入侵，為何黃袍加身後，即回京接收？先前軍報，顯係偽造！身為統帥的趙匡胤，可能不知？「黃袍加身即罷兵」，真是一語道破，其中奧密！

　　這一切問題的癥節，在於後周當時，雖「主少國疑」，但周世宗的威望、恩澤猶在，趙匡胤才以營造民意的「黃袍加身」方式，篡奪皇位；而從五代十國階段的歷任帝王分析，周世宗柴榮確是第一號人物，歐陽修稱讚他：

　　「其英武之材，可謂雄傑；及其虛心聽納，用人不疑，豈非所謂賢主哉！」

　　尤其，他能在回鶻國使臣獻玉的場合，說出：「玉，雖寶而無益。」，公然拒絕，為我國歷代帝王中，能拒絕美玉誘惑的第一人，確實難得，僅就此點，他在我國連綿不斷的近萬年玉器文化史中，也應占有一席之地。因為，自殷商稱玉器為「貨寶」以來，就逐漸開始揚棄，始自我國史前，所賦與玉器的一種不能替代的價值；後雖經孔子，具體的把「玉德」列舉出來，但隨後的戰國，不但沒有發揚，反而更唯物的挑別色美、質優。這種現象，影響了我國長期以來，賞玉、玩玉的方向；多少玩家，僅知玉器的珍貴，在於他的價值，在於他的色澤，而忘卻了玉器，對人們的真實意義，乃在於「比德」；若以

價值言，自古以來，收藏玉器最多的收藏家，莫過於殷商的紂王，渠所收藏的玉器，價值達「億有四千」，但他卻不知玉器文化的眞諦，不知「比德於玉」，終至亡國，平生所蒐玉器，平白便宜了周武王；所以，純從物的價值觀點分析，周世宗所言：「玉，雖寶卻無益。」，的確是至理名言，對不識我國玉器文化的人而言，也不啻是一記當頭棒喝！

趙匡胤即位爲天子後，定都開封，史稱宋太祖，他深諳五代十國階段，藩鎮、權臣篡弑的原因，於是，逐步實施中央極權，對當初擁立他的軍隊首腦，軟逼硬奪，逐漸祛除他們過重的軍權；所以，「杯酒釋兵權」，僅是手段，其目的，則是「削奪其權，制其錢穀，收其精兵」，雖然目的是達到了，可是，宋太祖卻沒有想到，中央極權的結果，卻是禍起蕭牆；到了太祖晚年，在外人不足信任的環境下，其弟光義的權柄日大，最後竟致死的不明不白，留下一段「斧影搖紅」的歷史公案；野史傳稱：宋太祖開寶九年（西元九七六年）十月廿日，夜大雪，帝召已封爲晉王的弟弟光義進宮，遠避的宦官與宮人，但見燭影下，二者似作爭執，又時見太祖以柱斧擊雪，後趙光義夜宿內宮，次日晨，即宣稱：太祖已崩；當日，晉王趙光義在靈前就位，即爲宋太宗，我國自周公實施宗法制度以來，宋太宗以弟繼統的方式，的確特殊，尤其宋太祖的死因，與當夜爭執經過，官方的國史與實錄，均略去不載，故而，給後世留下了一團難解的迷霧。

惟可確定者，則是宋太祖，有持玉製柱斧的習慣，因爲，不少正確的史料，都曾提到；這種持用玉製武器，作禮器的行爲，起源甚早，筆者估計，在新石器時代，就已經形成了；而殷商婦好墓出土的玉鉞（如本書冊二、圖三十四），爲婦好生前所持用，刃口卻無使用痕跡，就是最好的例子；其後，這種習慣，演變成周公制作的禮器，周亡後，即逐漸消失；但到了五代十國時期，歷任割據自立的帝王，多爲軍事統帥，習慣持用指揮用的兵刃，另又怕近臣謀弑，方使柱斧，再度於皇室興起，而宋太祖即延續這一流風，常持玉製柱斧，與大臣議論國事；可是不同的是，玉柱斧已經脫離禮器的範圍，而以趁手、順手，便於持拄爲目的。

宋太宗得位後，即繼續太祖未竟志業，將南方尙獨立的各國，逐漸削平，可是，在對遼的征伐上，卻連連失利，無以爲繼。故而，自五代後晉石敬瑭，割給契丹的燕雲十六州，宋室始終未能規復。大宋也一直承受北方遼國（契丹）的壓力，宋代楊家將的故事，在民間廣

爲流傳，也就是在這個時代背景下產生的。

北宋的傳國世系，自「斧影搖紅」的疑案後，發生了變化，這其中，還包括一個「金匱之盟」的故事，據說，宋太祖事母至孝，母親杜太后在臨死前，曾問太祖：「汝何以得天下？」，太祖答稱：「係祖上與太后的功德！」，杜太后說：「完全不對，是因爲柴家幼兒，主天下之故。」，因此主張，帝位先傳弟，後傳子，太祖立刻答應，并作了誓書，藏之金匱；太祖死後，由已罷相的趙普，說出這件事，但當事人杜太后、宋太祖，均已過逝，已莫可究詰，而晉王趙光義，卻大權在握，即以趙普的說法，登基爲帝，此即宋太宗。

但參考宋太宗即位後的作爲，卻是立即重用趙普，而爾後，亦未傳位其弟，也未傳位太祖之子，北宋帝位，即由宋太宗一支所把持。其傳國世系爲：

1. 宋太祖 趙匡胤　　6. 宋神宗
2. 宋太宗 趙光義　　7. 宋哲宗
3. 宋眞宗　　　　　8. 宋徽宗
4. 宋仁宗　　　　　9. 宋欽宗（靖康之難，亡於金）
5. 宋英宗

宋眞宗時，遼又大舉南侵，眞宗戰戰競競的御駕親征，兩軍對峙於黃河邊上的澶州，後由寇準斡旋，雙方訂立「澶淵之盟」，約定：宋、遼以兄弟相稱，宋每年向遼納銀十萬兩，絹二十萬匹，所以，在北宋早、中期，困於遼的進犯，確爲事實，也就在這種大環境中，種下了北宋覆亡的原因。

首先，因爲遼的強盛，與「澶淵之盟」的恥辱，使宋眞宗的行事，走向偏鋒；眞宗聽信王欽若之言：「戎狄之性，畏天而信鬼神。」，可以製造符瑞，「借天命以自重。」，於是，眞宗稱：「天神降旨，命他設壇接天書。」，到時候，果然有兩丈多長的黃帛，降於壇上，於是，眞宗以此祥瑞天符的降臨爲由，正式改元爲「大中祥符元年」（西元一〇〇八年），并大修蹕道、行宮，作爲封禪泰山的準備；隨即，正式到泰山，舉行封禪大典，接著謁孔，謁毫州太清宮，追封老子爲「太上老君混元上德皇帝」，這些作爲，都是利用「天書」的騙局，想借用「天命」，來宣揚宋朝統治的合法性，并震懾強悍的遼國。這項宣傳活動，一直持續到祥符十五年，眞宗崩逝，「天書」隨著陪葬爲止；可是，這一階段，因爲眞宗的遊幸，使國庫更空虛，

且連年擾民，蓄積民怨，尤有甚者，<u>眞宗</u>一手製造的「天書」騙局，卻騙得自已的子孫，深信不疑，更崇信虛無的道敎；到了<u>徽宗</u>，迷信神仙的程度，無以復加，運花石綱，建延福宮萬歲山，終使<u>金</u>人，攻破首都<u>汴梁</u>，身敗名裂而亡。以此觀北宋史，<u>宋眞宗</u>設置「天書」的騙局，實爲盛衰的一個重要分水嶺，因爲，他旣未騙得<u>遼</u>，也未騙得<u>金</u>，卻騙得自已的子孫，更加迷信，以至亡國。

<u>宋眞宗</u>祥符元年，至<u>泰山</u>封禪，確爲一件事實，因爲有出土的玉册，可作佐證。

依據古籍記載，「封」與「禪」，是指兩種祭祀儀式，<u>白虎通</u>稱：「增<u>泰山</u>之高以報天，附<u>梁甫</u>之基以報地。」，所以，「封」是祭天，「禪」是祭地。「封」者，是封土爲壇，在<u>泰山</u>之上，由於據傳，<u>泰山</u>爲最接近天神的山，而在山巓，又封土爲壇，增加了<u>泰山</u>的高度，使祭天時，更能與上蒼接近。而「禪」地時，則是「除土爲壇，在於<u>梁父</u>」，<u>梁父山</u>，又作<u>梁甫山</u>，即今之山東省泰安縣的<u>社首山</u>（又名<u>蒿里山</u>），此山甚低，似一土丘，又再除土爲壇，故稱更接近地神。

民國十七年，國民政府駐軍，在<u>蒿里山</u>關王廟前，清理殘磚時，發現了五色土壇，周爲靑、白、赤、<u>黑</u>土，中間則爲黃土，向下挖掘，在中央黃土中，出土了「宋眞宗禪地玉册」，再向下挖掘，又得到「唐玄宗禪地玉册」（即圖八十三）。這兩件文物出土後，一直在駐軍首長手中，民國六十年，呈獻給政府；初時，保管在台北<u>歷史博物館</u>，後又轉至故宮博物院，在典藏於<u>歷史博物館</u>時期，因有多人提出疑問，故頗不受重視，但筆者曾數十次前往參觀，當時，筆者即認爲：這兩件文物，確是眞品；存疑者，所提最大疑問，在於，「爲何唐、宋二簡，出於一壇？」，「爲何如此巧合？」，筆者認爲：<u>宋眞宗</u>爲求「天書」的騙局，能掩人耳目，先考証得<u>唐玄宗</u>禪地的位置，待出土玉册，証明無誤後，方「除土」爲壇，先將<u>唐玄宗</u>玉册埋入，再於禪地大典時，埋入自己的玉册，以爲效法先王之意；此雖爲臆測之詞，但筆者當初，即認爲此玉册，是眞品的最大理由，仍在於玉册本身；這組玉册，共十六簡，每簡長約二九・五公分左右，寬約二・○八公分，厚約○・七至○・五公分，於簡的側面上下，各橫穿一孔，連以金線，四簡爲一排，上刻祭文，字口塗金，層疊放於匣中，再入土。而出土時，簡册其上字口塗金，已有部份脫落，脫落現象，極自然，初看，即知不可能作僞，再參酌玉簡品相與文字刀工，斷代爲<u>宋</u>

，確爲合理（如圖九十七，餘見圖一二○）。另宋史、眞宗本記，記有：

「大中祥符元年十月，壬子，禪社首，如封祀儀。」

（圖九十七）本圖所示，即爲宋眞宗「禪地玉册」的圖片，內容文風，爲宋時文體，刀工轉折，不見作僞痕跡，尤其字口塗金的脫落，細予觀察，只見歲月流逝的痕跡，絕不可能是僞作。

前文中，筆者曾言，作僞古玉者，多爲玉工，此輩作僞甚拿手，但文化素養不高，最易在文字上露馬腳，現賊痕，本玉册，從玉材出土特徵、文句、字形、刀工，均無破綻，且又能與古史所敍吻合，故當爲眞品無疑。（餘見本篇末）

第二章 ❖ 金的興起，與北宋的滅亡

　　自宋眞宗的「天書」騙局後，北宋即逐漸走向衰亡；其實，在這一個階段，北宋的社會，是相當繁榮的，工商業都很進步，尤其農業技術的改良，使整個社會，都很富庶，從近年，出土的一些，北宋時代墓室畫像磚，都可觀察出，民間富庶的情形，另傳世的名畫「清明上河圖」，更是具體的描述了，北宋京城汴梁附近上河的富庶繁華。也就在這個時期，我國玉器，逐漸爲平民所佩帶；但是，平民的文化素養與格調，低於一般士子，使一些寓意的民間紋樣、民俗圖案，大量進入玉雕藝術中，反而豐富了我國玉器文化的內涵；尤其特殊的是，北方異族的興起，更使玉雕圖案中，掺入了異族的風采。其中，尤以遼、金的影響最大。

　　在遼興起，逐漸統一北方，并與中原北宋對峙時，受遼統治的女眞族，也逐漸強大，當時，屬遼所轄，編入人口戶籍的，遼稱爲「熟女眞」，未編入戶籍的，則稱爲「生女眞」，這些部落，世居黑龍江中、下游，與長白山一帶，約分爲七十二個部落，其中完顏部落，趁遼與中原北宋，長期交兵的困耗狀況下，逐漸崛起；於徽宗政和五年（西元一一一五年），正式建元，稱「金」，開始攻遼，遼因長期的兵力耗損，不堪一擊，次年，即被攻下「東京」；因北宋受遼，長期侵犯騷擾的歷史仇恨，宋徽宗作了一個聯金攻遼的決策，以買馬作掩護，派人從山東登州出海，到遼東半島，與金訂立了「海上盟約」，約定：共同出兵攻遼，待遼滅後，北宋可要回燕雲十六州；這是一個極端錯誤的決策；如若北宋能按兵不動，對遼、金的相互攻伐，作壁上觀，以北宋當時，社會富庶的狀況，與人才的充足，大有能力，趁兩敗俱傷時，從中牟利；但「海上盟約」的訂定，不但促使了遼的迅速滅亡，也直接造成了「靖康之難」，及北宋的覆亡。

　　宋徽宗這一政策，確是養虎爲患，噬臍莫及；古史公認，宋徽宗爲我國有史以來，最有藝術才情的天子之一，他能書善畫，也能吟詩作賦，各種藝術成就，都卓然成家，且成就，不在李後主、唐明皇之下，如若他能投胎於官宦人家，作一富貴閒人，則藝術成就，必然更高，但卻作了日理萬機的天子，并以其特有的藝術家特質，處理國事，終於成爲亡國之君（如圖九十八Ａ、Ｂ）；「海上盟約」訂定後，第二年（宣和四年，西元一一二二年），金兵越過長城，攻占遼國首

都燕京，俘遼天祚帝，至此遼亡。

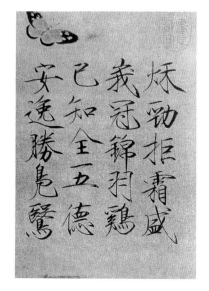

（圖九十八A、B）A圖，為宋徽宗御筆所畫的五色鸚鵡，神態優美，可見其對花卉翎毛的繪畫功力。B圖，則為徽宗所作的五言詩，用典貼切，寓意深遠，而此書體，即為徽宗首創的「瘦金體」，略有道家峭瘦、飄逸的神韻，在我國歷代書體中，獨樹一格；宋徽宗藝術才情極高，卻作了日理萬機的天子，以藝術家特質、個性治國，終至亡國。

　　四年後，靖康元年，金兵圍北宋首都開封，宋徽宗、欽宗還迷信道教所稱的奇門遁甲之術，幻想「六丁力士」、「六甲正兵」、「北斗神兵」，能保護首都；次年元月，開封被金攻破，拘徽、欽二帝，隨後由金主下詔，將此二帝，廢為庶人；惟金兵雖進中原，如摧枯拉朽，但卻基礎不穩，故即將徽、欽二帝、后妃、宗室、朝官三千多人，一齊俘虜北去；開封所藏金銀、寶物、典章、圖冊，及徽、欽二帝多年搜集的文物、古董，均被洗劫一空，此即為「靖康之難」。北宋自此滅亡。

　　識者認為：北宋之亡，原因甚多，但依當時民間富庶的情形，當

不致敗亡的如此之速，殊不知，自宋太祖開國後，即實施中央極權，有意抑武崇文，不修武備，而各級官吏，貪污不法，層層剝削地方，南宋大儒朱熹曾嘆稱：

「古者刻薄之法，本朝皆備。」

顯示北宋後期，政治的腐敗；再加上宋眞宗，實施「天書」的騙局，愚弄了自己的子孫，而宋徽宗愚蠢、昏庸的，與金訂定「海上盟約」，更是引狼入室，終遭所噬；但大體言，宋的國力仍在，生機未絕，所以，尚能孕育出李綱、韓琦、宗澤、岳飛、韓世忠……等，諸多名將，使南宋能迅速在江南，建立起政權。

第三章 ✦ 南宋與金的對峙

　　靖康二年（西元一一二七年），北宋滅亡，同年，徽宗第九子康王趙構，在南京即位，號高宗，建元爲建炎元年，此時天下大亂，高宗先逃到揚州，再逃到杭州；此時金將兀朮，又再渡江南侵，意圖一舉滅宋，底定江南，宋將韓世忠，利用金人係北兵，不習水戰的缺點，在鎮江附近設伏，大敗金兵，兀朮被圍於黃天蕩四十多日，幾至覆滅，後偵知老鸛河舊道，可通秦淮河，發動全軍，連夜挖通了，五十多里的堙塞淤積舊河道，側走南京，才能安然北返；此黃天蕩之役，除了戰殺金兵自靖康以後的銳氣外，亦使江南人心略定，使杭州的朝廷，得以運作，此即史家所稱的南宋。

　　南宋與金隔江對峙，因北方經過遼、金長期戰亂摧殘，田野敗破，荒蕪千里，而南方，卻因農耕方式的改良，與「圩田」的實施，使農作豐收，更促進了我國南方的繁榮；但也在這種社會豐庶的大環境下，南渡君臣，逐漸喪失了規復中原的雄心，詩云：

　　「暖風薰得遊人醉，錯把杭州作汴州。」

　　就是當時，南宋朝廷上下，政治心態的最佳寫照。

　　宋高宗紹興十年，金將兀朮，又再領兵南下，岳飛在偃城，破金兵「拐子馬」，繼而在潁昌，大敗金兵，一直追擊到，距開封僅四十五里的朱仙鎮，南宋規復中原的形勢，已唾手可得，岳飛也發出，「直搗黃龍」的豪語（黃龍鎮爲金朝首都），可是，高宗卻下令班師，隨後，即將岳飛父子下獄；紹興十一年十一月，金、宋和議訂立：南宋向金稱臣，年納貢銀二十五萬兩，絹二十五萬匹；二國東以淮河中流，西以大散關爲界，史稱「紹興和議」；這次議和，完全由秦檜主持，宋高宗主導，當年十二月除夕，更以「莫須有」的罪名，殺岳飛父子於風波亭；岳飛臨終遺言，僅得八字：

　　「天日昭昭！天日昭昭！」

　　岳飛有功於宋，又爲南宋朝廷，依爲長城，何以致死？這其中，牽涉到宋高宗趙構的心結，明代書法家文徵明，在看到宋高宗早期，給岳飛的敕書碑，文字間，依重之情，溢於言表，曾有感而賦「滿江紅」一首，道出其中隱情：

　　「拂拭殘碑，敕飛字，依稀堪讀。慨當初，依飛何重，後來何酷！果是功成合身死，可憐事去言難贖。最無辜，堪恨更堪憐，風波

獄！

岌不念，中原蹙，岌不惜，徽、欽辱。但徽、欽既反，此身何屬？千古休誇南渡錯，當日自怕中原復。笑區區一檜亦何能，逢其欲！」

以岳飛當時，為國之干城的地位，以「莫須有」的罪名，何能為秦檜所害？其中，宋高宗怕接回徽、欽二帝，才是主因，「當日自怕中原復」，「徽、欽既返，此身何屬？」，一語道破趙構心結！

雖然，歷史已經還給岳飛清白，但我們仍可自古史中看出，岳飛的過人之處，其所傳世的「滿江紅」詞，及「還我河山」的大草（亦有人認為，此二者均為後人偽作，但筆者不同意）；再加上其治理岳家軍的成功，與軍事上的勳績，不論文治武功，都可論為南宋第一人，但卻因帝王私心，含冤而亡，得年僅三十九歲。

「紹興和議」後，金仍時常南犯，故而當時有一個傳說，金朝滅北宋的大將斡離不，面似宋太祖，可能是太祖轉世；因為，自「斧影搖紅」疑案之後，帝系一直由太宗（太祖之弟趙匡義）這一支把持，而宋太祖以開國之君的地位，既未失德，也對國家有貢獻，帝系卻無故被奪走，甚至有些子孫，被降為庶人，既不合道義，也不合倫理；於是，宋高宗在無子嗣的情形下，特別在太祖支派中，選了嗣子，即為後來的宋孝宗，他是宋太祖趙匡胤的七世孫；在這段帝位轉移的過程中，宋太宗後代，被禍最慘，徽、欽二帝，受盡虐待，病死異域。

而南宋早期社會，依靠南國的氣候，與農業改良，逐漸走向富庶，其寫照，莫過於柳永望海潮一詞中，所敘述的：

「東南形勝，江湖都會，錢塘自古繁華；煙柳畫橋，風簾翠幕，參差十萬人家；雲樹繞堤沙，怒濤卷霜雪，天塹無涯；市列珠璣，戶盈羅綺，競豪奢。

重樹疊巘清佳，有三秋桂子，十里荷花；羌管弄晴，菱舟泛夜，嬉嬉釣叟蓮娃；千騎擁高牙，乘醉聽簫鼓，吟賞煙霞；異日圖將好景，歸去鳳池誇。」

這首詞中，敘盡江南美好風光，與當時南宋的富庶，尤其「市列珠璣，戶盈羅綺」之句，更顯示南宋時，民間用玉的普及狀況。

據稱：金主完顏亮，在聽過這首詞曲後，對江南風光，嚮往不已，曾提詩曰：

「萬里車書盡混同，江南豈有別疆封？提兵百萬西湖上，立馬吳山第一峯。」

從完顏亮詩中所稱：「提兵百萬西湖上」，就可知，宋徽宗所訂「海上盟約」的愚蠢，金人跟本沒有隔江而治的打算，更不論歸還燕雲十六州了。

而宋高宗的偏安心態，及對金稱臣納貢的曲辱行徑，換來的卻是，金主「立馬吳山」的豪語，這就是南宋偏安小朝廷的政治窘態。

南宋的帝位傳承如下：

一、宋高宗　　五、宋理宗
二、宋孝宗　　六、宋度宗
三、宋光宗　　七、宋恭帝 趙㬎
四、宋寧宗　　八、（趙昰、趙昺）

高宗之後，六傳至趙㬎，即恭帝，年號德祐，時恭帝年僅六歲，由太后輔政，這時，元朝已建國多年，且多次東征，并已滅金，元軍統帥伯顏，領蒙古大軍，逼近杭州，南宋派人請和納貢，伯顏悍然答稱：

「汝國得天下于小兒，亦失於小兒，其道如此，尚何多言！」

最後，只得獻傳國璽，開城投降，時在德祐二年（西元一二七六年）三月，至此，南宋滅亡。

在元兵破臨安，虜帝㬎，廢為瀛國公，押送到大都的途中，曾有人指稱是「因果報應」，有詩曰：

「路人僉指降王道，好似周家七歲兒。」

諷刺趙匡胤無才、無德、無功，只是欺負賞識他的，周世宗家中孤兒寡婦，才奪得天下，如今，宋室亦落得孤兒寡婦，為元所滅，所以，另有一首名詩，縱論兩宋趙氏天下的得失，吟稱：

「當日陳橋驛里時，欺他寡婦與孤兒；
誰知三百餘年後，寡婦孤兒亦被欺！」

而巧合的是，後周滅亡的年號是顯德，而宋亡年號為德佑，正合顯德所出。

由前太宗奪太祖帝系，但卻落得徽、欽被俘，遭凌虐而亡；太祖嫡系復出，則落得與後周相同，在孤兒寡婦主政的淒涼情境下，亡於異族；似冥冥中，已有定數。

第四章 ✧ 兩宋文化發展，與玉器文化的關係

兩宋政治上，可以說極端不成功，但在文化發展上，卻有很大的成就，這淵源於宋太祖趙匡胤，因得天下不正，為籠絡人心，而作的立國遺訓：

「……不殺士大夫及上書言事人……」

所以，有宋一代，人材是相當充沛的，像王安石、司馬光、三蘇……等，也因為如此，宋朝的文化，相對的較進步，不論散文、宋詞乃至於史書、哲學，都有震鑠古今的鉅著出現，但與玉器文化較有關連的，則是：

第一節 ◎ 宋詞的風行與普及

宋詞承襲五代詞曲，繼續發展，不論在韻律、詞藻的修飾上，都有很大的進步，但最主要的，卻是因為社會的富庶，教育的普及，使詞的製作，從描寫士大夫的生活、社交、情愛等，狹隘的題材，走向描寫社會的風貌，不論抒情、言志、吟詠，都頗有可觀，也因為如此，這種與當時社會生活，結合在一起的文學藝術方式，闊大了當代民眾的視野，也忠實的描述了，當時的社會狀況；所以，到了南宋，我國第一個專業詞人柳永出現時，已經是：「有井水飲處，就能聽到柳永詞。」的極為普及狀況了。

而在宋詞走向社會普及的過程中，成千上百的詞人，用玉歌頌高潔、珍貴、美麗，也促使了兩宋時期，用玉的普及與崇尚，例如：

歐陽修詞，浣溪紗中：「紅粉佳人白玉盃，木蘭船穩棹歌催……。」

歐陽修詞，南歌子中：「鳳髻金泥帶，龍紋玉掌梳……。」

秦少游詞，滿庭芳中：「珠鈿翠蓋，玉轡紅纓……。」

周邦彥詞，望江南中：「寶髻玲瓏欹玉燕，繡巾柔膩掩香羅……。」

朱新仲詞，點絳唇中：「白璧靑錢，欲買春無價……。」

在前述詞中，所提到的玉器，有些是實用器，也有些是，以玉為形容的器用，但是，在這一段詞曲通俗化的過程中，一些著名的詞人，所吟哦出來的名句，已不僅限於此，他們開始用玉器，來表達一種「意象」，一種存在詞人內心深處的奇奧、美妙情景，像：

辛棄疾詞青玉案，歌詠元宵夜的光景：

「……寶馬雕車香滿路，鳳簫聲動，玉壺光轉，一夜魚龍舞……。」

蘇東坡詞水調歌頭中，歌詠月亮的高潔：

「……我欲乘風歸去，又恐瓊樓玉宇，高處不勝寒……。」

真實的瓊樓玉宇，固然不存在，而在蘇東坡心目中，也沒有想像中的瓊樓玉宇，所有的，只是存在詞人心目中的一個意念，一個幻化的奇景。這種文學境界，不但提升了我國文學創作的新里程，且在玉器文化演進過程中，使玉器與藝術的意念，結合為一。如此，在我國諸多，以玉為形容詞的文句中，玉已經不再是具體的玉器，也不只是形而上的玉德；他更是一種超塵美好的意念，這種現象，隨著詞曲的普遍化與通俗化，使人們對玉器的認識，邁入了一個新的境界，一直沿續至今，筆者并相信，仍將會沿續下去。

第二節 ◇ 理學的興起

自漢武帝獨尊儒術後，儒家對我國帝制政治，都有重大的貢獻；可是，隨著南北朝的佛教大興，與唐朝推崇老子李耳，所造成的道教興盛；使在宋初時，演變成儒、道、佛，都被認為，是一種砥勵人生，教人為善的宗教，宋真宗就曾說：

「……三教之設，其者一也，大抵皆勸人為善，惟達識者，能總貫之……。」

但是，自董仲舒之後，儒家已經演變成封建帝制的守護神，像五倫中，「君臣」之倫的建立；讀書人所尊崇的，「天、地、君、親、師」順位構建，在在都使帝王統治者，離不開儒術，但又受到民間佛、道信仰的勃興影響，於是，一種揉合儒、道、佛三家哲理，綜合而成的「理學」，開始在宋代出現了，其中，包括周敦頤的「濂學」，張載的「關學」，二程（程頤、程顥）的「洛學」……等。惟周敦頤所闡釋：

「自無極而為太極。」

就是從無到有的理學中肯敘述，是把道教思想，演變成理學思想的重要奠基人。

到了南宋，理學又得到進一步的發展，至朱熹時（西元一一三〇到一二〇〇年），即集理學之大成；朱熹本是程頤的四傳弟子，對「洛學」精髓中，「理」的唯心思想，都能吸收，而又擷取「關學」中

，「性」與「氣」的部份；并在周敦頤「濂學」的「太極」基礎上，形成了自己比較完整的哲學系統，他認爲：

「天地之間，有理有氣。」

「理」是萬物的本源，「氣」則是構成萬物的原質；此所以，「有理而後有氣」，氣是從理衍生出來的，而理的最高境界，則是「太極」，也因爲如此，「宇宙之間，一理而已」，這個「理」：

「……其張之爲三綱，其紀之爲五常。」

一切帝制、封建社會的倫理綱常，都是「天理」的表現；在這個大前提下，人要「心包萬理」，透過「靜坐」、「涵養」、「格物」、「致知」，來掌握眞理。

朱熹原籍江西人，因爲長期在福建講學，所以，他所提倡的理學學派，又稱「閩學」，其內涵，具體反映在他所著作的周易本義，四書集注、四書或問中；自南宋理宗以後，程、朱理學，即已確居於政治思想方面的主導地位。

而在宋朝，自理學興起，以至朱熹集其大成的階段，雖有「存天理，滅人欲」的說法，但是，一般所指的「物欲」、「人欲」，玉器卻不在其中，反而因爲光大孔子學說，使玉德之說，又再度興起；所以，終宋一代，可以說我國有史以來，佩玉最興盛的階段之一，不但因爲詩、詞、曲的唱和、渲染，使民間佩玉之風大盛，而理學思惟體系中，宣揚孔子思想，「使比德于玉」的觀念，再度復甦，也是一個重要的關鍵。

第三節 ◎ 考古、金石學的興起

從呂氏春秋中的語句分析，我國收蒐古董文物的時代，起源很早，至少在戰國時代，就已經開始了，再証諸說文解字，及漢武帝與李少君的對話，也可証實，漢初時，皇室、貴族、高官，收藏出土古文物，已經很風行，不過，當時仍以帝王符應的銅器，及士、大夫、文人的玩物及碑帖爲多，但均「知其然，而不知其所以然」；直到宋朝，才開始由文人，作學術性的研究，并作有系統的整理，像歐陽修所著的集古錄，收集了歷代石刻，與古彝器銘文四百多種，先作成目錄，再把內容與研究的結果，寫成跋尾，是我國目前所存，最早的一本金石學研究專著。而南、北宋之交的趙明誠，在他妻子，也是名詞人，李清照的協助下，所編成的金石錄，蒐羅更完全，包括歷代銘刻碑文，達兩千多種，研究見解，也極精闢，是我們研究古文物，必讀之

作；此外，呂大臨編著的考古圖，官府編纂的宣和博古圖，也都頗有可觀，使兩宋的金石學研究，能與史籍結合，成爲一個新的學術領域；尤其考古圖與宣和博古圖二書，不但有古器物的分類、名稱、形制，并且還註明，收錄文物的出土地點，這也使古文物的蒐集，逐漸步入較專業的考古學領域；這其中，雖有部份見解，并不精闢，甚或導誤研究方向，但總的分析，宋朝金石學研究的興起，對我國古文物研究的貢獻，仍是功不可沒。

但是，宋朝研究金石學的原因，仍有其時代背景，其中，最主要的推動人物，就是宋徽宗，前文中，我們就曾提到，徽宗是一位，極富藝術家特質的歷史人物；自初，他就對古文物蒐集，頗有興趣，而當時的權相蔡京，雖人品極差，但對古文物的鑒識能力，卻很高，能投徽宗之所好；所以，他從徽宗早期的政和年間，就開始從民間，搜刮古文物，進入大內，據知，當時宮廷中，出土的三代銅器，就有六仟多件，如此，在上之所好的導引下，使金石學的研究，驟然興盛起來。而後，蔡京等一夥人，更撮弄徽宗稱：「有大而能謙必豫。」，皇室當時的禮樂制度，與宮廷規模，和徽宗君德的隆盛，不相配稱；於是，徽宗下令，用銅二十二萬斤，仿照夏、周的形制，製作顯示皇權浩大的九鼎，與各類彝器，但是，因爲對古器形的認識不足，與知識的混淆，使這批宋時製作出來的禮器，成了三代紋飾與器形的混合，已去古制甚遠，但宋距今已近千年，目前，這些古文物，仍有其歷史價值；尤其，這些宣和仿古器，係由宋徽宗親自審樣、督工，而徽宗的藝術修養又極高，故所鑄成禮器，雖不合古制，卻具極高的藝術性；但靖康之難後，金人綑載汴京文物、寶器，盡皆北返，使宣和仿古之器，傳世已不多見。

而玉器的研究，也在這種社會背景下，有些進展，但這些宋儒，多食古不化，誤認爲三禮，是最正確的第一手資料，在鎮日鑽研冥思中，閉門造車，研究出了一些奇形怪狀的器形，聶崇義的三禮圖說，就是一個例子，而當時社會上，玩古之風已大盛，僞作之人，再仿其形，這也就是，宋代僞古玉器特多的原因之一，也因爲這種環境，許多不肖份子，發展出了，一些製作僞古玉器的方法，流傳至今，這些仿僞玉器，與我國流傳已久的古玉器相混淆，造成迄今，古玉常真假莫辨的現象；但是，一些出自宮中內府的宣和仿古玉器，不論造形、刀工、藝術性，都頗有可觀，尤其爾後散失嚴重，目前數量，已比真正的三代古玉禮器，還要稀少。

　　總而言之，兩宋階段，是我國考古學興起，乃至於豐收的時期，但研究範圍，仍然偏重於銅器、碑帖；研究內容，也受理學的影響，以追求三代先王的教化遺跡爲主，比較狹隘。

　　但古玉的研究，卻顯然落後許多；因爲，在當時，古玉器還不是金石學研究的主流，偶有提及，也多舛錯失眞。可是，協助趙明誠寫作金石錄的名詞人李清照，在評論當代各大詞家的曲風時，曾論及黃庭堅（魯直）的詞，曰：

　　「……黃即尚故實，而多疵病，譬如良玉有瑕，價自減半矣！」

　　李清照是我國有史以來，難得一見的才女，顯然的，他對自己的才情，也很自負；所以，對名聞當代的蘇門四學士，又是北宋四大書法家之一黃庭堅的詞，也毫不保留的批評；但「良玉有瑕，價自減半矣！」之語，卻在無意中，透露出了，兩宋階段，品評玉器的標準。

第四節 ◇ 瓷器的發展

　　兩宋的官窯瓷器，是我國最珍貴的藝術瑰寶，其造型演變，對我國玉器文化，也有一些影響。尤其北宋時期的官窯，在唐、五代的蟄伏、蘊釀後，至宋時，開始大放異彩，像「定窯」發展出來的覆燒方式；「耀州窯」延續發展的刻瓷工藝；「鈞窯」發展出來的窯變；對我國瓷器藝術的發揚，都有重要的貢獻。

　　在我國歷史上，瓷器手工藝最繁榮進步的時期，當數宋朝；雖然，明、清兩朝的製品，也頗有可觀，但是，他們把全國的精華，都侷限在江西省浮梁景德鎮一個區域，不像北宋時，全國名窯，星羅棋布，其中最馳名，爲汝、定、官、哥、弟、鈞……等名窯，各具特色，各有優劣。

　　其中，尤以「汝窯」，最爲名貴。因爲，他是宋徽宗自己特選的官窯。在北宋末年，徽宗迷信道教，尤其對方士、幻術、神仙，深信不疑，不停齋戒、建醮，并由道士冊封爲「敎主道君皇帝」，且下令天下各地州縣，廣建道教宮觀。也因爲如此，汝窯瓷器的造型，迷漫著濃郁的道教風采，據著錄記載：「汝窯」的作品，是以瑪瑙末入釉，所燒造出來，釉色晶瑩中，并有豐潤質感；尤其名貴的是，北宋開始命令河南寶豐清涼寺的瓷窯，爲宮廷燒製器用，僅限於徽宗大觀到宣和的二十年間，加以靖康之難，損失極重，據宋史記載，南宋君臣南渡後，宋高宗趙構到清河郡王張浚家中，張浚就以幾件汝窯瓷器，及一些古文物，送給皇帝作獻禮，由此可知，這種瓷器，在當代，就

已經被視爲珍品了。據目前陶瓷器專家調查，傳世汝窯瓷器中的眞品，僅有六十多件，爲「國寶中的國寶」。（如圖九十八C）

（圖九十八C）本圖示，爲北宋後期的「汝窯」瓷器，據傳：是以瑪瑙末入釉作成；「瑪瑙」，爲我國玉器文化中，常出現的美石之一，以其入釉，作成官窯瓷器，顯示我國瓷器工藝與玉器文化的結合。

此外，北宋的「鈞窯」，也發展出了獨特的風格，由於當時窯工研究出，釉藥中的金屬成份不同，在窯燒過程中，又因爲窯溫及窯內空氣流動的不同，可使器物，燒出不同的顏色，這種現象的發現，初開始，必是偶然，後來經過研究，對金屬成份的多寡，窯溫的高低，火焰的性質，作了無數次的實驗，變成一種重要的「私秘」技術，這種瓷器，宛如天邊彩霞，變幻莫測，有茄皮紫、葡萄紫、玫瑰紅、葱翠綠、海棠紅……等，不同色澤名稱，一般瓷器專家，都把這種窯變現象，稱之爲「變瓷爲玉」，正式把瓷、玉兩種藝術品，并列而論，這除了顯示，「鈞窯」窯變瓷器的珍貴外，也顯示，宋朝各階層人士，對玉器色澤的憧憬。

北宋君臣南渡，於杭州建立偏安的朝廷後，就援引北宋，在汴京有官窯的傳統，宋高宗命令宦官邵成章，在杭州鳳凰山下，設置修內司窯，所作瓷器，專供御用；這批青瓷，據稱：「……極其精緻，釉色瑩澈，爲世所珍……」，尤其，其中色青而略帶粉紅的色澤，堪稱我國青瓷系統中的一絕。

但南宋最主要的瓷器成就，卻是「龍泉窯」的大興，這種繼承，

唐、北宋秘色青瓷特色的龍泉窯，自南宋後，為滿足官府、宮廷的需索，開始製作一些，仿官或似官的產品，其上，施以較濃稠的石灰碱釉，逐漸形成龍泉窯系的特色，其後，陸續發展出來的粉青、梅子青，更是巧奪天工，成為我國另一個新的青瓷窯系，有文形容他：

「極青瑩，純粹無瑕，如美玉。」

　　在前文中，我們提到一些兩宋名窯，不論是「汝窯」的調「瑪瑙末入釉」，或「鈞窯」中，窯變的「變瓷如玉」，甚或龍泉青瓷的「純粹無瑕，如美玉」，都是用玉來形容，或增益瓷器的優美，由此，也可瞭解，兩宋時代，對玉器珍美、高貴的概念。也就在這個過程中，我國玉器的形制，開始與瓷器結合，雖然，這兩種藝術品，因為材質的不同，各有不同的製作方式：像瓷器，是以轉輪拉胚手製為主；玉器，則以砣具蘸解玉砂，切磋而成；但瓷器的造型，卻豐富了我國玉器的形制，也從這時候起，一些碗、盤、盅、盞、瓶……，似官窯瓷器形制的陳列玉器，開始大量出現，更豐富了我國玉器文化的內涵。

　　同樣的，史前、三代的一些古彝器、玉器形制，也因為兩宋時，蒐古之風的普及，為瓷器所模仿；像在史前良渚文化中，常出現的玉琮，也在這個階段，為瓷器形制所吸收，但因為宋時，道教思想迷漫，所燒造出來的「琮」形瓷器，外緣多附以「八卦」圖紋，取代了原有的「獸面神徽」，亦正足顯示出，兩宋思想文化的特點。

註：玉器仿陶器、銅器形制，則起源更早，殷商婦好墓出土的玉簋，可為代表。（詳見本書第二冊，圖三十二）

第五章 ◈ 兩宋與遼、金的玉器

筆者嘗言，北宋末年的「靖康之難」，不僅是宋太宗趙光義這一支，竊兄帝位皇室的因果報應，更是我國古文物的最大一次浩劫，因為：

第一、徽宗父子，雅好蒐古，歷年出土的古文物，大多被皇室蒐羅，卻一朝便宜了金兵，綑載而北，流散、湮滅、破壞，幾已不復見。

第二、徽宗末年，命童貫等人，在江南蘇州設「應奉局」，名義上，為蒐羅奇花、異石、佳木、奇石，但仍旁及古文物，每遇古物，貼上黃紙，直接運送進京，史載：「舳艫相銜於准汴。」，這就是導致北宋滅亡，擾民最甚的「花石綱」；這種如篦、梳般的全國性，收刮古文物，卻全遭湮滅。

第三、北宋亡後，金人北返，全國呈無政府狀態，宵小、流民蠢起，稍有身份的大墓，均遭盜掘，甚至，因為社會失序，人民流離，骨肉分散，使已出土，流傳民間的先朝文物，亦遭嚴重損失，像金石錄作者趙明誠，在其書中，所著錄的寶器，遭盜，遭兵火焚毀，遭逃難丟棄，真是慘不忍言；其妻李清照在金石錄後序中，敘之甚詳，似看出易安居士，已勘破古文物難聚易散的道理，但亦可知，當時，古物遭劫毀損的嚴重。

而南宋末年，亦同樣的，使中原古文物，遭受浩劫，首先，是金與南宋的對峙，接著，是金兵數次南下，所過之處，雞犬不留，及至北撤，百姓衣紙，盜掘維生，歷代陵墓，再遭蹂躪，後至元滅南宋，因為族羣的歧視，元朝統治階層，極厭南方漢人（即稱南人），元世祖時，番僧喇嘛楊璉眞迦，被封為江南釋教總統，受僧人宗允、宗愷等游說，公然盜掘南宋諸皇陵，及各大臣陵墓百餘座，破棺取寶，骨骸狼籍，甚至為瀝取防腐的水銀，竟將宋理宗法身，倒懸樹上，後竟致理宗頭顱，亦被盜失，據稱：被密宗喇嘛，盜去作為法器。此實人間悲劇，歷代帝王，身後之慘，當以宋理宗為最。也因為帝、王山陵，都不足保護，民間大小墳墓，則更不堪聞問，故而，目前所出土的宋代玉器，確是歷劫歸來的遺珍，彌足珍貴，其中器形特殊，且較具代表性的有：

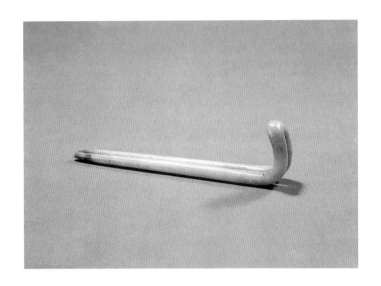

（圖九十九）本器雖型制簡單，卻造型
極美，尤其雕琢呈圓形的釵身，需費極
大工夫；原玉質亦佳，略帶青色，卻不
見李清照所敍：「白玉有瑕，價自減
半。」的瑕與釁；而入土後，所形成的
沁色與土染，使全器，蒙上一種樸拙的
品相，雖已掩去新玉的光澤，但更具美
感。

　　一、**雙股玉釵**（如圖九十九）：本器出土於北京房山縣長溝峪，
北宋時代石椁墓葬，全器長約十五公分，寬約一‧七公分，作出兩股
釵尖，卻彎連成一體，打磨精細，收尖工整，彎連自然，與圖七十七
，隋代李靜訓墓所出土玉釵相比，藝術性明顯增加，但此型制，卻甚
少見；筆者認為：我國玉雕藝術，能代代推陳出新，因為他常能吸收
其他材質的型制，以為己用，本釵即為一例，唐、宋時，我國冶金技
術，已極進步，髮釵多用金、銀，本器即為仿金屬釵的形制，金、銀
可彎、可延，作成此形，極為簡單，但若以玉作成，卻又能顯示柔軟
的造型，反而難度極高，本器確為完美的手工藝品，雖僅為一髮飾，
卻可以作為北宋玉雕的代表作。

（圖一〇〇）本器葉形，雕琢極美，隨勢伏仰，形態各異，略有徐熙，花鳥寫生的筆意，而花型，卻作成平面，但整體造型，搭配得宜，顯示宋代藝術的進步，宋時宮廷，設有畫院，風行繪畫工筆的花鳥，形成了當時的「院體畫」特色；各門類藝術，本就相通，從本件玉雕風格，已可看出，宋代必是我國花鳥寫生畫的全盛期。

　　二、折枝花飾（如圖一〇〇）：本器似為斷裂殘器，殘長七‧三公分，寬六‧五公分，全器用鏤空雕法，作出繁茂的闊葉，拱托出一朵，巍然獨立的折枝花，各葉片彎扭、垂斜自然，已似國畫中寫生圖；但花，卻作成垂直花枝的平面，而不顯突兀，這種化立體為平面的造型方式，為我國玉雕的特有技巧，在雕作枝葉時，作出似立體的層次，來掩飾花朵的不合立體透視原理，但卻以完整的花形，來表現富貴、華麗之美；本器花形，四周作多瓣花形，中再飾以一瓣，為宋代興起的新玉雕紋飾，名之為「折枝花」。本器雖殘，但從全器觀察，可能是與銀嵌接的飾品。

（圖一〇一）本件孔雀形髮簪，造型均勻，當爲飾髮的實用器；宋代「院體畫」的風尚，帶動社會文人畫家，亦競相效尤，使宋時的花鳥寫生，冠於我國歷代；從本器孔雀造型，已可知當代藝術風尚。

三、**孔雀形髮簪**（如圖一〇一）：本器爲筆者所知，玉雕髮飾中，最優美者，高三公分，長六・五公分，寬二・二公分，用一極細緻的和闐玉，圓雕成一隻孔雀，展翅振尾，并用細陰線，修飾出翎毛；孔雀頭部，雕琢最美，頂有冠羽，頸彎成 S 形，柔軟、纖細，最見玉工功力，雀足隨勢前彎，收尖成簪，可供插佩；本器形制，以往不見，尤其簪尖的造型，隨勢弧曲，自然優美，且更實用，當爲唐、宋時代，吸收自中亞的新式髮簪型制；本器造型特殊，且雕琢時，極費時費工，再加上我國歷代蓄長髮的民間習俗，偏向較長形的簪、笄，故後世已少有雕琢。但在宋時，卻爲極貴重的首飾，參考南宋詞人周邦彥的名句：「寶髻玲瓏欹玉燕……」之句，可知宋時，確常將髮簪，雕成珍禽形狀，以爲裝飾。

四、**鏤雕竹枝佩飾**（如圖一〇二）：本器長約六公分，寬五公分，以竹爲題材，鏤雕出，彎曲盤結在一起的竹枝，並飾以三片竹葉；自然界竹枝，不可能如此生長，但如此盤彎，卻頗具藝術效果，尤其

本器竹節的修飾，隨彎曲弧度作調整，顯見玉匠，對竹枝的觀察入微。「竹」，爲我國民俗中，「歲寒三友」之一，與松、梅并稱，爲儒士「高風亮節」的代表，更因竹的中空，可代表「虛心」，竹節，顯示「有節操」……，在我國文化史上，是極具地位的一種，象徵文人的植物。本器亦爲目前所知，最早的一件竹飾玉雕；我國自唐代，王維改革繪畫，形成文人畫後，即爲我國畫壇的主流，後傳至宋而大盛，名家輩出，蘇東坡讚文同（字予可）畫竹的優美與自然，稱之「胸有成竹」，而他自身也常嘆：「無竹使人俗。」，可見宋時，極崇尚「竹」；本件玉雕，藝術性甚高，顯然是吸收文人畫的造型，變成玉雕的一部份。

（圖一○二）本件玉雕，圈竹一叢，竹葉三片，比例適中，構圖優美，爲一完美的藝術小品；宋時，田園風格的繪畫方式，融合於玉雕，造就出不少的優美藝術品；或爲瓜果水盛，或爲殘荷筆洗，風韻天成，爲文人雅士的燕賞器；本器即爲其中上品，但從鏤空部份分析，本器亦可供佩飾。

（圖一〇三）晉時，葛洪所著抱朴子稱
：「……知龜鶴之遐壽……」，從此，
「鶴」在我國動物圖紋中，就成了「長
壽」的象徵；與「松」常一齊出現在各
種門類的藝術造型中，使「松鶴遐齡」
、「松鶴常春」，成了我國家喻戶曉的
紋飾。

　　五、雙鶴銜草佩（如圖一〇三）：本器高約六公分，橫寬八・二
公分，在一厚約〇・六公分的玉片上，用鏤空技法，作出展翅飛翔的
雙鶴，各含一支卷草，草葉飄起，鶴嘴相對，鶴足亦極具藝術性的交
叉在一起；我國玉雕紋飾，尤其動物造型，少有利用成對動物的對稱
概念，來表達均衡（較多使用連體雙首的方式），但中亞的波斯薩珊
王朝，卻把這種造型藝術，發揮的淋漓盡致，在唐時，逐漸爲中土所
吸收，此所以，唐代玉雕中，常出現，對鳳、對花……等造型；但細
察本器，雕工更精美，曲線更柔合，藝術造型方式，更有進步。鶴，
爲北亞大陸的侯鳥，亦爲我國特有的珍禽，漢、晉時，即已有人豢養
，葛洪所著抱朴子中，有「知龜、鶴之遐壽」之句，顯示當時，已把
鶴，當作長壽的象徵。後道教興起，「鶴」即逐漸融合入道教的紋飾

圖案，本件玉雕紋飾，道家風味十足，顯示北宋時，道教是當時社會
中，主要宗教之一。

（圖一〇四）本器雖作平面，但枝枒的
交纏，葉片的錯合，已有圓雕的傾向，
這種玉雕方式爲：先依草圖大略位置，
或斜或正，作出透空鑽孔，再從鑽孔，
穿細鋸，沾解玉砂，琢出鏤空的交錯枝
葉，最後再飾以陰紋，並作花葉窪下的
修整，即成本器；近代，刀具更新，可
直接刻玉，成品雖千奇百妍，但已缺古
器的樸拙風味。

　　六、折枝花型玉鎖（如圖一〇四）：本器高約七‧二公分，橫寬
約九公分，以鏤空雕方式，作出兩朵，枝葉相交纏的折枝花；枝形柔
軟，相繞纏於上方，葉片則飾於器中，飄拂交錯，其下，則爲兩朵，
以平面方式，顯現立體的折枝花，各由八瓣小花，及一瓣花心，組合
而成，使整器，不但顯現對稱之美，更構成一幅，似鎖形的圖案。鎖
，爲我國起源於周朝的實用器，利用金屬榫的轉動，作閉鎖與開啟，
從「金」部，故可知，原爲銅材質所製，後至宋，則演變成吉祥紋飾
，以固鎖之意，象徵長久擁有，並雕成佩飾，以示平安；富貴人家，
幼兒出世，即常佩此器，以示「長命」；爲自宋後，玉雕中，常出現
的紋飾；本器雖以折枝花爲主題，卻作成鎖形，表示仍有吉祥寓意，
也顯示玉工，對玉雕造型的靈活運用。

　　以上六器，均出土於同一區域墓葬，雖非帝王陵墓，亦非禮器，但察其刀工、玉質，這批玉器，均頗有可觀；尤其紋飾的運用，取自生活中、自然界，甚或摭取金屬造型，或國外器形，琳琅滿目；顯示北宋時，民間用玉的普及，以及藝術的進步；北宋建國僅一六七年，且并未能，眞正統一全國（燕雲十六州爲遼所控制），爲我國歷代中，較弱的朝代之一，但這些玉器，卻告訴我們，北宋時代玉雕技術，及藝術造型，是極進步發達的。

　　北宋長期與遼對峙，互相攻伐，使兩國各有耗傷，後遼爲新興起的金所滅，即逐漸消失；但在建朝的這一段時期，吸收中原文化，並揉合契丹藝術，創造出了一些較特殊的文物器形，爲遼曾在我國歷史舞台上的出現，留下了可貴的記錄，其中，最有名的是「遼三彩」，其造型、用釉的特殊風格，并不亞於「唐三彩」；而玉雕方面，亦頗有可觀，像：

　　一、玉獸（如圖一〇五）：本器長約六・五公分，高三・八公分，寬約一・五公分，在一塊瑩白的子玉上，依形雕出一隻，似獾、似

（圖一〇五）本器出土於內蒙古自治區巴林右旗白音漢地區，屬北宋時代窖藏；北宋時，此一區域，屬遼國所轄；本件玉雕，由一塊子玉作成，並將淺褐色玉皮，留於獸鬃及尾部，另爲遷就子玉的形狀，頭、頸相連部份，銜接略差，但透過點漆的雙眼，強調面部表情，有效的掩飾了，圖面結構上的缺點；顯示遼時，與中原雖呈對峙戰爭狀態，但文化的交流，卻促使藝術，有甚大的進展。

狼、似狗的小獸，長鬃、尖嘴、大耳、短尾，弓身側臥，四肢收攏，雖四肢肌肉似健壯，但卻流露出溫馴之態；原玉材，有部份略呈褐色玉皮，經玉工相度材料，留於鬃毛與尾部，再以生漆，點出雙眼，使全器更形生動；<u>遼出自契丹</u>，爲塞外民族，渠藝術造型，有大部份，模仿大漠原野走獸，極有可觀，與前圖所示北宋玉雕，風格完全不同，但卻爲我國源遠流長的玉器文化，注入了新的題材。

（圖一〇六）本器通體有沁，惟盒腔口部，沁色較重，仔細觀察，不似玉色，不似染色，亦不似僞作「老提油」，難以瞭解，何以沁成如此品相，且外表，又少見土蝕、土咬。我國歷代出土的瓶、盒、罐……等，小件盛器玉雕，常有特殊的沁色，這源自於盛器入土時，裝有不同的葯末或物質所形成，如若依殘存物分析，當可瞭解一些，玉沁形成的變化；但出土玉器內殘留物，品相均不佳，或有異味，故多遭清除，對古文物研究，是一大損失。

　　二、雙鵝小盒（如圖一〇六）：本器高三・八公分，長九・三公分，係出土於遼寧省義縣清河門西山村墓葬，全器應係由盒蓋與盒身兩部份組成，但蓋已散失，僅餘盒身，此部份，利用玉形，作出一前一後，兩隻天鵝，交頸俯臥，并以陰線，飾出翎毛，寫實可愛，雙鵝前端，有一圓口，口內空腹，可貯物，兩側，各有一小孔，可穿繩繫掛；此盒用途不明，可能係塞外民族，裝香料、食鹽或葯末的小盒，

為我國玉雕中，目前所知，第一件以動物造型為主體的實用器，爾後中原，即出現類似器形，可知我國透過爭戰，與塞外民族的文化融合，不只輸出，亦有吸收。天鵝，為我國塞北的大型候鳥，春夏，均棲息於東北、塞北及西伯利亞一帶，秋冬，則南下避寒，但不雜交，天鵝雌雄，終生一伴，且一者傷亡，另一必衰鳴久久，不忍離去，為中原珍禽之一，所以有「癩蛤蟆想吃天鵝肉」之俚語，自宋後，逐漸融入我國玉器文化，但在我國傳統珍禽紋飾中，不能與鳳凰、朱雀……等相比。北宋時期，遼屬地區，出現天鵝造型，後中土，即開始出現這類紋飾，顯示遼的塞外藝術風格，對我國玉器文化，仍有增益。

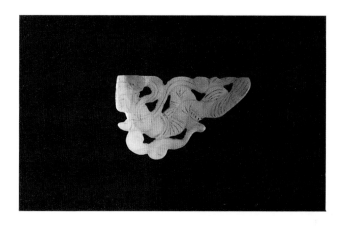

（圖一○七）本器造型，明顯有「工就料」的現象，但是，玉工為不使面部流於單調，而技巧的雕作成，略半側面，使飛天雙眼，更靈活流轉，似有「驚鴻一瞥」的動感；但面部造型，卻法相端莊，毫不妖媚，以小見大，可知遼代玉雕，也曾受到北魏佛窟造像的藝術影響。

　三、玉飛天（如圖一○七）：本器長五‧二公分，出土於內蒙自治區翁牛特旗解放營子墓葬，本器明顯有工就料的痕跡，但雕琢技巧卻很高，玉工利用器角的九十度，雕出飛天的臉形，并戴一平頂帽，身著露臂短袖上衣，下著長褲，中飾飄揚的衣帶，并在身下，琢出彩雲，以示飛翔於天際；本器飛天的身軀造形，自帽頂至腳跟，呈一直線，而臉、頸、胸、腹、腿，卻作成大弧彎，一般人類身體，難呈此種身形，但經玉工之手，卻使此「飛天」，顯出輕盈的體態，為玉雕

「飛天」造型中的上品。

　　北宋亡後，南渡君臣在杭州，建立了南宋政權，逐漸迷戀江南的富庶與溫暖氣候，已無意北返，耽於逸樂、享受，文恬、武嬉，此即所謂：「南渡君臣輕社稷，中原父老望旌旗。」，這也是南宋終爲元朝所滅的主因。

　　而這一階段，因偏仄江南一隅，玉料來源不暢，使墓葬方式，由秦、漢時興起的墓內神仙畫像磚，逐漸轉變成，墓主日常生活的繪畫，且夾雜有各類鎮墓神物，與器用、寶物的繪畫，以取代實物。尤其特殊的是，墓葬方向、風水……等的理論，增加了「可蔭及子孫」的新內容，使我國墓葬習俗，爲之一變；也因爲如此，出土玉器較少，反而美石製作的陪葬品，多有增加；其中出土玉器，較有代表性的，爲出土於浙江省衢州市王家公社的史繩祖墓葬，出土器形有：

（圖一〇八）本器造型紋飾，均極特殊少見，例如：瓶蓋，作成似蕈狀的帽形，整器，卻作成上小下略大的懸膽形，均爲以往玉雕所不見，可能是模仿自，當時極發達的瓷器；其上紋飾，亦於以往玉雕中所不見，既不似波浪紋，又不似蕉葉紋，更不似鱗紋，但卻又略似；如若仔細分析，這種玉雕圖紋的構思，應是仿自瓷器中，耀州窰的刻瓷藝術，本器可作爲南宋時期，玉雕藝術融合瓷器藝術的代表作。

　㈠蛋形藥瓶（如圖一〇八）：全器高約六‧三公分，由瓶身與瓶

蓋兩部份組成，蓋頭呈蕈狀，其上飾以菊瓣紋，下連有一公分長的榫柄，可插入瓶口，用以取用藥末；瓶身，則呈懸膽形，內部挖空，外則修飾出變體的似蕉葉紋；瓶口兩側及蓋上，各有兩孔，可穿繩佩掛；本器出土時，瓶內還存有一些赤紅色藥粉；從本器，我們可以瞭解：

㈠宋代玉雕紋飾，除了受到文人畫的影響外，因為民俗藝術的發展，也使一些民俗紋飾、形制，與玉雕結合，像鎖片、花佩的出現，都是這種現象的延伸；而本器瓶身的紋飾，可能源起於，民俗中「八寶立水」的圖案。

㈡本編第四章、第二節曾提及：兩宋時代，因為瓷器的發展，使許多瓷器的形制，為玉雕所吸收，豐富了我國玉器文化的內涵，本件藥瓶，就是最好的實物證明。

㈢我國原無鼻煙，自明代中、後期，方經西洋傳教士傳入，自清初，方有鼻煙壺的製作，因為形制嬌小可愛，在我國眾多古文物中，形成了比較特殊的一個分支；其實，在鼻煙壺製作以前，我國歷代，都有一些，陶瓷或琉璃製的小藥瓶出現，用以盛裝丹、丸、散，後則發展成鼻煙壺，本瓶即為鼻煙壺的祖形。但因兩側有小穿孔，故亦可穿繫提掛。

（圖一○九）早期鎮鎮，多為銅製，體形較大；但供士人案頭清玩的紙鎮，體形卻較小，且形制不限，長、圓、扁、方，無所不包，材質亦不限，惟能鎮紙即可，這類介於實用器與玩賞器之間的藝術品，最能表現，當代文人的藝術品味。

二、**兔形紙鎮**（如圖一○九）：本器高三‧六公分、長六‧七公分、寬二‧六公分，整體造型，肖似一兔，并以陰線，飾出五官，且在四足間，飾以毛紋，刀工犀利、自然，本器玉質潔白，為上好和闐玉雕成，與前圖相較，沁蝕、質變均少，但在刀刻線紋中，卻有土染，及輕微入沁現象，此為古玉入土，常發生的品相，可作我們鑒玉參考。

而「鎮」者，壓定也；起源於上古巫術風行之時，用以「鎮魘」；所以，「鎮」，原為上古辟邪之物，國語中有：「為贄幣瑞節，以鎮之。」，但後世則統稱，具有壓物用途的實用器為「鎮」。我國魏、晉以前，均席地而坐，因有坐蓆，為求穩定，因而產生了「蓆鎮」；爾後，文人書畫之風興起，各類紙鎮，即開始出現，且可供士人，案頭清玩，故亦有雕成各類藝術造型，這種介於實用器與玩賞器之間的案上陳設，材質不限，但卻多有佳作，本器即為玉雕紙鎮中的上品。

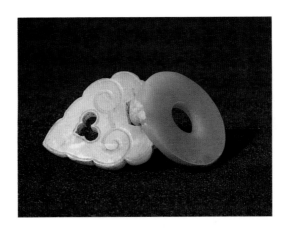

（圖一一○）本器由一塊玉料，剖琢而成，構思巧妙，尤其鏤空的雲形，斜刀作出的卷雲紋，與整器造型相呼應，頗具藝術性，本器為白玉入土後一段時期，所形成的品相，包括土蝕、質變、沁色、土垢等，一應俱全，這類玉器，一見即知為真品，偽仿玉器，無法作的如此自然。

三、**玉雲璧連環器**（如圖一一○）：本器全長六‧八公分，最寬五‧七公分，厚約○‧七公分，左側雕琢出一雲形飾，呈對稱狀，中

有雲形鏤空，兩側再以斜刀，琢出卷雲陰斜線，頗具藝術性，側端有一方孔，再透雕出一素面玉璧，彼此套接；本器兩部份，由一塊玉料，剖琢而成，特別費工，且需較高的技術水準；但此器形，卻是已往不見，用途不明，筆者依圖示觀察，可能爲玉雕舖首，但亦不敢確定，故仍暫從原出土記錄資料，稱爲「玉雲璧連環器」。

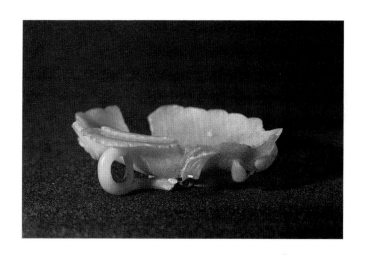

（圖一一一）本器雖殘，但仍可看出，極高的藝術性，全器似西方實用器中的手持燭盤；但卻以我國特有的荷葉作主體，旁飾荷花，並將葉莖，曲彎成杯把，整體觀察，已經掩飾了西方傳來的風格，我國自漢代以後，玉雕藝術造型，有一部份，源自西方，但在玉工巧作的構思下，融入中土紋飾，更顯其美。

　　四、玉荷葉杯（如圖一一一）：本器高僅三公分，呈不規則圓形，口緣直徑約在九‧八公分至十一‧五公分之間；全器以凹下的荷葉作主體，故杯體甚矮，已近碟形，俯視全器，爲相連的一大一小兩片荷葉，大片荷葉，即爲杯身，小片荷葉，覆於杯把，並在杯外飾以荷花，並修飾杯緣成葉形，再以陰線飾出葉脈，爲極具藝術性的一件玉雕；自晉時陶淵明，開創田園詩人的風格後，歷代均有，較具田園風格的玉雕作品出現，但宋朝最多，惟雕工良窳，差別甚大，本器即爲較優的代表作，原器出土時，杯身已有一缺口，但觀察此殘器，仍不失其藝術性；另本器較特殊者，爲杯把的造型，此種形制，源自中亞

銅器，但經中原玉雕吸收後，與中土造型相結合，卻絲毫不顯突兀，此亦足顯示，我國玉雕藝術，具有強烈包容性的特點。

　　金族出於我國東北的女眞族，北宋與遼對峙時，爲遼所統治，大部份編入遼籍，時稱「熟女眞」，未編入籍的少部份族羣，則稱爲「生女眞」；除了早期，吸收一部份北亞生活方式外，並無深厚的文化，金史中也記稱，該朝禮制，多承襲自遼，而遼的文化，卻多沿襲中原，此所以，兩宋階段，在政治上，長期與遼或金對峙，但在玉雕藝術上，卻融合爲一體，偶有差異，亦僅是遼、金爲玉雕紋飾，提供了一些北國風光，或特有的造型，但也立即，爲宋所吸收採用；例如：

（圖一一二 A、B）本器爲兩面雕，一面飾虎、鹿，另一面則飾鷹、禽，均爲北國秋高氣爽的風光，故這類紋飾，在我國玉雕造型中，統稱爲「秋山」；本器造型，因作兩面雕，不可能爲嵌器，

其上無鑽孔，似不可能作佩飾，但遼、金建國，與中亞各國，亦有外交往來，吸收該地區，金、銀嵌鑲技術甚多，故本器，可能原尙嵌有金、銀，用作爲佩飾。

　　一、秋山佩飾（如圖一一二 A、B）：本器高六‧五公分，寬四‧五公分，厚約一‧六公分，在一略厚的玉板上，雕出多層次的圖案

，兩面紋飾不同，正面爲褐紅色留皮雕，下飾一回首猛虎，上則飾以兩鹿奔逃，其間飾花葉，以示叢林，本器留皮雕的技術頗佳，使虎、鹿的皮毛，及叢林花、葉，都能從玉皮中顯示；整個圖面結構，以下部的虎，象徵近處，上方奔逃的鹿，象徵遠方，爲我國玉雕藝術中，處理「透視」角度的重要作品。本器另一面，則凸雕出一猛鷹，棲止於林枝上，鷹眼圓睜，似在回首，尋覓獵物，其上，則飾以小禽，驚惶展翅而飛，「透視」角度，與正面圖紋相似。虎、鹿、鷹，原即爲我國玉雕題材，在三代階段，各都有不同的文化意義，但在本器，我們卻可看出，這些動物、飛禽，已不再存有，任何形而上的神靈意義，他只是單純描述，北國秋天風光，純粹的寫景，所以，一般都稱這類圖紋爲「秋山」。

（圖一一三）海東青捕鴻雁或天鵝的「春水」（包括「秋山」）帶板，不論嵌飾、佩飾，都是我國玉雕工藝，吸收北亞造型方式，描述遼、金的狩獵風光，爲我國藝術中，少見的表現動態之美，特具文化意義，此亦是這一階段玉器，爲收藏家所重視的原因。

　　二、春水玉雕（如圖一一三）：本器高六‧五公分，寬約八公分，厚約二公分，全器呈橢圓形，但正面，略有弧凸；以雜亂叢生荷葉、花、枝爲背景，鏤雕出，一長頸、曲身的大雁，竄藏其間，雁喙略

張，狀似驚惶哀鳴，而在全器正中上方，琢出一身小靈活，鈎嘴環眼的「海東青」，似正向大雁衝下；我國歷代文人畫，均偏重於靜態描述，以顯示恬靜清幽之美，而本器，卻充滿了動感；似可連綴成一篇故事：首先，海東青發現大雁，雁驚惶，進入荷叢繁密處躲藏，海東青疾飛撲下，其後大雁必被捕，後果堪哀，這種攫取剎那，作爲主題的圖紋，若能取景、取材得宜，最易表現動態之美。

海東青，又名鷹鶻、鷹虎或吐鶻鷹，產於我國黑龍江一帶，爲鷹隼中，極凶猛，且行動迅速的一種；我國北方民族，常捕捉這種幼鷹，自小馴養，以爲捕獵用，每年春時，候鳥北返避暑，鴻雁、天鵝，均成羣棲息飛翔，爲捕獵的好時機；所以，當時統稱這類「海東青捕雁、鵝於水塘」的紋飾，爲「春水」。

（圖一一四）我國中原亦產鹿，故而史初，即賦予鹿，許多神化的性格；但與北方麋鹿相比，北方鹿角，枝形較大，雄鹿枝角，亦較多枝、雄偉。從本器鹿形觀察，即知爲描述，我國北方的初秋風光，但造型優美，尤其作成三角形的構圖，亦爲中原玉雕所少見。

三、鏤雕「秋山」牌飾（如圖一一四）：本器高三‧五公分，底寬三‧九公分，整器作勻稱的三角形，但藉著兩側角的修飾，及側邊的作成葉片形，使全器散發出藝術韻味；係出土於黑龍江省綏化縣奧

米古城附近的金代墓葬，本器兩側，各飾樹叢，枝枒相互交接，以示叢林，樹下立二鹿，似一雄一雌，雌者回首，雄者引頸向前，狀似恩愛，雙鹿上方，并雕出一雁，構成一幅羣鹿漫步，鴻雁南飛的北國初秋畫面，柔和優美，當亦爲「秋山」；其上的鏤空孔，可穿繫佩帶，雖是平面鏤雕，且又作三角形，但應稱「牌」，較稱「珮」爲佳。

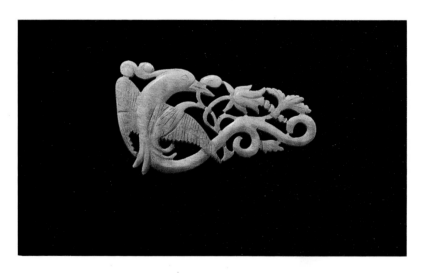

（圖一一五）綬帶鳥與孔雀二者，在玉雕藝術中，均作成長尾鈎卷，故較不易分辨；惟孔雀頭部造型，多作成花冠、小頭、長頸；綬帶鳥則爲花冠、粗頸、頭形略大。本器以陰線，雕飾出鳥翅羽翎，這種以平行細陰線，顯示羽毛的造型方法，爲宋、遼、金玉雕刀工的一個特色，且流傳至明、清。

　　四、綬帶鳥銜花佩（如圖一一五）：本器高三・八公分，最寬約七公分，厚〇・五到〇・七公分，出土於黑龍江省哈爾濱市香坊，金朝墓葬，全器以鏤雕刀法，作出一飛翔的綬帶鳥，口銜一朵折枝花，并以陰線，修飾鳥身；花梗彎曲自然，鳥尾鈎卷，亦頗圓潤，尚有漢代玉雕遺風；宋時，因與遼、金、元對峙，使北方一些動物圖紋，傳入中原，如雉、鵰……等，多屬中原少見，本器所出現的綬帶鳥，即爲一例，但在雕琢上，已予藝術化。這類玉雕，在南、北宋、金、遼等墓葬中，都常有出土，應爲當時新興起的紋飾，可作爲這個時代的玉器紋飾特徵；惟許多人，不明形制淵源，名之爲「孔雀銜花佩」。

（圖一一六）筆者嘗言，遼、金玉雕，常能把握主體動態中，刹那之神韻，為其玉雕特色；本器亦為作表作之一，尤其童子似後甩的左手，與交叉的雙腳，直似一持花童子，邁步行來，動感十足，另因玉沁，使童子的眼、口、鼻，均巧妙的入沁成黑色，更顯生動，這類玉沁，俗稱「巧色沁」，在出土古玉器中，千不見一，為難得的珍品。

　　五、磨喝樂（如圖一一六）：本器高約五‧一公分，寬一‧八公分，出土於黑龍江省綏濱縣中興公社，金代墓葬，全器因入土，部份已呈黑色沁，溫潤可愛，部份人士，不明「老提油」與沁色的分辨，本器即為正統的玉沁，而「提油」，係經燒烤，玉器品像，均較乾澀。本器圓雕成一童子，頭載一頂有沿帽，對襟短衫，下著寬鬆長褲，左手執一花葉於左肩，右手下垂後甩，兩腿交叉，似在行進間；宋時玉雕，常作孩童持花圓雕，稱之「磨喝樂」，以為佩飾器，供作玩賞與厭勝，為何作此名詞，目前已不傳，筆者認為：或為遼文化中的傳奇仙童，後經翻譯，方有如此怪異之名稱。筆者見宋代「磨喝樂」

玉雕甚多，但以本圖所示之器最精美，尤其可貴者，爲本器雕作金人服飾，更具文史價值。

（圖一一七）本圖所示之器，爲墨玉雕成，圖紋以荷葉與魚爲主，荷蓮爲淡水植物，以此觀察，此魚造型，當爲鯉魚，惟魚尾部份，略有失眞。魚，在我國動物造型中，出現甚早，但鯉魚，卻更具文化意義；孔子得子，適逢魯國君賜鯉魚，故即爲其子，取名作鯉，以爲紀念；孔鯉長大後，能克紹箕裘，開啓了衍聖公，兩千多年的傳承。

六、和合有餘佩（如圖一一七）：本器與前器，同一地區墓葬出土，長五‧七公分，高三公分，以墨玉雕出一隻鯉魚，口銜一枝荷花，不論荷葉的脈絡，或鯉魚的造型，尚寫實逼眞。魚，出現在我國藝術造型中，極早，在新石器時代中、早期的陶器上，就已爲先民常運用的紋飾；殷商、西周時期，魚形玉雕，也接著出現，後至東周，雖仍有魚形，出現在銅器上，但已予以圖案化；後至唐朝，佩魚，已成正式官服儀制，但卻毫不寫實；但自五代以至宋，魚圖紋的再出現，又逐漸走向寫實，回歸自然。而在民間，因爲「魚」、「餘」同音，形成了以魚形，象徵「有餘」的吉祥圖飾。而荷葉、荷花，則與「和」、「合」同音，引伸爲和諧之意，本圖即爲宋時興起的「民俗吉祥圖紋」玉飾，可稱之爲「和合有餘」。

（圖一一八）本器花葉，穿叉極自然，
葉片、鳥形，亦寫實自然，而花形與圖
一○○相比，已有相當差異，修飾刀工
，亦更精細，但仔細分析，仍可看到傳
承的影子。本器鳥形，具頭冠、長尾，
筆者認為，應為遼、金時，常運用的鳥
類新素材——鸚鵡（此類造型來源，可
參考圖九十八Ａ）。

　　七、花鳥佩（如圖一一八）：本器略呈圓形，徑約六公分，厚約
○・五公分，係出土於北京市豐台區，金人烏論窩論墓，在一扁平的
玉片上，以鏤雕手法，作出一隻長尾鸚鵡，棲於花枝，右飾二花，左
飾一花，但鸚鵡，卻作出回首狀，使全器構圖，較為均衡；花、葉修
飾細緻，花枝纏繞，錯落有致，使全器產生一種「寫生」筆意之美，
既寫實，卻生動，尤其部份葉片、花緣，打磨至略微透光，更顯全器
可愛。

　　八、龜游佩（如圖一一九）：本器略呈鎖形，寬約十公分，高約
七公分，厚達一・三公分，已似圓雕，與前器一墓出土，本器利用鏤
空刀法，在較厚的玉胚上，作出多層次的水草紋，其上，則飾出兩片
荷葉，葉脈清晰，葉緣上卷，造型寫實可愛，葉上，再凸雕出兩隻小
龜，雖比例略小，但緩慢爬行的動感，卻表露無遺，這種題材，在兩

宋階段，稱爲「龜游」，多作成佩飾，以供隨身佩帶，用以玩賞、厭勝。龜，爲我國文化史上，出現極早的動物，在大汶口文化中，就曾發現，以龜殼陪葬，後至三代，玉龜、玉龜殼的玉雕佩飾品，就有出現，及至戰國時代，四靈的觀念成型，其中「玄武」，就是龜、蛇的綜合體；而到了晉代，清談、養生、修煉之道興起，龜，則成了長壽的象徵，葛洪在抱朴子卷三提到：

「知上藥之延年，故服其藥以求仙。

　　知龜鶴之遐壽，故求導引以延年。」

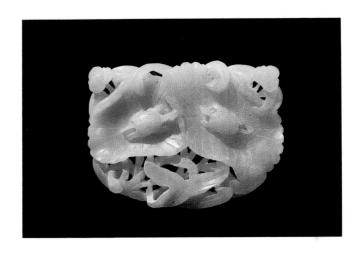

（圖一一九）本器在兩宋階段，稱爲「龜游」，全器充溢道敎色彩。本器出土於北方金代墓葬，由此亦可知，宋時，中原南方盛行的道敎，對金朝，亦有相當的影響。本器荷葉下方的草葉造型，刀工略粗糙，但卻顯露出，南宋時，玉雕刀工的特點，可作我們鑒玉的參考。

此時，「龜」已由靈性的動物，變成長壽的象徵，這也是我國玉雕紋飾中，常有龜形出現的主因。

前述遼、金與南、北宋墓葬所出土的玉器，雖多爲精品，但帝王墓葬，卻因楊璉眞迦有系統、大規模的盜擾，目前均已不存，爲我們研究這階段玉器的最大遺憾，幸而民初，在山東泰安出土了宋眞宗的

禪地玉册（與唐玄宗玉册，一同出土），雖出土記錄，不甚完整，但人証俱在，完全可信，爲我們目前所知，惟一一件帝王用玉，可開闊我們對兩宋玉雕的認知。

這套宋册，共十六簡，每支玉簡，長爲二十九‧五公分左右，寬約二公分，厚則〇‧七至〇‧五公分，每簡砣字一行，每行約十六字，從殘存金泥來看，原册完工時，字口均塗金；依宋史、眞宗本紀：

「大中祥符元年，十月辛亥……，壬子，禪社首，加封如儀。」

分析玉册內容，與史書所敍相同；我國自古有「大器不琢」的玉雕傳統，祭祀用禮器，以少修飾爲貴，所以這份玉册，少見修飾，但其上册文的陰刻轉折，仍可看出砣具轉折的痕跡，爲宋代玉雕，留下了最眞實的刀工資料。（如圖一二〇）

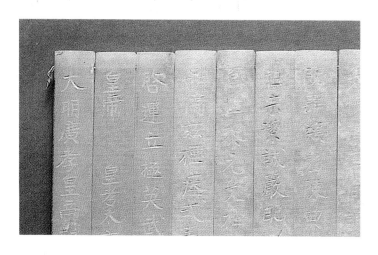

（圖一二〇）本圖即爲宋眞宗禪地祇玉册，從字口塗金的脫落情形觀察，即知此器不假，尤其這種塗金，逐漸消逝的品相，絕非僞作可模仿；我國玉器文化中，自古禮器不琢，故本器除祭文外，亦不作修飾，但自陰線觀察，宋代玉雕刀工方式，清晰可辨，又因未作任何修整，更可作我們鑒別，宋代玉器刀工的最完整資料。

　　此外，雖玉册文字，少見修飾，但伴隨出土的玉嵌片五十二片，卻件件精美，經分析，這些嵌片，可能是宋眞宗玉册封匣外的嵌飾，雖爲飾器，但卻刀工柔和，件件精美，最能顯現宋代玉雕的特點，亦可作爲我們，分辨兩宋玉器紋飾的依據。（如圖一二一）

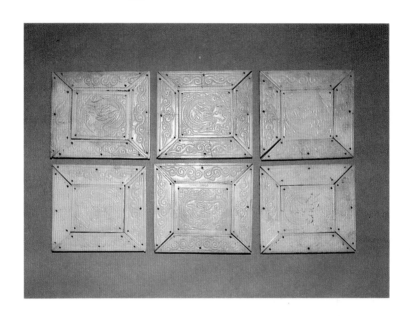

　　（圖一二一）本圖所示，即爲宋眞宗禪地祇玉册，封匣外的玉嵌片，每一小片，均精玉細琢，中並飾以龍紋，與前圖玉册不飾的狀況，紋飾有天壤之別；但二者，一爲禮器，一爲裝飾器，身價卻也差別極大，此亦爲我國玉器文化，最特殊、奇奧的地方。

　　但我們要知道，宋眞宗時，北宋國力，雖已不强，但較之北宋末年與南宋，仍是盛世，且人文、藝術發展，均頗有可觀，故而這些嵌片上的紋飾，仍較後期，活潑有力，尚能展現宋王朝的文化、藝術風格。

【第七編】 玉雕藝術頗發達的元朝

　　筆者在長期的玉器研究過程中，曾發現一個很奇怪的現象，那就是：南宋、明兩代，都是由漢族所建立的政權，文化、藝術，也都各有卓越的表現，但是，從玉雕藝術觀察，這兩個朝代，卻不如外族所建，享國較短的元朝，這并不是說，南宋與明兩代，玉器毫無可觀，而是從各代，同一階層地位的官員，用玉品味上分析，元代玉雕，超出南宋與明代甚多。這一方面，很少有玉器專家提到；其實，這仍是有時代因素的，南宋君臣南渡後，連續與北方政權對峙，包括金、元……等，軍事上的對立，影響了玉材的運輸供應；所以，南宋時，南方社會，雖稱富裕，君臣也都相當崇尚奢華，而當時對外貿易，也很興盛，可是，出產於我國西北，新疆和闐的玉材，卻難以豐富大量的進入南方，造成了南宋玉雕藝術的急遽沒落；筆者曾多次觀察，位於閩北、閩南、浙江的南宋墓葬，出土玉器不多，且多為美石或代用材質，而這些墓葬，卻屬中型墓葬，其中藝術品，多以畫像磚或刻磚為主，可見南宋當時，玉材是相當缺乏的，在這種大環境下，玉雕藝術，走向衰退，乃是必然；可是，相對於輪流雄踞於北方的遼、金、元，玉雕藝術，反而多頗有可觀。

　　依正史記載，南宋後期，元軍欲南下滅宋，受制於襄陽防務的堅固，忽必烈就曾以玉帶，賄賂依附奸相賈似道的鄂州統帥呂文德，請他同意，宋、元雙方人民，在襄、樊間互市，呂文德收了玉帶，同意元軍的要求，如此，方使元軍建立了破襄陽的據點；由此史實可知，當時南方缺玉的窘狀，及玉器的珍貴，也由此亦可知，蒙古族所建立的元朝，在當時，已經知道用玉、佩玉了，并且還知道，玉器的貴重價值，可用來作政治賄賂。

第一章 ⊹ 蒙古族的興起

其實，蒙古族的文化、手工藝，本身是很淺薄的；目前，我們已無法知道，蒙古名稱的確實起源，只知道，他們本是大漠南北，眾多游牧部落中，一部份部落的名稱，自唐後，這些部落，逐漸西移到于斡難、客魯倫、土兀剌三條河流的源頭，在這些大小不一，又不相統屬的各部落中，以「塔塔兒部」最強，久之，「韃靼」就成了蒙古高原各部落的共同稱呼。

至北宋後期，大漠雖在金朝的統治下，但他們已知這些部落的强悍，所以，有人研究出，蒙古一詞的金文字義，就是「勇敢無比」；到南宋中期，在這一個區域，出現了一位傑出的領袖，就是鐵木眞，在逐漸的擴張勢力中，把蒙古草原上各部落，都納入自己的統轄，於是「蒙古」，逐漸取代「韃靼」，成爲大漠南北各草原部落的共同稱呼，并在連續的向西、向北，擴張勢力中，消滅了中亞、北亞的一些小國。鐵木眞也於宋寧宗開禧二年、金章宗泰和六年（西元一二○六年），被各部落首領，共同擁戴爲「成吉思汗」（成吉思爲蒙語，意爲「廣大海洋」）。接著，蒙古就開始伐金，這時金國，已逐漸衰弱，不堪蒙古馬隊攻擊，數年間，即已喪失北方所有領土，只能在黃河以南，憑天險防守，可是，金卻長期欺壓，苟安無能的南宋，因爲金人認爲，喪失給蒙古的疆土，可自攻宋占領中，得到補償，於是連續南犯。

我們瞭解，北宋覆亡的近因，是：宋徽宗聯金滅遼的「海上盟約」，使金人聲勢大振，而致「靖康之難」；而南宋後期，宋理宗紹定四年，金哀宗正大八年，蒙古軍在窩闊台指揮下，分三路攻金，并遣使與南宋商議，聯合攻金，宋理宗未能體會，當年「海上盟約」，北宋聯金滅遼，自取其禍的教訓，甚至金哀宗派人至南宋遊說：「唇亡齒寒」的道理，南宋君臣也毫不理會；西元一二三四年（宋端平元年），蔡州被蒙、宋聯軍，圍困數月，終因城中糧草斷絕，而被攻破，金哀宗上吊自殺，至此，金朝滅亡。

金亡後，南宋君臣，未料到引狼入室的嚴重性，居然趁蒙古軍隊北撤時，未予知會，即暗中進兵洛陽，强占潼關，宋理宗端平元年七月，南宋部隊，進占洛陽，這就是宋史中所提到的「端平入洛」；但蒙古軍豈好相與，即決黃河堤，放水灌宋軍，宋軍潰散，喪失兵馬無

數，使「端平入洛」，以悲劇告終；此一事件，不僅使南宋軍隊，造成嚴重的損失，也不僅使黃河沿岸百姓，再遭塗炭，最重要的是，給蒙古貴族，提供了一個攻宋的口實，亦自此始，開啟了延續四十年之久的蒙古侵宋戰爭，也自此時起，南宋註定要亡，欲求為大元帝國的一個藩屬，亦不可得。筆者細讀宋史，深知「端平入洛」決策的荒謬，與對後世的影響，蒙古族雖起源於大漠，兵馬甚強，但卻豪邁不羈，重然諾、守信義；而南宋此一暗中出兵的投機手段，深為蒙古貴族所厭惡，此為南宋滅亡後，蒙古對南人極為厭惡，致使百萬生靈塗炭的原因之一。

南宋君臣在金朝滅亡，蒙古堀起後，不但不知亡國之禍，已迫在眉睫，居然仍驕淫奢侈，文恬武嬉，并無休止的，繼續搜刮民間財富，為便於橫征田賦，在賈似道蠱惑下，宋理宗詔令，實施丈量清理農田，當時就有人作詩諷刺，曰：

「三分天下二分亡，猶把江山寸寸量……。」

在南宋君臣無休止的橫征暴斂下，中朝卻招權納賄，公然賣官，而奸相賈似道，卻不理政務，只與妓女，整日在船上游西湖，當時，大家都知道這種情形，因而，有歌謠唱道：「朝中無宰相，湖上有平章。」

所以，當時南宋的統治機構，已近於癱瘓，社會經濟崩潰，紙幣貶值到「賤如糞土」，政府財政，也已枯竭，人民貧苦，飢寒交迫，使抗元的實力，更為削弱。而元則在忽必烈的經營下，以玉帶為賄，建立了破襄陽、樊城，由漢水入長江，再沿江直下，取南宋都城臨安的契機。

宋度宗咸淳七年（西元一二七一年），蒙古軍圍襄、樊，忽必烈也在這一年，正式定國號為元，定都燕京，并下令各路元軍，大舉向南宋進政，咸淳九年，襄陽、樊城被元軍政破，軍民百姓，死傷數十萬人，南宋國力喪盡，已無力再戰，次年，宋度宗死，帝㬎繼位，帝㬎德佑二年，元軍破臨安，太皇太后謝氏、帝㬎與朝臣，黯然出降，南宋滅亡；帝㬎初被元世祖封為瀛國公，後入寺為僧。南宋遺臣張世杰、文天祥、陸秀夫等人，曾陸續擁立帝昺等，繼續抗元，但已無力迴天。

第二章 ✦ 外族所建立的政權──元朝

元朝自鐵木眞稱汗，到元順帝退出北平，返回大漠，共歷十五主，一百六三年，但若自忽必烈建元開始，則僅有九十餘年，其傳國世系爲：

一、元太祖（鐵木眞）　　　九、英宗（碩德八刺）
二、太宗（窩闊台）　　　　十、泰定帝（也孫鐵木耳）
三、定宗（貴由）　　　　十一、天順帝（阿速吉八）
四、憲宗（蒙哥）　　　　十二、明宗（和世疎）
五、世祖（忽必烈）　　　十三、文宗（圖帖木耳）
六、成宗（鐵木耳）　　　十四、寧宗（懿林質班）
七、武宗（海山）　　　　十五、順帝
八、仁宗（黎拔力八達）

元太祖鐵木眞建國時，確是有意實施封建制度，此所以，平西域歸來後，曾分封四子，後即演化成欽察汗國、察合台汗國、窩闊台汗國與伊兒汗國，此即所謂的「元代四大汗國」。但是，卻沿襲舊俗，沒有建立汗位的傳承制度；所以，元朝初期，仍是比照蒙古部落舊俗，可任意指定子、侄、兄、弟爲繼承人，但需經過，由衆族長、首領共同組成的，「忽魯爾台」大會的認可；西元一二五九年，元憲宗蒙哥死於，攻南宋的合州軍前，就發生了嚴重的汗位繼承問題，宗室召開「忽魯爾台」大會，立和林留守阿里不哥爲帝，而忽必烈則因攻宋，北返較遲，失去契機，於是擁兵自立爲帝於開平，這兩方勢力，互相攻伐，達五年之久，一直到阿里不哥敗降爲止，忽必烈即元世祖，在位達三十五年，爲元朝鼎盛之時。

元世祖除了正式建國號爲元外，并命令國師，藏僧巴思巴，爲蒙古造文字（所以，蒙古文受藏文影響甚大），且設立各種官制、服制，尤其重要的是，他爲蒙古的帝位繼承制度，作了改革，他開始採用漢制，確定立嫡長子繼統，可是，這項改革，卻沒有受到，蒙古族人共同的尊重；所以，在世祖之後十帝中，發生帝位重大爭執，就有四次，其中，還有一帝被弒，以太子繼位者，只元英宗一人；另我們從武宗到寧宗八帝來算，總共當國，尚不足二十五年，歷代國君的繼承，帝命不享，交替頻繁，爲國之不幸，而元朝，又未遵循，元世祖忽

必烈立嫡子爲太子的改革，仍沿襲遊牧民族的繼承方式，爲這一大帝國，迅速覆亡的主因。

　　但是，我們若以繼統方式不當，作爲元朝覆亡的惟一原因，亦爲失之偏頗，元亡的主因，應是：「能馬上得天下」，卻不能「下馬治天下」，像元初的三次西征，擠壓到中亞地區的各民族，促使他們向西移動，破壞了西方的政治生態，也使蒙古的勢力，深入歐州，尤其蒙古馬隊，剽悍、飄忽的作戰方式，與不降即屠城的侵略手段，幾乎將歐州一掃而平，迅速建立起王國，這就是爾後，歐人聞之色變的「黃禍」；但是，這種武力侵略，卻也促進了文化交流，使西方逐漸開始，瞭解東方，元世祖忽必烈時，有意大利威尼斯人馬可勃羅，到達中國，他長住中國十七年，歸國後，著有「馬可勃羅東遊記」一書，書中，極盡渲染中國之美，中國之富，使西方人士對中國，有比較整體的認識，影響極大。馬可勃羅在其書中，稱南宋爲 Mahzi（因爲當時南宋，尚將亡未亡），應是「蠻子」的譯音，在蒙文中，爲極輕視、蔑視的用語；以中國之大，中原文化之深厚，其中漢人，或有一些僥倖、險詐、花巧之徒，但以此莫名的地區仇恨與歧視，作爲治國的根本，國力再強、再旺，亦必迅速覆亡。

第三章 ✤ 元朝的統治

　　蒙古治理中國，幾乎沒有與中華文化融合，所有者，也只汲取了一些玉器文化的內涵，此所以，四、五百年後，蒙古脫離中國之速，也出人意料，其實，這在元朝統治中原時，已見端倪；例如：

　　一、元世祖令巴思巴造蒙文後，即敕令，官方記錄、國政文書，都必需以蒙文書寫，如此，造成極大多數蒙古族，不必瞭解、學習漢文，文字不通，文化的契合，自然不易；以元朝十五帝中，最具漢學修養的元英宗為例，他雖崇尚中原禮樂，但進講「大學」時，仍要翻譯成蒙文，否則，就無法完全明瞭句意，其他諸帝，則更不足論，幾乎完全沒有漢化。

　　二、自分畛域，自絕於外，元分民族為四等，即蒙古人、色目人、漢人、南人；漢、南人，地位最低，例如：漢人、南人與蒙古、色目人互毆，蒙古、色目人得反擊，但若蒙古、色目人毆打漢人、南人，則漢人、南人，只得告官，不得還手；又如：蒙古、色目人打死漢人、南人，可為罰金，或罰兵役出征，不用償命；漢人、南人社會地位，如此卑下，渠何肯學習漢文化？

　　三、防範漢人，過於防範盜賊，例如：漢人不得作正堂官吏，只得作副手；漢人官至三品以上，要以親人作人質，漢人不得攜刀劍、兵刃，也不能作管理兵器儲藏的工作。在種族歧視上，元朝作的最徹底，終元之世，漢人有特殊際遇、因緣，因獲寵信，而任高官者，亦僅寥寥數人。

　　四、不用文人，并對讀書人，有職業歧視，元分人民為十等，曰：㈠官、㈡吏、㈢僧、㈣道、㈤醫、㈥工、㈦匠、㈧娼、㈨儒、㈩丐。儒士的官方地位，低於僧、道、醫、工、匠，甚至連娼妓都不如，自然不會取儒士為官，致使輕儒用吏，古史敘述，元朝中葉以後的狀況：

　　「……縣尉多係色目人，并年小，不諳事，以承蔭得之，不識漢文，盜賊益滋……。」

　　以這種官吏，治理地方，國家焉有不亂之理；所以，元朝自至正年起，就已經天下大亂，各地人民，蜂擁揭竿而起，只因未有連繫，聲勢不足，致使此起彼落。後劉福通以白蓮教傳教之名，推擁韓山童、韓林兒父子為教主，號稱「彌勒佛」轉世，動亂驟然蔓延各地，這

批起義百姓，以紅巾裹頭，稱「紅巾軍」；隨後，各地豪傑陳有諒、張士誠、方國珍……等，陸續起事，中原變亂，已呈燎原之勢，元朝分派各地的兵員、官吏，已不足維持，不是被殺，就是逃亡；其中，郭子興帳中將領，朱元璋竄起，以「殺韃子」爲口號，聲勢日增，陸續敉平羣雄，底定江南，至正二十八年（西元一三六八年），朱元璋即位於南京，國號大明，年號洪武，即爲明太祖，同年閏七月，太祖派大將徐達、常遇春北伐，攻克大都北平，元順帝率族人與親信，北遁大漠，至此元亡。

第四章 ❖ 元代的玉器

　　蒙古族興起於大漠，本身并無特殊的工匠技藝，故而，在建國過程中，對工匠技藝人才，是相當珍惜的；以元的西征、北征言，蒙古大軍路經，各地必需臣服，并開城投降，如若遇城不降，破城後，必屠城，但工藝匠人，可以免死；這也足說明，元崛起於荒漠，原本工藝技術極落後，而僅三數十年，元世祖忽必烈時，馬可波羅敍述中土之盛，已極盡華夏之美了。

　　所以，自元初起，各地的工匠，都設有官位；低階的，也由官方管理，社會地位，雖低於醫者，但卻較儒士，高出很多，這也就是，元朝是歷代異族，入主中原，融合中華文化最少的一次，但玉雕技藝，卻絲毫不見退步的原因；尤有甚者，元數十年西征、北征，鹵獲了大量歐洲、俄羅斯、印度的工匠，在以中國傳統文化，為背景的造型藝術中，融合了西方、中亞、南亞諸多藝術風格，為我國玉雕藝術，注入了許多新的成份，對我國玉器文化的影響，尤盛於遼、金，只因享國甚短，後天下大亂，而元朝對漢族不人道的統治方式，致使各地元人，多遭戕害，玉器湮失的情形很嚴重，否則，將會有更多的精美作品，供我們觀賞。

　　此外，我們研究自北宋以來的藝術造型，發現一個很有趣的現象，就是元代對中原藝術的承襲，有一個復古的傾向，即越過南宋，而趨向北宋，其中，元朝的繪畫風格，表現的最明顯，如果，我們仔細分析兩宋的政治狀況，即可了然於胸，因為，北宋自開國起，就與遼對峙，或和或戰，對文化的交流，都有幫助，并長期約為兄弟，遼自北宋，直接移植了不少典章制度，後金滅遼，金史更公開承認：「原遼制，金承襲之。」；後元再滅金，所以，元朝對中土文化的吸收，限於北宋，而且元滅金後，未再南進，反而跨向中亞、歐州西征，及至帝國建立，方南下滅南宋；此所以，元朝藝術，似對南宋有隔閡，反而直趨於北宋的原因；這種現象，不但在國畫、書法上，特徵明顯，在玉雕風格上，也可看出端倪。例如：一九六〇年江蘇省無錫市出土的南宋後期墓葬，墓主錢裕，據考：生於南宋淳祐七年（西元一二四七年），卒於元延祐七年（西元一三二〇年），該墓所出土玉器，與前篇南宋時代玉器，風格相似，可接續連貫，但與眞正元朝的玉雕，卻有風格上的差異，像：

（圖一二二）本器為極小件玉雕，通耳
長度，亦僅三、六公分，用途雖不明，
但筆者認為，應是佩飾器，其上陰線螭
紋，用刀甚細，部份風格，仍可看到南
宋紋飾的藝術傾向，本器墓主年代，正
巧跨越於南宋與元之間，因地處南方，
故仍可以南宋玉器視之，尚未見，受到
元代玉雕的影響。

　　一、**圓形玉飾**（如圖一二二）：本器作圓形，兩側飾以兩耳，但
二耳形式，卻略不同，顯然不可能是帽飾，故而當為佩飾器；全器最
寬處三‧六公分，厚約〇‧六公分，在器表，用陰線，琢出一盤螭紋
，但螭身柔軟，已不似漢代玉雕中，雲螭的有力神態，為延續南宋玉
雕風格的代表；南宋時，君臣耽於逸樂，無意北返，僅沈醉在杭州的
綺妮風光中，玉雕風格，也趨於消沈，柔軟無力，這就是筆者常提到
，「暖風薰得遊人醉」的社會藝術習尚。
　　二、**桃形玉杯**（如圖一二三）：本器為錢裕墓中，較大型的玉雕
，高約三公分，寬約六至十一公分，形制大小，與浙江省衢州市王家
公社，南宋史繩祖墓出土的荷葉玉杯（圖一一一），高度完全相同，

但本器，卻作成桃形，全杯似一半剖的桃子，并在果蒂處，就形雕出桃枝與桃葉，使全器呈現一種，似靜物寫生的藝術造型；桃，為我國本土生產的果類，史初，即與我國文化結合，此所以，詩經上有：「桃之夭夭……」之句，後則演變成，桃木具有驅瘟辟邪的功能，因而過年時，「總把新桃換舊符」，後至宋時，民俗紋飾增多，以蝙蝠、鹿、桃，暗喻福、祿、壽的圖案，大量出現，這時，桃的意義，也就單純了，僅就表示「健康長壽」；本器為我國目前所知，第一件桃形玉杯的出土實物，筆者相信，以此造型，他的寓意，仍是「長壽」。

（圖一二三）桃，為與我國文化，結合極深的一種植物，花、果、樹，都有一些文化意義，早在西周時，詩經就有：「桃之夭夭」、「桃之灼灼」之句，後流傳至民間，經神話渲染，稱西王母仙桃可延壽，成為「長壽」的代表，在我國寓意紋樣中，經常出現；本器為目前所知，我國第一件桃形玉杯，從桃實、枝柄、桃葉的雕工分析，本器均稱寫實，但半桃形的杯體，卻嫌略淺，以此比較圖一一一，可知本器造型，仍有南宋遺風。

　　三、**帶鈎**（如圖一二四）：本器長七・四公分，寬約二公分。我國自唐時開始，以束帶上的金、銀、玉鈎數目與材質，作為分辨官制爵位的等列之器，帶鈎就逐漸被淘汰，但尚偶有人佩用，其中兩宋時較多，元時亦有，明、清時，則已成為玩賞器，這主要因為，帶鈎未若束帶扣便利；但是，若為鑲於革帶上的小帶鈎，因仍具實用價值，故常有出土。

（圖一二四）兩宋時代，佛教較沒落，
另因為皇室提倡，道教勃興；元代帝王
，則認為佛教為胡教，故多信奉佛教中
的密宗，此為宋、元玉雕紋飾中的最大
區別，也因為如此，宋時玉雕形制，以
道教紋飾為主，本圖雖作帶鉤，但卻作
出荷葉紋，顯示仍為南宋玉雕風格。

　　本器鉤首，以陰線刻蓮花，較不同於一般帶鉤的鉤首，均飾以動
物紋；鉤腹，亦以浮雕方式，琢刻出蓮花與水藻紋，這類紋飾，常見
於「春水」帶板的裝飾紋，南宋玉雕的風格，表露無遺，惟較特殊者
，為本器腹下，并未作出，一般帶鉤的鑲嵌式圓紐，而係作成一長方
形孔，但從繫帶方向觀察，本器可能是繫於大帶上的小帶鉤，鉤首用
於攜物。

　　前述三件玉器，雖入葬於元初，但觀其風格，仍與南宋作品，無
甚差異，尚不足稱為元代作品。而最足代表元帝國風格的玉雕，當屬
這件「瀆山大玉海」（如圖一二五）：

　　本器高達七十公分，體似橢圓，口徑在一三五至一八二公分間，
器膛深五十五公分，原器作於元朝至正二年（西元一二六五年），但
在清乾隆十一年、十三年、十四年、十八年，作過四次修飾，故其上
紋飾，夾雜有「乾隆玉雕」的繁複風格，但并未影響全器雄偉、粗獷
的藝術特色；在其內膛，琢有乾隆的三首御製詩及序，乾隆詩文，常
不合韻，又用典不當，無甚可讀，但其序文，卻完整的敍述了，此件
國寶的流傳過程，文曰：

「玉有白章，隨其形，刻爲魚獸，出沒於波濤之狀，大可貯酒三十餘石，蓋金、元舊物也。曾置萬歲山廣寒殿內，後在西華門外眞武廟中，道人作菜甕。……命以千金易之，仍置承光殿中。」

（圖一二五）本器爲我國自史前，以至元代的最大玉雕；造型雄偉、粗獷、豪放；觀其原材，恐係進貢或擄掠的玉原石，經工匠相度，琢去玉皮，掏出內腔，作成玉海，究其用途，可能爲帝王宴飲盛酒之器，後元沒落，經多次流傳，至清初，又再入宮。

這件曾流落道觀，一度作爲菜缸的元代宮廷至寶，係由一整塊、青、黑、白色混雜的花玉雕成，體呈中空，橢圓，全器重達三千五百多公斤，爲自上古以來，迄元爲止，最大的一件玉雕作品，體外以浮雕方式，作出波濤洶湧的海潮，激蕩昂揚，其中，并就玉色，作出海螺、海犀、海龍、海馬、海鹿……等異獸，形態妍奇，造型詭異，但卻充滿了動感，充份的表達出，元代君臣，對無垠大海的迷惑、敬畏與憧憬。（如圖一二五Ａ）

（圖一二五 A）本圖爲玉海局部圖紋
，其上陰線，觀其轉折，仍可看出乾隆
玉雕風格。而造型，卻爲元代君臣最熟
悉的馬，但作出雙翅，又奔騰於波濤之
中，顯示此馬，已有陸奔、騰空、越濤
……等，多重功能，顯露元代君臣，對
海洋的迷惑。

　　元朝起源於大漠，數十年間，創建了一個橫跨歐、亞，有史以來
，最大的封建帝國，戰無不勝，攻無不克，至今西方，仍聞「黃禍」
而色變；但是，卻在東伐扶桑（日本）時，遭遇重大的挫折，元世祖
忽必烈，兩次造艦數千，動員數十萬人，遠征東瀛三島，但卻均遇颶
風，而全軍覆沒；尤其第二次東征，幾已望見陸地，不料狂風驟起，
鎩羽而歸；自此後，元朝即放棄東征。日本因颶風之利，得以倖存，
故稱這兩次適時出現的颶風，爲「神風」。而這兩次重大的挫折，卻
使元朝君臣，對海洋，產生了無比的畏懼，瀆山大玉海器表，所琢刻
出來的狂瀾、波濤，海怪、海獸，就是元人對海洋的恐怖認知。（如
圖一二五 B）

（圖一二五Ｂ）蒙古大軍，西征、北討，戰無不勝，攻無不克；但卻在兩次渡海攻日時，大敗而歸，幾至全軍覆沒；致對海洋，充滿了恐怖認知，本圖所示，似牛、似犀，獠牙外露，獸眼圓睜，出沒於波濤之中，確爲可怖。

　　除了這件宮廷重器「瀆山大玉海」外，在可考証的元代墓葬中，也有一些玉雕精品出土，可使我們更明瞭，元代的玉器風格，例如：

　　一、玉虎紐押印（如圖一二六）：本器高二‧七公分，略呈方形，邊寬三‧五公分，出土於安徽省元代范文虎墓葬，本器玉質甚佳，上雕一虎紐，收足俯伏，身軀圓實，虎尾回收，狀亦寫實，顯示出幼虎馴順的慈態，但印面，卻較漢時玉印爲大，尤其特殊的是，印面刻出陽文的印押符號，但卻沒有邊框；而押印字體，僅由撇、點構成，不知確實意義。「押」，是私印中的一種形式，產生於宋，盛行於元。是將自己的姓氏或名字，用一種非文字、非肖形的圖案，或者符號來替代，一般多是用刻印方式，刻在印材上，毫無規律可循，較一般私印，更具隱密性，使人無法明瞭冒充，因爲盛行於元代，故古文

物研究中，常習以「元押」稱之，本器即爲元押代表。（如圖一二六A、B）

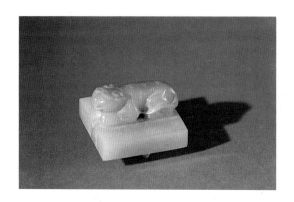

（圖一二六）本器印紐，爲標準元代風格，其上雕一臥虎，卻不鋪滿全器；初見此器，略顯平軟，未能掌握立雕的特色，似爲缺點，但仔細分析，方知本器所示，爲一幼虎，未能凸顯立雕特色，乃在於取用「留皮」巧雕所致，可見元代玉雕工匠技藝，仍有一定水準。

（圖一二六A、B）本二圖所示，即爲具有完整出土記錄的，玉質「元押」實物、與押印之圖（即一二六圖之印面與印文）。「元押」，爲元代最具時代特色的古文物，材質以銅、玉、木爲主，其上圖紋，常不易爲人識，故亦難僞仿，筆者偶見，多爲眞品，爲頗具收藏價值的元代古文物。

（圖一二七）本件玉瓶，兩側的繫耳，作成長條形貫耳，此爲中亞金、銀器的風格，且瓶身、瓶蓋，也不似中原造型，惟蓋上，卻以淺浮雕方式，作出源自我國的如意形卷雲紋；爲元代吸收西方造型藝術，融合中原玉雕的最佳實物代表。

　　二、**貫耳蓋瓶**（如圖一二七）：本器分爲瓶身與瓶蓋兩部份；通高七・一公分，口徑則爲二・七至三・二公分，與前圖押印，一墓出土；全器作成似扁圓形瓶，上有一平口蓋，蓋面以淺浮雕，作出雲頭紋，瓶頸兩側，飾以雙貫耳，瓶腹圓胖，其下就瓶形，飾以圈足，此外，在瓶口之下，貫耳之間，飾出四圈弦紋，整器打磨精細，玉質優美，可爲元代玉雕的代表作；綜觀本瓶器形，爲以往中原玉雕所不見，尤其瓶側的貫耳，顯非我國形制；但依其兩耳用途，可穿繩打結，以供提攜分析，約爲從大食（阿拉伯）區域，取水兼攜水的水瓶，演變而來，經元朝吸收後，由中原玉工雕成，再在蓋頂，飾以我國傳統的如意形卷雲紋，方成本器，特殊、高貴，卻又美觀的形制。

（圖一二八）本器玉料甚佳，光潤細緻，打磨光滑，腹作凸起琵琶形；一般品評玉帶鈎的造型藝術，除整體造型與刀工外，鈎腹的圓潤曲線，最爲重要；以此分析，本器即爲玉帶鈎中的上品。

　　三、鴨首形小帶鈎（如圖一二八）：本器全長五‧二公分，出土於江蘇省蘇州市，元代墓葬，本器原名鴨首帶鈎，這類玉雕，筆者偶有接觸，兩宋時，鈎首作成鵝形，既寫實，又逼眞，確爲鵝首，但自宋後，作出的這類鈎首，嘴喙部份，常較扁平、長大，略不成比例，因不似鵝首，故統稱爲「鴨首」；依筆者之見，如此命名，似尚有斟酌餘地；因爲，元朝帝國，疆域遼闊，其統轄區域內，各類飛禽、水鳥、候鳥甚多，此當爲其中一類，惟因見諸元代史料，常稱鴨首帶鈎，因而名之，所以，元雕帶鈎的分辨，絕不宜以肖形與否，來品評等級，僅以本器言，雖屬小鈎，但從鈎腹凸起、柔合程度來觀察，顯示本器，藝術性甚高，通體雖均不飾，但卻落落大方，爲元代玉雕帶鈎中的上品。
　　四、玉凌霄花嵌飾（如圖一二九）：本器橫寬十二‧八公分，高約七‧八公分，係一九六二年，出土於北京師範大學，屬前清康熙時期墓葬，但綜觀全器，卻不見明末清初的玉雕風格與特徵，故而，多

人傾向於，爲元代玉雕，是難得一見的再出土古玉，對如此斷代，筆者完全同意，因爲：

一、本器兩側，似耳繫的造型，與圖一二二的右端耳飾，有「異曲同工」之妙。

二、整體造型，作出四朵糾結的凌霄花，在遼、金、元時，銀器紋飾中，經常出現。

三、本器花角的內卷刀工，與元代玉雕的刀工方式，完全相同。

四、明末清初玉雕，從不見此類形制，完全脫離當時的藝術風尚。

從前述各點，引申出本器爲：再入土後，又出土的元代玉雕，應具說服力。

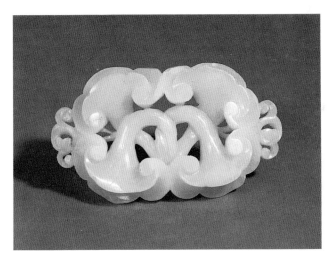

（圖一二九）我國自戰國以後，就有明確的史料記錄，證實當代，已有古文物收藏，而玉器不朽，故偶而會碰到二次出土的玉器，這部份鑒識工作，極難，但亦爲我們玩賞玉器，平添了不少趣味；本器即被評定爲，二次出土的元代玉器，僅從刀工分析，即可知，爲元代玉雕方式。

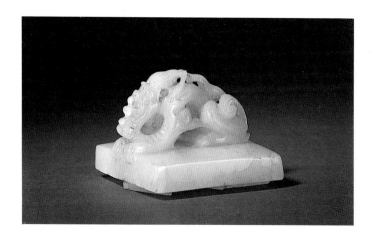

（圖一三〇）本器印紐雕工，琢刻細緻，龍形端莊，睿容大度，前足三爪，搭出印緣，僅以此處作工，即知本器，絕非一般玩賞器，因爲，這種「小出廓」，甚難雕作，不但費料，更是費工，故品評爲元朝內府器用，確是合理。

（圖一三〇Ａ）本圖即爲圖一三〇的印押，細予觀察，似有蒙文字體結構，故斷代爲元朝器用，應爲合理；蒙古早期，有語言，無文字，到了元世祖忽必烈時，才命國師巴思巴作蒙古文字，因巴思巴爲佛教密宗的藏僧，所以，蒙文與藏文較相近。

　　五、玉龍紐押印（如圖一三〇）：本器高約四公分，印面邊長五到五・八公分，略作長方形，與圖一二六「元押」相較，印面大出一半，印紐亦不相似，本器作出一拱身低首的坐龍，三爪四足，睿容大度，氣象不凡；以此龍紐的氣勢分析，許多玉器專家，均認爲本器，可能爲元代王侯器用，筆者亦有同感；我國自古爲封建制度，再加上帝王符命之說的渲染，使帝王家族，自身便孕含一種，睥睨蒼生的氣

勢，故一般王侯器用，也都散發出，這種特有的氣質。以此觀本器，
元代印押，特別風行，而本器，即爲押印圖形（如圖一三〇Ａ），
印紐又具特有的氣勢與風格，雖爲清宮舊藏，沒有可資依據的出土記
錄作証據，但品評爲元朝內府的押印，仍是合理。

（圖一三一）我國自宋以後，因爲蒐集古文物的社會習尚，逐漸興盛，使古董交易，頗有利藪，致使作假古董的行業大興，在古玉僞作方面，「老提油」、「新提油」、「染色」、「作舊」、「燒烤」……等，各種作假手段，大多都已經發展出來，使我們在對古玉器的研究過程中，加增了不少困擾；但「眞」與「假」，永遠不可能合而爲一，所以，僞古玉器的鑑識，只要經驗足，眼界寬，是不難分辨的。

　　六、**胡人牧馬紙鎭**（如圖一三一）：本器高五公分，長約十二公分，亦爲清宮舊藏；這些國有古文物，源自於明、清帝王的收集，因清廷覆亡，收歸國民政府，後因政局的變化，使目前海峽兩岸的故宮博物院，都有豐富的收藏，本器即爲典藏於北京故宮博物院；因爲，

這些帝王收藏，多爲疆臣或民間進貢，常因避諱，及民間認知不足，在登錄朝代上，時有舛錯，這些錯誤，包括：

一、對古文物器形的知識不足，在進宮後，作了錯誤的斷代。

二、一些籍沒抄家入內府的古文物，因原收藏者的大意，蒐集僞品，因而混入宮中收藏。

三、民國初年，遜帝仍居北京皇城，但內監已無紀律，常偷取或掉包古文物變賣，在掉包過程中，使一些粗礪劣品，混雜其間。

前述三類情形，在博物館工作人員，數十年的精心研究、考証後，都作了一些分類與修正，目前大多數，都已定位到合理的年代，但亦尚偶有遺漏，即如本器：本器原爲青玉料，雕琢出一伏臥之馬，四肢彎曲，馬首右迴，旁側，則作出一牧馬胡人，頭戴攢尖小帽，束長袍，環眼獅鼻，腮鬍如戟，背靠馬身，整體造型，似爲紙鎮。本器經故宮博物院，斷代爲元代器，筆者認爲，應有兩權餘地：

一、原記錄稱本器似經火燒，應爲事實，但爲何火燒，卻未深究，尤其胡人袍服，下擺入沁部份，與衣褶陰線入沁品相，相差甚遠，當非土染，而似「老提油」手法。

二、胡人面部，有沁部份，即似有傷殘；古玉入沁至該種狀況，硬度不應有如此大的變化，故而筆者懷疑，本器爲塗染料（虹光草等自然染料），經火烤的僞古器。

三、綜觀本器，馬身、人軀，雕琢風格，似欲仿唐時玉雕，但胡人帽型，卻作出「韃靼帽」的形狀，方呈本器造型。

故筆者認爲：本器的年代，應在明、清，上不及元。

我國自宋以後，因爲，整個社會的蒐古風氣大盛，致使一個奇特的行業——作假古董的職業——，也跟著出現，這些人，多隱藏於正當職業之後，但這些正當職業，卻與古文物，都有一些關係，像：玉雕師傅、古董業經紀，甚或當代藝術家……等，他們利用各種私秘方法，作出一批又一批的僞古文物，充斥市場。

筆者認爲：僞仿器的製作手段，不論多高，必有疏漏；因爲，「眞」與「假」，永遠是對立的，不可能合而爲一，以古玉器言，僞仿古玉，所欲作假的重點，簡而言之，就是欲作出，歲月流過的痕跡，人又如何可能製造歲月呢？

89.12.16